LA BEAUTÉ DANS LA PEAU

Il n'y avait pas de raison pour que ce livre voie le jour, en dehors de son désir d'éclore. Mais la gestation est longue et le germe s'en trouve parfois méconnu.

Merci à Jacques Lévy et à Renato Semerari de m'avoir accordé leur confiance, en me permettant de le concevoir libre de toute influence.

23, rue du Cherche-Midi, 75006 Paris
Vous pouvez consulter notre catalogue général et l'annonce de nos prochaines parutions sur notre site : www.cherche-midi.com

Dr Max Santoul

La beauté dans la peau

le cherche midi

Le nombre de livres et de publications traitant de la peau n'a d'égal que celui des préparations destinées à la réparer, la lisser ou l'embellir. C'est dire si la gageure était grande de tenter de réunir dans un même ouvrage une description de cet organe à part entière et les moyens de le réparer, le protéger, lui rendre sa beauté.

Max Santoul a gagné ce pari de faire tout d'abord comprendre ce qu'est la peau, sa structure, son fonctionnement... Ce sujet, habituellement si aride, est ici exposé si simplement et si clairement qu'on peut le lire comme un roman. Pour autant, la vérité scientifique n'est pas sacrifiée, car même sans prétendre à l'exhaustivité, l'ouvrage est aussi complet que bien des traités sur ce thème. La clarté des explications amène logiquement au chapitre consacré aux cosmétiques, dont elles permettront de comprendre les raisons d'être, les modes d'action et les résultats que l'on peut en attendre. Ce n'est alors plus le cosmétique qui est appliqué sur la peau, mais la peau elle-même qui dicte le choix du cosmétique.

Quant aux techniques plus invasives, elles sont abordées avec un grand souci de vérité et une volonté d'information d'une rare clarté, car reposant là encore sur la démonstration. On comprend ainsi pourquoi une cicatrice est une rançon rebelle, que les lasers ne font pas tout et que les peelings doivent être maniés avec précaution.

Toute la force du texte réside dans celle de la démonstration, reflet de cette volonté d'expliquer et de faire comprendre qui anime Max Santoul. Cet enseignant-né, passionné, à l'origine de la création du Collège français de chirurgie dermatologique, a depuis longtemps fait la preuve de ses talents de pédagogue. On le retrouve ici, accompagnant le lecteur de l'intuition à la compréhension et finalement jusqu'à la connaissance. Il crée pour cela un nouveau langage qui prend son sens du dialogue qu'il permet d'instaurer avec le lecteur. L'ouvrage est ainsi construit sur la base de questions-réponses qui lui donnent ce ton si particulier où s'expriment librement l'érudition, la malice et les talents de conteur de l'auteur. La poésie allégeant les notions les plus rébarbatives et les références historiques éclairant la démonstration, la sensualité peut alors se frayer un chemin pour venir sublimer cet organe des sens. C'est la force des grands pédagogues que de renforcer la démonstration par l'anecdote et elle trouve ici sa forme la plus aboutie.

Ce livre n'est pas un traité et ne cherche pas à l'être. Il représente un travail d'analyse et de synthèse considérable sur les connaissances actuelles. Il réussit à être simple, et donc accessible à tous, sans être simpliste, aussi bien que complet pour le lecteur averti sans être rébarbatif pour le néophyte. Son unité conceptuelle autorise plusieurs niveaux de lecture et des allers-retours très libres entre les chapitres, favorisés par la fluidité de l'écriture et la conception graphique de l'ouvrage, que viennent renforcer les magnifiques illustrations de Louis Décamps.

En permettant de démêler le vrai du faux et la rumeur du fait prouvé, cet ouvrage fera autorité. Non pas seulement par la somme de connaissances et d'érudition qu'il représente, mais par le sens étymologique de ce mot d'« autorité » qui désigne aussi celui qui élève et qui fait grandir.

Nous devons remercier Max Santoul d'avoir imaginé ce titre, « la beauté dans la peau ». Il aiguise une curiosité vite récompensée.

Philippe Pélissier
Professeur des Universités,
Chef de Service de Chirurgie Plastique,
Hôpital Pellegrin – Bordeaux

LXVII
OLO JEANS

L'intention de l'auteur

La structure narrative balance entre le souci de décrire comment les choses sont et celui d'expliquer comment elles fonctionnent. Il suffit de se laisser guider par la mise en page qui alterne le procédé de manière claire.

Ce qui est dit simplement, dans la mesure d'un certain appétit de connaissances, est présenté de façon fluide. Certaines annotations en termes techniques, repris en fin d'ouvrage dans un lexique indiquant les pages aptes à présenter ce vocabulaire dans son contexte, sont des précisons utiles à la compréhension. Ne pas s'y attarder ne pose aucun problème, il sera toujours temps d'y revenir.

Certains paragraphes sont décalés et en couleurs. Ce sont des développements spécialisés ou anecdotiques, des digressions scientifiques ou historiques, un deuxième niveau de lecture. S'y intéresser procure un réel bénéfice. La progression des données est faite en sorte qu'il n'y ait pas d'effort à fournir pour tout assimiler, mais rien n'empêche de lire les chapitres selon son propre centre d'intérêt.

En dehors du désir d'introduire une nouvelle façon de dire, l'accent est porté sur le droit à l'information. Le propos n'est pas de donner des recettes, mais de fournir les connaissances nécessaires pour mieux s'orienter dans ce domaine.

Ce livre a été écrit avec beaucoup de plaisir et quelque malice, je vous en souhaite autant au cours de sa lecture.

La connaissance est un bien
qui se multiplie quand on le partage.

Le plus vaste et le plus lourd des organes du corps humain, celui qui nous cache et nous affiche, a choisi d'être féminin. La peau, celle que l'on sauve, celle que l'on offre, celle qui nous rappelle que les durées existent si le temps s'en mêle, détient un pouvoir de longévité exceptionnel et peut-être, secrètement, un coffre rempli de merveilles pour que tout se répare, se renouvelle.

Habiter une enveloppe vivante qui habille de nudité les formes, une parure souple, lisse, résistante, extensible, imperméable et qui nous protège d'un milieu hostile pour l'amadouer, c'est se sentir bien dans sa peau. Elle doit sa souplesse et sa résistance aux constituants qui la composent. Ses couches abritent les éléments de sa protection naturelle, de sa couleur, de sa structure et de sa nutrition.

De nombreux microrécepteurs recueillent et transmettent au cerveau des informations d'alerte dont elle récolte le signal. Ce n'est pas son seul concours aux équilibres nécessaires à la vie. Elle participe à la régulation de la température du corps (des millions de pores y contribuent), de la pression artérielle par son réseau vasculaire étendu et fabrique la vitamine D, fortement impliquée dans la croissance, comme de nombreuses substances essentielles à sa défense. Nous savons maintenant que ces facteurs ont conditionné l'évolution de l'Homme dès l'aube, dès l'origine.

Au cours du temps, la peau se modifie dans sa structure et s'appauvrit dans ses fonctions. Nous parlerons des parades développées pour lui venir en aide, des outils et des méthodes pour qu'elle reste jeune, pour qu'elle soit belle.

En dehors de leur aspect flatteur intervenant dans la parure, l'enjeu des cosmétiques consiste à assurer son hygiène, à préserver son rôle, à l'aider dans sa mission, à la protéger des agressions et à lutter contre le vieillissement.

la peau & les cosmétiques

de la parure aux soins

DE ZAYAS

Dire que la beauté est dans la peau, c'est comprendre son potentiel naturel à être belle. La première erreur commise pour en améliorer l'aspect, c'est de vouloir tout masquer. Il y a deux façons de chercher à bien faire. Prenons le cas du corps dans son intégralité. Pour réussir une belle apparence, le choix peut se porter sur la confection d'un habillage sur mesure et d'un maquillage parfait. Le résultat sera plus ou moins réussi selon le niveau des contraintes à surmonter. Une deuxième manière d'envisager le problème est de s'attaquer à sa nature par une hygiène de vie, la pratique du sport et tout ce qui peut améliorer son physique. Du coup, un simple prêt-à-porter suffira pour atteindre l'élégance.

Mais après une séance de footing par exemple, il ne faut pas s'attendre à récolter un bénéfice dans la foulée. C'est d'abord une épreuve. La fatigue, la sueur et parfois l'épuisement sont un handicap au résultat immédiat. Il en sera de même pour les produits de beauté. Certains pareront au plus pressé (on les dira de « parure ») et d'autres s'attaqueront au fond du problème. Ceux qui s'efforceront d'agir « énergiquement » seront rarement flatteurs et même parfois s'accompagneront de sensations désagréables. Une certaine incompréhension les fera juger mal appropriés, alors qu'il suffisait d'attendre pour obtenir la récompense. La valse des tentatives est un frein au résultat. C'est là que trouve sa place le conseil éclairé.

Un voyage à travers un monde au nouveau langage nous montrera la peau sous ses aspects statiques, on pourrait dire sa structure intime, puis dynamiques, c'est-à-dire les modalités de ses fonctions.

Pour des raisons de logique, cette architecture se retrouvera au cours du récit pour parler des cosmétiques. Il suffit de garder ce schéma en mémoire pour mieux s'orienter. À chaque étape du raisonnement, les choses apparaîtront beaucoup moins délicates et les choix beaucoup plus évidents.

découvrir la peau

la peau, comment ça se construit ?

Pour bien connaître l'architecture de la peau (c'est-à-dire son aspect statique, sa charpente en quelque sorte), nous entrerons par la porte principale de l'habillage : l'*épiderme*. Il nous conduira dans une descente virtuelle par les étages de l'édifice jusqu'aux parties profondes : l'*hypoderme*. En passant par le corps du bâtiment, le *derme*, nous rencontrerons les acteurs essentiels des éléments de l'armature.

la structure

un édifice à trois niveaux

L'épiderme

Ce que l'on caresse

Il se résume presque à ce qui est perçu par effleurement. C'est dire son importance dans la sensation de douceur et l'aspect soyeux au toucher. Cette enveloppe contient 4 populations cellulaires différentes qui comblent toute sa surface sur à peine un dixième de millimètre d'épaisseur. Il s'agit d'une moyenne évaluée hors des localisations particulières où elle dépend de celle de sa couche cornée, qui va de dix fois plus (1 millimètre dans la région de la paume des mains ou de la plante des pieds) à deux fois moins (50 microns au niveau des paupières). Ce sont les *kératinocytes* (indispensables et majoritaires), les *mélanocytes* (nombreux et très utiles), les *cellules de Langerhans* (précieuses et venues d'ailleurs) et celles de *Merkel* (émissaires mystérieux). Il ne contient aucun vaisseau sanguin ni lymphatique, mais renferme de nombreuses terminaisons nerveuses libres. Finalement, il confectionne une marqueterie homogène faite d'un pavement de cellules en continu.

Son cycle de renouvellement se cale sur celui de la Lune. Manière élégante de lui rendre hommage (même s'il peut être plus court ou le dépasser de beaucoup en réalité). Il se termine par l'élimination des cellules superficielles qu'il génère. Si l'on devait considérer l'ensemble de l'habillage du corps, à l'exception d'une partie de l'œil qui reste un hublot transparent sur le vivant, tout ce qui s'expose à notre regard a déjà cessé de vivre. En fait, il vaut mieux assimiler la couche superficielle de l'épiderme à l'aboutissement d'une fonction naturelle, plutôt qu'à une mort cellulaire. Déjà pointe l'intérêt des cosmétiques.

Cette structure compacte et stratifiée (c'est-à-dire qu'elle varie par couches homogènes sur sa hauteur) lui assure imperméabilité et résistance. On y trouve la couche basale, la couche à épines, la couche granuleuse et la couche cornée (cohérente, puis desquamante). Décidément, c'est la bande des quatre qui gère au mieux sa séquence : 4 couches et 4 types cellulaires. Cette description est issue de « signes » observés en microscopie optique. Actuellement considérée comme désuète, son artifice permet néanmoins de comprendre « comment ça marche ».

Sur toute la hauteur, les cellules en renouvellement contiennent une substance spécifique qui subit des transformations progressives : la *kératine* (du grec *keras*, *keratos* qui veut dire « corne ») justifiant la dénomination particulière des cellules majoritaires de l'épiderme : *kératinocytes* (« *kératino* » pour *kératine* et « *cyte* » pour *cellule*). S'il n'y en avait qu'une seule à retenir, ce serait celle-là.

Observons les « *strates* » dans le sens de leur progression depuis l'origine, en procédant à la description des couches successives, avec des terminologies différentes pour permettre de s'y retrouver selon celles qui seront empruntées par la suite.

Profondément, au niveau d'une zone tourmentée qui « joint » le derme à l'épiderme (la jonction dermo-épidermique), la couche basale *(stratum basale)* est dite germinative, car elle contient sur une seule rangée les « germes » *(stratum germinatum)* qui régénèrent l'épiderme. Si nous devions retenir de façon simple les critères essentiels des cellules basales, nous dirions qu'elles sont responsables du renouvellement épidermique, que leur couche détermine la frontière avec le derme et qu'elles se fatiguent au cours du temps. Au lieu de dépérir, chacune est capable de se scinder en deux sœurs faussement jumelles aux destinées radicalement opposées. L'une des filles partira dans un cycle de maturation, au risque de se perdre… et elle y perdra la vie ; l'autre restera sur place en gardant son pouvoir matriciel de division qui la rend presque immortelle (en fait, ce n'est pas tout à fait aussi simple, entrent en jeu des cellules souches, des colonies d'amplification transitoire et des formes sédentaires post-mitotiques, mais globalement l'image reste assez fidèle). En quelques semaines, les jeunes cellules en « permission de sortie » migrent, s'aplatissent, se transforment en substance étanche molle *(kératine aboutie)*, s'entourent d'un film lipidique (donc gras) puis dépérissent. Ainsi va la vie des *kératinocytes*.

Reposant sur la membrane, se répartissent en quantité bien moindre des cellules isolées insensibles au cycle de renouvellement épidermique, mais responsables de la sécrétion du pigment qui participe à sa coloration : les *mélanocytes*. Ils « nourrissent » généreusement les *kératinocytes* alentour qui phagocytent de nombreux grains de mélanine. Ces cellules ont une origine commune au stade de l'embryon avec le système nerveux *(la crête neurale)* et se retrouvent au sein d'autres structures, notamment dans le cerveau. Ce qui leur confère au cours de *néoplasies* une affinité de colonisation en « terrains exotiques » *(métastases)* et nous rend si frileux à leur égard.

Situées de façon dispersée dans la *couche germinative*, au contact de terminaisons nerveuses libres, s'intercalent les cellules dites de Merkel. Elles se sont différenciées au sein de la couche basale au cours de la vie fœtale. Leurs propriétés ont beaucoup intrigué les chercheurs et ne se limitent plus au rôle de capteurs mécaniques *(mécanorécepteurs)* qui leur était dévolu. Elles possèdent également des fonctions inductives et trophiques (favorisant la naissance et la croissance) sur les terminaisons nerveuses épidermiques et sur les annexes cutanées. Ce sont en fait de petites « centrales » neuroendocriniennes (ce qui signifie qu'elles peuvent sécréter des marqueurs spécifiques assimilables à des hormones, en relation avec le système nerveux). Et voilà que l'épiderme dévoile un pan de son mystère et l'un des rouages de sa régulation. Nous verrons dans le développement qu'il devient un acteur fascinant de la recherche. Il est donc important de signaler dès à présent qu'il est le secteur autorisé et privilégié des cosmétiques.

Au-dessus, s'étend sur cinq à six assises cellulaires la couche moyenne « épineuse » *(stratum spinosum)*. Elle est faite de *kératinocytes* qui entament la modification de leur contenu et encadrent des cellules à effets immunitaires *(cellules de Langerhans)*. Peu nombreuses, elles sont capables d'analyser des messages d'agression et de provoquer une cascade de réponses orientée vers la défense. On les considère comme des sentinelles immunologiques (y participe aussi une population hébergée de *lymphocytes*). Ce ne sera pas à négliger quand on décidera l'utilisation de moyens « ablatifs » sur la peau (les lasers de resurfacing par exemple).

Je me souviens qu'il n'y a pas si longtemps elles étaient apparues par hasard au cours des progrès de la microscopie, s'affichant timidement sous forme de raquette de tennis ou de chistera de pelote basque sous les yeux ébahis des spécialistes. Nous étions perplexes devant ces ovnis d'un autre monde. Puis il fut établi qu'elles étaient assez plates avec une partie renflée prolongée d'une extension étroite. En fait, c'était l'angle d'observation qui leur donnait cette apparence selon la coupe dans l'espace. Nous ne savions pas encore quel rôle leur faire jouer, le casting était bouclé. Peut-être voulaient-elles simplement nous dire qu'elles étaient là pour renvoyer les balles.

Les *kératinocytes* élaborent à cette étape de leur maturation un réseau filamenteux de *kératine* pauvre en soufre (ce qui la rend souple). Ces réseaux s'orientent selon des lignes de forces, épousant les contraintes subies par l'épiderme, et conditionnent une forme de *« cytosquelette »*. Leurs faisceaux jettent l'ancre en plusieurs points de la membrane sur des plaques reliant les cellules entre elles *(desmosomes)*. Ils sont faits de glucides et de protéines « perforantes » qui traversent les membranes, d'autres, « collantes », spécifiques des plaques, et d'une forme tertiaire « tardive » indépendante des deux. Ce phénomène dessine en microscopie optique des épines dues à un effet parasite de la préparation en laboratoire *(artefact)*, provoquant la rétraction du cytoplasme, alors que les attaches restent fixes (voilà l'une des raisons du contexte désuet de la dénomination artificielle des couches). La substance qui colle ces plaques épineuses d'ancrage est sécrétée par la cellule elle-même qui produit son propre « ciment ». Elle explique l'une des raisons de l'imperméabilité épidermique. Les cosmétiques devront prendre en compte ce mode de « ralliement ». Inutile de lui faire la guerre, le mieux sera d'en épouser le contexte en évitant le conflit ou de lutter contre le même ennemi.

On y remarque l'extension en chandelier des *mélanocytes*. Chacun tient sous sa dépendance une colonne de cellules lancées dans l'escalade épidermique, comme une pieuvre qui injecterait son encre par les ventouses de ses tentacules (ce qu'elle ne sait pas faire contrairement à la cellule). L'ensemble, constitué d'un *mélanocyte* et de la colonne de *kératinocytes* qu'il pigmente, s'appelle « unité de mélanisation ». Il est capital de la connaître pour mieux comprendre les dépigmentations en confettis, consécutives aux sidérations de ces unités au cours d'expositions solaires abusives. Il manquera des points d'encrage, mais cette fois-ci avec un « e ».

Les *mélanocytes* ne sont pas issus des cellules basales en division. Ils sont là, hébergés depuis l'origine de l'Homme, comme s'ils étaient piégés dans l'épiderme qu'ils ont colonisé. Leur façon d'être sera sensiblement différente tout au long de la vie, ce qui explique leur surveillance particulière dans la prévention des mélanomes qui en sont l'évolution maligne. Ils ont un potentiel « fugueur » redoutable quand leur vient l'idée d'aller ailleurs… qui justifie à lui seul les campagnes de dépistage. Le fait qu'ils soient inégalement répartis explique l'aspect non uniforme de la pigmentation (taches de rousseur par exemple).

Une coiffe, peuplée de cellules contenant des « grains » de *kératohyaline* dénués de membrane (une forme évoluée de *kératine*: la *profilagrine*) et des *« granules »* *(kératinosomes)* faits d'un enduit membraneux *(membrane coating granules)*, constitue la couche granuleuse *(stratum granulosum)*. Il s'agit d'une étape avancée de la migration des *kératinocytes* programmés dès la base de l'épiderme. Les *kératinosomes* se déplacent depuis leur site de création (proche d'une centrale para-nucléaire, l'appareil de Golgi) pour fusionner avec la membrane et déverser leur contenu lamellaire dans l'espace intercellulaire. On y trouve des composants élaborés (*céramides*, pour près de la moitié; cholestérol, pour le quart; sulfate de cholestérol et acides gras libres pour ce qui est du reste des lipides du « cément intercornéocytaire »). On peut les imaginer comme une noria de « camions-toupies » apportant le ciment sur un chantier en construction.

Après une zone plus ou moins claire *(stratum lucidum)*, inconstante, dépendante de l'épaisseur de l'épiderme et donc de sa localisation, la dernière étape est celle du dessèchement de la couche superficielle « cornée » *(stratum corneum)* qui élimine les cellules abouties par desquamation. C'est à la fois la fin et le but proprement dit des *kératinocytes*, qui se paient le luxe d'un pouvoir autonettoyant remarquable. À ce stade, les cellules perdent leur nom de baptême pour prendre un pseudonyme plus évocateur: *cornéocytes*.

En fait, que sont réellement ces *cornéocytes* qui tapissent la couche superficielle de la peau? Il s'agit de cellules complètement aplaties, dont le noyau et les organites internes du cytoplasme ont disparu. Ce qui signe l'arrêt du processus vital. Le corps cellulaire se compose de trousseaux fibrillaires épais formés à partir des *filaments de kératine du cytosquelette* (squelette figuré de la cellule, ce qui est plus une image analogique qu'une réalité) et de *grains évolués de kératohyaline* (*filagrine*, capable d'agréger des filaments, qui forme la matrice du *cytoplasme involué*). Les membranes plasmiques sont devenues très denses et les *desmosomes* profondément modifiés. En superficie, les *cornéocytes* se détachent de l'épiderme *(desquamation)* après la lyse des liens intercellulaires. Ce sont les *kératinosomes* qui sécrètent l'enzyme responsable de la séparation: la cellule possédait en elle-même son armoire à poison. Tout était bien orchestré depuis la partition de base et couru d'avance. La *filagrine* matricielle est « dégradée » en acides aminés qui incorporent les « facteurs hydratants naturels de la peau » (NMF) nécessaires au fonctionnement enzymatique de la desquamation. La distribution des rôles est admirable.

Au total, se constitue le *film hydrolipidique*, qui associe l'ensemble de la production de matière des *cornéocytes*, mêlé de corps gras issus des *ostiums folliculaires* (pores des glandes sébacées par où sortent le poil et les duvets) et d'eau issue des pores sudoraux de la peau.

L'ensemble des *kératinocytes* en cohésion, dépendants les uns des autres, est en perpétuel renouvellement à l'image d'un tapis roulant. On peut donc comprendre sans peine que des concepteurs aient eu l'idée de subvenir à son entretien, d'en protéger le mécanisme, d'en réguler le rythme ou tout simplement d'en améliorer l'esthétique. Finalement, l'épiderme (donc la surface de la peau) est en rénovation quotidienne, ce qui justifie la nécessité de l'application répétée des cosmétiques.

Toute cette histoire s'est déroulée sur moins de 1 millimètre d'épaisseur !

Le derme

Ce que l'on pince

Il adhère fortement à l'épiderme qui le protège, par l'intermédiaire de la *membrane basale* tissée d'un collagène spécialisé. Cette nappe de fibres serpente en ondulant au gré des « crêtes épidermiques » et des « papilles dermiques », donnant dans l'espace un ensemble imbriqué comme le font dans le ciel les montagnes de la baie d'Along. Ce modèle de cohésion explique la grande résistance de l'union, comme le haut pouvoir de réparation d'un épiderme abrasé, puisqu'il multiplie d'un facteur énorme la surface de contact entre les deux structures. Le corps humain est très malin pour trouver ce genre d'astuce. Il suffit de voir la surface d'échange gigantesque réalisée par les glomérules rénaux ou les alvéoles pulmonaires, par rapport au volume limité de l'organe.

Pour fixer les idées, on a l'habitude de comparer la surface dépliée des poumons à celle de la place de la Concorde. En variant leur nombre et leur taille, les papilles dermiques soufflent* en alternance l'épiderme et augmentent d'autant l'interface d'échange avec la couche basale. Une façon nouvelle d'apprécier l'effet réservoir et l'efficacité des cosmétiques. Le tout sera de bien désigner leur cible.

*L'auteur fait référence aux effets du souffle sur la matière, à l'image du verre soufflé, pour dire que l'épiderme ondule à la rencontre du derme et en renforcer l'idée.

Le derme est un *tissu conjonctif* assurant à la fois des fonctions de cohésion et de nutrition. En fait, il résume presque à lui seul ce qui est perçu au pincement d'une peau fine (par exemple le dos de la main). Ce qui justifie les préfixes qui font appel à lui pour parler de la peau (dermatologie – dermato-beauté – dermato-cosmétique en sont des exemples précis). On pourrait dire, inversement, que ce nom lui a été attribué parce qu'il est le représentant « noble » de la peau (qui se dit *derma* en grec). D'ailleurs, les autres « secteurs » cutanés se définissent par rapport à lui : *épiderme* pour ce qui est au-dessus et *hypoderme* pour ce qui est au-dessous.

Sa poursuite vers l'hypoderme est sans limite franche, c'est la raison de la présence parfois mixte de certains follicules et glandes dans les deux couches. Ils ont en commun une riche vascularisation par opposition à l'épiderme qui en est privé.

Il se compose à la manière d'un ciment armé qui garderait sa souplesse. La partie « ciment » est faite de *substance fondamentale intercellulaire*, dans la mesure où les cellules y sont réparties de façon isolée (contrairement à l'épiderme où elles sont assemblées et jointives comme des pavés). C'est le propre d'un tissu conjonctif (c'est-à-dire qui permet la conjonction d'un ensemble étoffé de cellules et autres éléments de structure). Parfois, la substance fondamentale est « très fluide » (c'est le cas du sang par exemple, qui n'est pas un simple liquide mais le tissu sanguin). Ailleurs, elle est « très dure » (c'est le cas du tissu osseux). Le plus souvent elle est « épaissie », c'est le cas qui nous intéresse ici. Elle porte aussi le nom de matrice extracellulaire, dénomination parfaitement adaptée à sa fonction.

Cette substance contient une armature sous forme de maillage fibrillaire protéique (les protéines étant l'un des constituants essentiels de la matière vivante, pratiquement l'empreinte de sa présence, ce qui explique qu'elles soient toujours recherchées pour détecter une présence de vie). Au sein de cette architecture, plongent le bulbe des poils (dont l'importance est revue à la hausse avec les découvertes récentes sur les cellules souches), mais aussi les glandes sudorales libres ou qui leur sont annexées avec les glandes sébacées. Certaines continuent en direction de l'étage inférieur qu'elles investissent également, au diable l'avarice. Cette descente part à la recherche d'un contact « alimentaire » auprès du système vasculaire, pour produire la sueur et sécréter le sébum, une substance graisseuse et acide, indispensable à la lubrification de la peau et à sa protection contre de nombreux microbes.

Parmi les cellules hébergées au sein de l'étoffe matricielle, le maître des lieux est le **fibroblaste**. Il est à la fois l'hôte privilégié et le génie créateur de ce qui l'entoure. « On n'est jamais mieux servi que par soi-même » est sa devise. En fonction de la qualité et de la quantité des substances produites, il se différencie selon les couches du derme qu'il habite. Pratiquement immobile (mais il peut migrer par déplacements amiboïdes), plus ou moins fusiforme, il étend ses bras étoilés dans le sens des fibres qu'il sécrète (il sait aussi les dégrader par synthèse appropriée d'élastases et de collagénases). Bien qu'éloignée, l'image d'une araignée tissant sa toile ne lui est pas étrangère.

Contrairement au kératinocyte, emblème épidermique, son cycle est prolongé. Il reste capable de se multiplier, sous l'effet de facteurs de croissance par exemple, ce qui explique la cicatrisation des plaies et l'action de certains cosmétiques sur le vieillissement. Il provient de cellules souches disposées le long des capillaires de son plexus vasculaire. La durée de vie du fibroblaste (sénescence réplicative) diffère selon celle de l'espèce. Elle est évaluée à 6 ans pour le rongeur, à plus de 120 ans dans l'espèce humaine et autour de 200 ans pour la tortue des Galápagos.

La source indifférenciée est généreuse, puisque la capacité d'orienter sa destinée reste acquise. Soit vers le fibroblaste, grand architecte du derme, soit vers le myofibroblaste (cellule spécialisée qui développe un pouvoir contractile et envahit la cicatrisation des brûlures par exemple, provoquant des phénomènes de rétraction cutanée regrettables), soit vers l'adipoblaste qui lui serait apparenté (à l'origine des cellules jeunes de l'hypoderme), soit vers le chondroblaste (cellule mère du cartilage), mais aussi l'ostéoblaste (artisan de l'os), le cémentoblaste ou l'odontoblaste (impliqués dans la dentition).

Très facilement cultivables, peuvent être étudiées séparément des souches issues du derme superficiel, moyen et profond. Ce qui facilite l'étude de leur pouvoir de synthèse au cours du temps. Leur production diffère selon qu'il s'agit de collagène, qui s'élance vers l'âge adulte puis chute brutalement au cours de la vieillesse ; d'élastine, qui augmente dans l'adolescence puis s'effondre très rapidement ; de protéoglycanes (acide hyaluronique), qui abondent dans l'enfance et diminuent régulièrement ; de glycoprotéines de structure (substance fondamentale), qui culminent après la naissance et s'amenuisent en fin de croissance.
Les produits de beauté prendront en compte cette analyse chronologique.

Les glandes sudorales et sébacées participent à la formation du *film hydrolipidique*, qui conditionne l'essentiel de l'aspect de surface. Il est fait d'eau *(hydro)* et d'huile *(lipidique)*, en association avec les membranes éliminées et leur contenu de *kératine*, vestige des cellules disparues de l'épiderme en renouvellement. L'ensemble constitue une sorte d'« enduit ciré » naturel, étanche et parfaitement adapté à la peau. Le problème des cosmétiques sera de composer avec lui et de ne pas s'en faire un ennemi.

Un important réseau de terminaisons nerveuses et une riche vascularisation lymphatique et sanguine confèrent au derme un rôle capital dans la physiologie cutanée (c'est-à-dire dans sa fonction). C'est dans cette zone que s'étend le réseau fibreux constitué de *collagènes*, d'*élastines*, de *glycoprotéines* et de *protéoglycanes*. Autant de termes qui seront retrouvés dans la formulation des cosmétiques modernes dont nous allons parler.

L'hypoderme

C'est une zone adipeuse souple de transition (« *subcutaneous fat layer* » des Anglo-Saxons). Pour s'en rendre compte, il suffit de faire bouger la peau latéralement sur les plans profonds. Sans lui, la manœuvre serait beaucoup plus délicate. Essayez de déplacer la peau palmaire (où il est appauvri) pour en avoir une idée précise. Il ne faut pas confondre cette mobilité avec celle qui correspond à un déplacement de la peau dans un contexte de globalité. En voici deux exemples évocateurs :

– les paupières, quasiment dépourvues d'hypoderme, mais dont l'extrême finesse en elle-même et l'attachement au muscle peaucier qui leur est adhérent *(orbiculaire)* en font une structure mobile dans son ensemble ;

– le cuir chevelu, isolé du crâne par une membrane très solide qui délimite un espace quasiment vide, expliquant la facilité du « scalp » en période de conquête, pour décompter le nombre de victimes adverses ou récolter la prime offerte.

Au sens strict du terme, l'hypoderme fait partie de la peau dont il représente la couche profonde. C'est un tissu graisseux lobulé, constitué d'*adipocytes* (cellules qui stockent la graisse de réserve qu'elles fabriquent). Il joue un rôle de matelas protecteur, d'isolant thermique et de réservoir énergétique. En dehors de ses capacités de stockage en eau, il est surtout un gisement important de lipides et d'acides gras. Il permet la voie de passage des axes nerveux et vasculaires issus du réseau principal et sépare le revêtement cutané des structures musculaires, squelettiques et organes plus profonds.

ADIPOCYTE

Les adipocytes se situent dans des logettes cernées d'un réseau fibreux riche en collagène. Les directions obliques et perpendiculaires à la surface de la peau de ces fibres délimitent les lobules graisseux. Les glandes sudorales y plongent, ainsi qu'une partie des follicules pilo-sébacés (structure mixte regroupant la naissance du poil et les glandes qui lui sont annexées). On peut la qualifier de couche graisseuse superficielle.

Entre cette graisse lobulaire et le muscle sous-jacent, s'intercale une graisse lamellaire plus profonde d'importance variable selon l'âge, le sexe et l'endroit du corps considéré (topographie). Elle peut être absente (sur les paupières par exemple). C'est son excès

disgracieux qui va provoquer l'anomalie des formes par surcharge (dystrophies), dont la culotte de cheval est un bon modèle.

Il n'y a pas d'égalité morphologique entre les sexes au niveau de l'hypoderme. Ni dans sa structure intime ni dans ses zones d'accumulation privilégiées.

Chez la femme, les travées des lobules de graisse superficielle sont disposées en rayons ou en arches et s'attachent solidement au tissu dermique. Au sommet des arches se trouvent des papilles qui s'incrustent dans le derme (une image en miroir de la cohésion établie entre les crêtes épidermiques qui plongent entre les papilles du derme juste au-dessus). Ainsi se crée une armature « engrenée » féminine, d'aspect matelassé, opposée à la circulation aisée de fluides, dont on peut évaluer l'importance par le pincement de la peau. On parle alors de cellulite pour les formes accusées (terme abusif mais bien ancré dans le langage).

Chez l'homme, le derme est plus épais et les points d'ancrage de l'hypoderme plus rares, sans invagination de papilles. De plus, le réseau fibrillaire de la graisse superficielle délimite des logettes polygonales plus petites que les lobules adipeux rencontrés chez la femme. L'aspect matelassé y sera plus discret ou absent et la circulation des fluides moins « engorgée ». Tout autant de raisons qui expliquent l'absence de cellulite dans un contexte de peau masculine.

Au total se constitue un édifice à trois niveaux

Parmi les acteurs qui articulent la structure, les collagènes, les élastines et les kératines jouent avec l'acide hyaluronique un rôle important dans la consistance, l'architecture et l'évolution des deux premiers niveaux. Ils sont l'une des cibles de la cosmétique active. Pour simple exemple, c'est l'absence de kératine chez le bébé qui lui donne un teint rosé et son épaississement qui provoque la couleur grisâtre du sujet âgé.

Le troisième niveau, d'importance variable, est structuré différemment selon l'endroit et le sexe : c'est le tissu graisseux qui s'organise à sa manière.

La peau n'offre pas la même morphologie sur toute l'étendue de sa robe.

Elle nous habille d'un décor de 2 mètres carrés (la moyenne lui est inférieure), plus ou moins épais, plus ou moins élastique, moite ou sec, plus ou moins consistant, poreux, pâle ou hâlé. Alourdie, selon l'importance de son pannicule adipeux, du dixième au tiers du poids du corps, elle se met à la mode régionale (pour dire qu'il existe d'importantes variations selon l'endroit – si on limite le tissu graisseux à l'hypoderme de transition avec le tissu graisseux sous-cutané, on peut établir un poids moyen du revêtement à 4 kilogrammes chez un adulte jeune).

De même, le système pileux et ses glandes annexes *(pilo-sébacé)* sont inégalement répartis. C'est l'une des raisons des variations dans la production du sebum. Le rapport est variable entre la tige pilaire et la glande selon la localisation.

Lorsque la tige domine, on parle de *follicules terminaux*. Très appréciés quand il s'agit des cheveux, modérément en ce qui concerne la barbe et de plus en plus méprisés quand il s'agit des poils épais situés au niveau des aisselles, du périnée, du pubis, du poitrail ou du dos. Cette pilosité peut être particulièrement abondante, ou jugée inélégante, ce qui a hypertrophié une panoplie de méthodes épilatoires pour s'en débarrasser.

Si la tige et la glande sont d'importance équivalente, on parle de *follicules velus*. Ils se répartissent sur l'ensemble du corps à l'exception des paumes, des plantes et des semi-muqueuses qui abouchent les orifices des voies respiratoires, digestives ou génitales (les lèvres en sont un bel exemple).

Si la glande domine, on parle de *follicules sébacés*. Leur richesse au niveau du visage, de la poitrine et du dos explique la localisation habituelle des crises d'acné sévère. Le front, le nez, les joues et le menton sont souvent la plaie des adolescents. Qu'ils soient rassurés, il existe toujours une solution adaptée à leurs problèmes.

les acteurs

une harmonie dans la différence

À tous les étages, nous rencontrons de l'eau

C'est le constituant principal du corps humain (70 % de sa masse totale en moyenne, allant de 75 % chez le nourrisson à 65 % pour un adulte, mais pouvant descendre à 45 % selon l'âge, la maigreur ou la morphologie individuelle). Si nous osions une comparaison audacieuse par rapport au système solaire qui nous héberge, nous dirions que l'eau est jupitérienne (puisque Jupiter, trois cent dix-huit fois plus volumineuse que la Terre, représente 70 % de toute la matière qui gravite autour du Soleil). Ce jeu de chiffres amusant n'est en rien une référence à la composition de la plus massive de nos planètes, grosse bulle de gaz principalement constituée d'hydrogène et d'hélium, mais simplement utile à fixer les idées. D'un côté, il s'agit du cortège de toutes petites molécules identiques qui s'accaparent les trois quarts de la masse totale du corps ; de l'autre, d'un tout petit point brillant dans le ciel nocturne qui s'accapare les trois quarts de la masse totale du cortège planétaire. Une façon d'établir un lien d'humilité avec les mystères qui nous entourent. Heureusement que cet embonpoint s'est arrêté là, car ce « soleil raté » aurait bien pu allumer sa réaction nucléaire et il n'y aurait plus de raison d'étudier la peau. Car une gémellité de lumière n'aurait probablement pas permis l'éclosion de la vie dans son système à deux étoiles. Mais en remontant la suite des conséquences inéluctables, tout semble fait pour qu'il en soit ainsi.

Ce sont les cellules qui contiennent le plus d'eau (54 %). Ce qui explique le geste du médecin qui évalue la déshydratation de l'organisme par simple pincement de la peau. Nous en verrons les raisons au chapitre physiologique (étude des fonctions).

L'*acide hyaluronique* est le plus hydrophile de l'ensemble architectural du derme. Il est capable de stocker selon son degré d'élaboration de quatre-vingts à trois cents fois son volume en eau ! On remarque une comparaison avantageuse entre sa valeur de rétention propre et celle du milieu cellulaire. Mais comme les cellules sont majoritaires, ce sont elles qui captent le plus d'eau dans le corps et qui souffrent autant de ses pertes. Il suffit pour s'en accommoder de penser aux troubles qui accompagnent les déshydratations sévères, les structures « nobles » étant les plus sensibles au dépérissement quand la peau épuise ses réserves.

Le cycle de l'eau

Après une panique cataclysmique provenant de l'explosion d'un soleil immense en supernova, toute une poussière interstellaire organisée en nébuleuse planétaire s'affole. Elle est issue de la déflagration similaire ayant propagé des embryons de matière patiemment élaborés dans un four solaire primitif, c'est dire la durée de l'attente, celle d'un deuxième souffle dont l'haleine, d'une puissance incommensurable, provoque l'accrétion de planétoïdes, de comètes et d'astéroïdes. La Terre est issue de l'accumulation de ces structures primordiales, avec ses compagnes de valse, dans le bal d'une belle ellipse centrée par un chef d'orchestre rutilant : notre Soleil de troisième génération qui s'allume et baigne le tout de lumière. Cette accrétion débute le cycle de l'eau, contenue dans les protoplanètes, et prépare les bases du vivant.
Il y a 4 milliards d'années, le processus venait juste d'être terminé.

D'où vient-elle ?

Il est fort probable que l'eau primitive sur Terre n'ait pas résisté aux phénomènes fortement thermiques de ses débuts. L'absence d'atmosphère et sa chasse systématique par vaporisation, provoquée par la chaleur énorme dégagée au cours de l'élaboration du noyau planétaire, auront raison de sa fragile nature : toute l'eau terrestre aurait d'abord disparu dans l'espace !
Très près de son origine, la Terre complote un projet totalement déshydraté. Horreur, aucune vie ne pourra y surgir, jamais !

Au cours de la fusion nucléaire, au cœur d'un soleil depuis longtemps éteint, l'atome d'oxygène naît. L'hydrogène, déjà fabriqué au moment où l'Univers déploie ses ailes dans l'espace issu du big-bang, s'associe deux fois à cet atome beaucoup plus tardif (10 milliards d'années les séparent) pour former une molécule magique : l'eau. Sa force sera son pouvoir de dissolution.
Elle fait partie, sous la forme solide que le froid sidéral lui confère, de la plupart des comètes qui viendront heurter la Terre pendant les quelques millions d'années où l'espace sera très encombré. Toute l'eau de nos sources et de nos puits, de nos rivières et de nos fleuves, de nos étangs et de nos lacs, de nos mers et de nos océans, comme celle qui jaillit au cœur des Yellowstone et qui est brassée par le nôtre, celle qui nous inonde et parfois nous déborde, celle de nos cellules, toute cette eau serait d'origine extraterrestre !

La surface de la Terre, bien abreuvée par cette offrande échouée généreuse et continue, se laisse transpercer par les glaives de glace venus de l'espace. Il y a alors une longue période de dégazage où l'eau, évacuée par un volcanisme terrifiant, se dégage en vapeur

au-dessus d'une immensité rocheuse et magmatique : un enfer.
Il faut attendre une baisse de la température terrestre, sous les 100 degrés centigrades, pour connaître l'avènement de sa liquidité. Dans cette attente, elle s'étend dans l'atmosphère sulfureuse, en créant un effet de serre nécessaire au développement. Son refroidissement permet sa condensation et la formation soudaine des océans où le chlore, compagnon de voyage des pluies acides qui ravineront les montagnes durant des millions d'années, se trouvera piégé. Enfin son cycle peut être bouclé, elle colonise la Terre : c'est une révolution.

La géologie entre en scène avec les roches sédimentaires, la chimie peut évoluer. Le ruissellement dissoudra le sodium des terres émergées sans relâche et les étendues océaniques seront salées, puisque le chlore, vieux célibataire tombé du ciel, attendait sagement dans les fosses marines ce mariage parfait. Nous en gardons la trace dans le sang et les larmes. La vie va bientôt apparaître, l'eau en est la source et la matrice, puisque c'est en son sein que les organismes commencent le règne du vivant, dont elle est le dehors mais aussi le dedans.

Progressant sans cesse dans son ambition, l'eau devient le volant régulateur majeur d'un système dont elle a conditionné l'épanouissement.
Le Soleil continue son œuvre en l'évaporant, puis elle se condense pour retomber en pluie et nourrir la planète, parfois en neige ou en grêle, selon les conditions de température, de pression et au gré des saisons.
Depuis les montagnes, où elle ruisselle, jusqu'aux sources qui lui redonnent accès à l'air libre après une lente filtration, l'eau rejoint ses réservoirs naturels sous forme liquide, ou solide dans les glaciers.
Des tropiques aux pôles, une grande partie de l'énergie calorifique sur Terre est déplacée par la circulation de ses courants, qui représentent le plus important mouvement connu d'une substance chimique sur le Globe. La régulation climatique en découle, inévitablement.

En dessinant les arabesques de nos nuages, en colorant nos ciels et nos océans par la réfraction azurée de la lumière blanche, en déterminant directement la permanence végétale, les cultures et l'élevage, donc le maintien de la vie, l'eau dont notre peau se nourrit se propose d'offrir la plus belle réalisation d'un Univers en mal d'aboutissement, une oasis de rêve : une planète bleue.

À la superficie, nous rencontrons la kératine

On devrait parler des kératines, car elles sont variées. Ces protéines fibreuses et insolubles dans l'eau assurent l'imperméabilité et la protection vis-à-vis des agents extérieurs. La peau en organise la synthèse au cours de la *kératinisation*. Rappelons qu'il s'agit du processus continu de maturation cellulaire que nous avons décrit depuis les cellules basales, de la profondeur vers la surface.

On distingue la kératine molle, que l'on trouve dans l'épiderme, de la kératine dure, présente dans les poils, les cheveux et les ongles.

La kératine est donc produite par les *kératinocytes*. Au cours de leur cycle de renouvellement, ils s'épuisent pendant leur migration vers la surface de la peau. Ils perdent leur contenu, se résument à des lamelles, puis s'éliminent par desquamation. Leur production s'accélère aux endroits les plus soumis aux frictions (mains, pieds) et s'accumule parfois en zone pileuse dont témoignent les pellicules.

On observe dans les kératines une concentration élevée d'un acide aminé soufré, la *cystéine*, et une faible teneur en *hydroxyproline* et *lysine*. On retrouvera ces molécules dans l'univers des cosmétiques.

KÉRATINES

Il y a deux formes de kératines : alpha (fibrillaire, plastique) et bêta (cuticulaire, dure).
Lorsque la chaîne vrillée de la molécule subit un allongement, il y a passage de la forme plastique à la forme dure.
En revanche, elles s'associent au lieu de transmuter quand il s'agit de réaliser une cohésion latérale, celle qui solidifie le réseau. Cette réticulation, réversible sous l'action d'agents chimiques, sera utilisée en cosmétologie réactive du cheveu (permanentes, décollements de racines et autres variantes).

Qu'en est-il de l'acide hyaluronique ?

Il s'agit d'un élément naturel du derme constitué d'agrégats de molécules composées de protéines et de sucres (*protéoglycanes*, capables de fixer mille fois leur poids en eau lorsqu'ils sont fluides dans la substance extracellulaire). Il joue un rôle prépondérant dans l'hydratation, la tonicité et l'élasticité de la peau. Plus de la moitié de l'acide hyaluronique contenu dans le corps humain se trouve dans le tissu cutané, dont il est l'un des principaux composants de la matrice extracellulaire fondamentale. C'est-à-dire du milieu « colloïdal » dans lequel baignent la charpente des fibres, les cellules qui « usinent » l'ensemble des constituants spécifiques du tissu lui-même *(fibroblastes)*, mais aussi les vaisseaux, les nerfs et l'hébergement d'acteurs spécialisés (comme celui des défenses immunitaires).

Le pouvoir de rétention d'eau de l'acide hyaluronique lui procure des propriétés viscoélastiques remarquables. Cette capacité est due à une structure développée de la molécule occupant un volume très important par rapport à son poids. En fait, l'encombrement est augmenté par une organisation déployée dans l'espace, où des loges évidées dans son maillage emprisonnent de nombreuses petites particules qui attirent l'eau comme une éponge. À mesure que les espaces se remplissent, la molécule d'acide hyaluronique s'étend et augmente sa résistance à la compression (l'une des particularités des fluides étant leur incompressibilité). S'ensuivent une consistance élastique et une résistance à la pression, qui participent à la protection des structures sous-jacentes, à la beauté de la peau en général et du visage en particulier.

Cette substance se trouve en grande quantité dans les organismes jeunes. Elle diminue avec l'âge, ce qui entraîne une baisse de ses pouvoirs. Avec le temps, la production de radicaux libres auxquels nous sommes exposés (soleil, tabac, alcool, pollution et autres toxiques...) en détruit la structure. On estime que, vers 50 ans, les hommes et les femmes n'en possèdent plus que la moitié de la quantité présente dans l'enfance. Le problème est que les briques qui la constituent ne sont pas facilement scindées des protéines globales de l'alimentation. Le mieux est de fournir des micropeptides déjà élaborés.

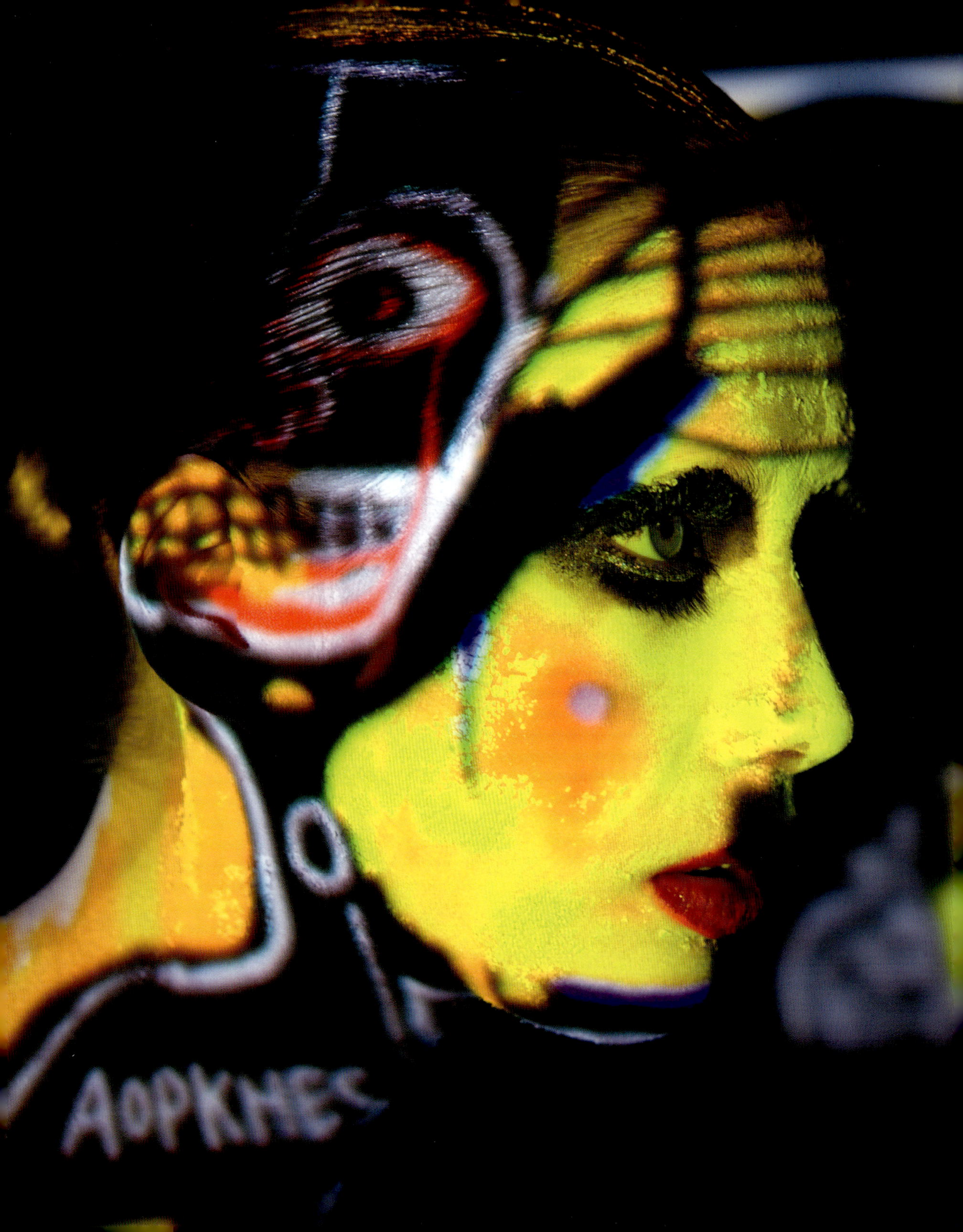
AOPKNES

Ce sera l'une des cibles de la cosmétique moderne (notamment avec l'arrivée du fractionnement des polymères) et des compléments alimentaires, puisque l'initiation de sa synthèse est stimulée par l'apport des molécules mères.

Un actionnaire de poids : le collagène

On devrait parler des collagènes. Ils représentent l'essentiel des constituants du derme baignant dans la substance fondamentale. Il s'agit d'une armature de protéines organisées en fibres. La cohésion des tissus et leur résistance en sont dépendantes. Leur hydrophilie (propension à absorber de l'eau ou à pouvoir lui être mélangé) est basse.

La trame fibrillaire est constituée de torsades, assemblées en trois unités de base *(tropocollagène)* qui développent la fibre en hélice. Sa forte masse moléculaire (une façon admise de parler de la taille d'une molécule en évoquant son « poids ») explique son impossibilité à franchir la barrière cutanée en applications externes. Elle est évaluée à 300 000 daltons (le dalton est une unité de masse utilisée par les biochimistes équivalente à celle d'un atome d'hydrogène, l'hydrogène étant lui-même le plus petit atome de l'Univers : le premier élément). Pour donner une idée de sa taille gigantesque, la macromolécule de collagène représente trois cent mille fois l'atome d'hydrogène, dont la paire en s'associant avec l'oxygène forme une molécule d'eau. La dimension du pas de l'hélice qui étage chaque fibre dépend du degré d'hydratation et de la nature de ses maillons.

Des dizaines de variétés de collagènes sont identifiées, dont essentiellement cinq charpentent l'organisme. La peau s'en réserve trois en priorité. C'est la raison justifiant parfois les précisions sur les collagènes stimulés par les actifs des cosmétiques. Le collagène I est le plus distribué, le IV charpente la membrane basale et le III est celui des fibres de réticuline (qui sont des fibrilles indépendantes les unes des autres, articulées en fin réseau au sein de la substance fondamentale).
La densité des fibres, et donc leurs propriétés mécaniques, est due à la présence de liaisons de « type hydrogène » (parce que c'est lui

qui leur tend les bras), induites notamment par les protéines (hydroxylysines et hydroxyprolines), qui ont un effet de pontage important à l'intérieur des chaînes dans un milieu glucidique (donc de sucres, qui sont avec les graisses et les protéines les nutriments et composants essentiels du corps humain). Cette remarque éclaire la logique des cosmétiques et des compléments alimentaires qui en contiennent.

Une associée plus légère : l'élastine

On devrait parler des élastines. Ce sont des protéines également organisées en réseau de fibres, qui confèrent élasticité et solidité aux tissus. Elles sont de nature hydrophobe (ne captent pas l'eau) et se présentent comme un entrelacement serré et tridimensionnel de fibrilles, de masse moléculaire bien plus faible que celle des collagènes (60 000 à 70 000 daltons) avec lesquelles elles sont intimement entrecroisées.

ÉLASTINES

L'origine de leurs propriétés physiques remarquables serait liée à la présence d'un agent réticulant (favorisant les réseaux), la desmosine : un tétrapeptide de la lysine dont le rôle est analogue aux ponts entre les molécules soufrées des kératines, tout en étant plus flexible.
Chaque fibre d'élastine (tropoélastine) est constituée de plusieurs centaines d'acides aminés (composants essentiels des protéines). Les associations entre fibres et cément interfibrillaire s'opèrent par l'intermédiaire de structures encore plus petites (glycoprotéines organisées en microfibrilles).

La relative complexité de cette molécule, son aversion pour l'eau et son absence de pénétration justifient sa rareté au sein des cosmétiques. On peut lui accorder un rôle d'onctuosité de surface. En revanche, pouvoir stimuler sa synthèse dermique est une recherche permanente, dont les peelings à pouvoir régénérant et les compléments alimentaires prennent une part de la charge.

Une vedette : la mélanine

On devrait parler des mélanines. Ce sont les pigments naturels de l'épiderme produits par les *mélanocytes*. Ils sont déterminants pour la couleur de la peau et des cheveux. Les grains de beauté en sont pourvus, et d'autant plus qu'ils seront foncés. La mélanine capte le rayonnement lumineux, ce qui modifie sa teinte selon la profondeur de sa présence en fonction de la couleur du derme qui s'interpose. Lorsque les groupes de mélanocytes næviques *(thèques)* sont profonds, les nævus apparaissent bleus (nous en donnons la raison au prochain paragraphe). En conséquence, ils seront d'autant plus noirs qu'ils seront superficiels, ce qui est un argument sensible des critères de surveillance (leur superficialité les rapprochant d'une zone active redoutée : la jonction dermo-épidermique).

Selon la localisation et la densité des pigments, la sensibilité à la lumière solaire diffère. Ce qui explique que les blonds à la peau claire soient plus vulnérables au soleil que les bruns à la peau foncée.

Les mélanines dérivent d'un acide aminé particulier, la *tyrosine*. Son métabolisme (évolution de sa formule au cours de la synthèse) est déterminant pour la coloration du cheveu. Selon un schéma réactionnel étagé, on atteint des structures mélaniques condensées, plus ou moins régulières, qui sont responsables du brunissement. La peau noire ne résulte pas de ce seul phénomène ; nous verrons sa raison d'être au chapitre dynamique (étude des fonctions).

Pourquoi faut-il surveiller les grains de beauté *(nœvus)* ?

La blancheur du teint des coquettes et des marquises était autrefois soutenue par un petit morceau de toile en soie noire collé sur la peau du visage (quand il n'était pas destiné à masquer une cicatrice ou une disgrâce momentanée). C'est probablement ce qui valut aux nævus pigmentés l'appellation flatteuse de grains de beauté. Selon les cultures, il peut en être autrement. Les Japonaises, par exemple, les considèrent comme des imperfections inesthétiques qu'elles désirent retirer le plus souvent. Au temps de leur splendeur, sous l'Ancien Régime, les poètes les imaginaient comme des mouches posées sur le lait. Un nom leur était attribué selon la position qui pouvait obéir à un code de l'humeur, de la personnalité ou même érotique, en les disposant avec une fantaisie provocante qui avait son propre langage.

Voici comment en parlait Edmond de Goncourt (*La Femme au dix-huitième siècle*). « C'était le dernier mot de la toilette de chercher, de trouver la place à ces grains de beauté d'application, taillés en cœur, en lune, en comète, en croissant, en étoile, en navette. Et quelle attention à jeter joliment ces amorces d'amour, sorties de chez le fameux Dulac de la rue Saint-Honoré, la badine, la baiseuse, l'équivoque ; à poser, selon les règles, l'assassine au coin de l'œil, la majestueuse sur le front, l'enjouée dans le pli que fait le rire, la galante au milieu de la joue, et la coquette, appelée aussi précieuse et friponne, auprès des lèvres ! La mode alla plus loin : un moment, les femmes portèrent à la tempe droite des mouches de velours de la grandeur d'un petit emplâtre. Et l'on vit même un jour sur la tempe de la jolie Mme Gazes cette singulière mouche entourée de diamants. »

« Leurs boîtes étaient en vogue en ce temps-là et toute dame avait la sienne au couvercle garni d'un miroir », mentionne Émile de La Bédollière dans son *Histoire de la mode en France* écrite au XIXe siècle. Il dénombre sept mouches « principales » dont les connotations lèvent toute équivoque : au milieu de la joue, la galante ; au coin de la bouche, la baiseuse ; sur un bouton, la receleuse ; sur le nez, l'effrontée ; sur les lèvres, la coquette ; une mouche ronde, une assassine, dont le précédent nous indique qu'elle se portait au coin de l'œil.

Quant à la réputation inquiétante des nævus, elle vient du fait qu'ils contiennent des amas de *mélanocytes* anormalement situés. Autre particularité, et non des moindres, ils ne participent pas à la fonction pigmentaire (même s'ils sont pigmentés) et vivent « tapis dans l'ombre ». Ils attendent leur heure pour se démasquer. Le plus tard sera le mieux et même, si possible, jamais. Car on peut les imaginer comme des « bombes à retardement », dans le sens où la sérénité de leurs mélanocytes peut se transformer en agressivité explosive.

Il existe là aussi un code à leur sujet. Selon leur position (plus ou moins près de la surface, ce qui conditionne leur couleur) et leur topographie, il n'y aura pas le même niveau de crainte à leur égard. Les plus superficiels, qui voisinent avec le tapis basal de l'épiderme en perpétuelle activité cellulaire, seront souvent foncés et suspectés au moindre doute. La crainte s'amenuise avec son éloignement. Les plus profonds seront d'autant bleutés qu'ils seront pigmentés. Pourquoi ? La raison en est assez simple et souvent éludée. En réalité, leur mélanine noire capte le rayonnement de

la lumière blanche et une colonne sombre les sépare de l'épiderme. Cette zone translucide (compte tenu de son hydratation, car c'est l'eau qui en conditionne le phénomène) sera éclairée par la diffraction de la lumière aux dépens de la longueur d'onde la plus énergétique. Il s'agit du bleu pour le rayonnement visible. Ainsi, le nævus qui n'émet rien est vu à travers ce mirage qui lui donne sa couleur virtuelle. C'est pour la même raison qu'un ciel pur est si bleu, comme le sont à la lumière du jour les grandes étendues d'eau claire. Et voilà pourquoi notre planète l'est aussi vue de l'espace, comme une perle dans un écrin de velours noir étoilé.

Offrir des critères de surveillance personnelle (ce qui a été préconisé en son temps avec l'acronyme mnémotechnique ABCDE, pour l'asymétrie, les bords, la couleur, le diamètre et l'évolution) nous semble un piège redoutable. Pourquoi ? Parce que le fait de ne pas maîtriser le langage spécialisé conduit à deux attitudes aussi dangereuses l'une que l'autre : la première est de sous-estimer l'examen et la seconde exactement le contraire. Dans les deux cas, la surveillance est mauvaise. Un peu comme si une mouche posée au hasard avait entaché la réputation d'une galante sans le vouloir, ou provoqué des espoirs de conquête rapidement déçus.

Le mieux est de consulter périodiquement un dermatologiste. Il garantit le dépistage avancé au moindre doute et la guérison définitive de la lésion prise à temps. S'y prendre trop tard échappe aux règles du pronostic, et c'est le temps qui donnera la sanction définitive : parfois elle sera bonne, d'autres fois péjorative. À ce niveau du discours, il faut avertir les adeptes, en courbant l'échine car il n'est pas permis de les contrarier sans recevoir quelques coups de verges, que les tatouages, en dehors des risques de contamination où le principe de précaution devrait prévaloir sur celui de la mode, sont un frein à la prévention du mélanome malin. Bien malin, justement, qui saura déterminer une petite plaque ardoisée au sein d'un dragon multicolore. Par ailleurs, le fait d'introduire des colorants permanents au sein de la peau peut induire des réactions inflammatoires et parfois déclencher une maladie immunitaire qui peut s'acharner sur l'armature des organes sans pitié. (Les cas sont heureusement rarissimes, mais j'en ai personnellement débusqué un prototype chez une jeune fille, dont la gravité de l'évolution me suffit pour être résolument fixé.)

Déjà, que leurs porteurs soient avertis : beaucoup d'anesthésistes refuseront une péridurale à travers un tatouage. Sage décision d'ailleurs, car, en dehors des repères brouillés, réaliser une effraction du liquide céphalo-rachidien en passant par un pigment étranger peut mettre en cause la responsabilité médicale.

Si nous devions donner quelques conseils dans un sens préventif, disons que les grains de beauté présents sur les parties terminales du corps doivent etre retirés (plutôt que surveillés) : mains (surtout les paumes), pieds (surtout les plantes), cuir chevelu (surtout cachés dans les cheveux) et parties génitales (surtout féminines). En ces localisations, leur transformation est encore plus pernicieuse (d'évolution fulgurante).

Ceux du dos et des mollets doivent faire l'objet de surveillance accrue (surtout le dos chez l'homme et les mollets chez la femme). La raison en est connue. Les enfants refusent la lumière de face pendant leurs jeux, exposant la partie dorsale au soleil. Comme les petites filles ont les mollets découverts plus souvent que les petits garçons et que c'est l'inverse pour le dos, ces différences d'exposition se retrouvent plus tard au niveau du danger d'évolution néfaste pour ces régions selon le sexe.

Des réserves bien stockées : les lipides

La couche hypodermique est maillée du réseau adipeux plus ou moins matelassé que nous venons de décrire. Son utilité est souvent sous-estimée. L'image négative des graisses, qui fluctue avec les modes, n'y est pas étrangère. Les tendances anorexiques de certains modèles ne sont pas pour en rétablir la noblesse, tout en induisant des complexes dans l'imaginaire qui laissent la plupart des spécialistes désarmés, quand la nourriture se borne à consommer des rêves.

« *Ça ne me fera pas grossir au moins ?* » Ce qui n'empêchera pas les mêmes de se bourrer de chocolat.

Ce sont pourtant les matières de base du milieu nourricier, avec les glucides (sucres), et de parfaits régulateurs thermiques.

Les cellules graisseuses adultes *(adipocytes)* perdent leur pouvoir de multiplication (il se dit parfois le contraire par confusion avec leur forme « native »), mais gardent celui de se « gaver » de lipides qui est phénoménal. Elles en arrivent à souffler leur membrane par une vacuole hypertrophique (et même parfois plusieurs) qui refoule les structures de la cellule en périphérie. Ce sont de vrais ballons d'« huile », des réservoirs d'énergie. Leur stock serait acquis vers la vingtième année de croissance et constant au cours de la vie, si le « trop-plein » n'est pas dépassé. Ce qui est remis en cause par les excès d'apport calorique et motive l'attention portée à l'alimentation dès l'enfance, jusque dans l'allaitement. Le problème est que les cellules une fois créées n'ont aucun potentiel d'épuisement. La chasse à leurs effets néfastes sur l'embonpoint est une lutte de tous les instants. Aucun amaigrissement ne semble pouvoir les faire disparaître. Un coup terrible porté aux régimes alimentaires, qui conforte la logique des soustractions physiques pour « déshabiter » le pannicule adipeux de ses réserves (méthodes d'aspiration ou de dégradation qui seront exposées plus loin). Pratiquement immortelles, elles répondent à la demande, car leurs précurseurs *(pré-adipocytes)* gardent le pouvoir de les générer et d'augmenter la masse graisseuse d'autant. C'est leur prédisposition à la greffe, supérieure aux formes adultes, qui est utilisée dans le lipofilling (nous en reparlerons).

ADIPOCYTES

On savait que les adipocytes, dont l'expansion est essentielle au cours des premières années de la vie, continuent d'être formés tout du long en coordination avec la vascularisation du pannicule adipeux. Mais on connaissait mal l'origine, la localisation et les caractéristiques des cellules qui le permettent.
Elles viennent d'être identifiées. La plupart proviennent d'une réserve de cellules « matricielles » proliférantes qui sont déjà désignées pour jouer ce rôle (soit avant la naissance, soit très précocement dans la vie des individus). Ces précurseurs résident dans le compartiment cellulaire de la paroi des vaisseaux hypodermiques (ce qui semble exclusivement réservé à la peau). Ainsi, le système vasculaire du tissu adipeux semble fonctionner comme une niche de cellules souches sensibles aux signaux nécessaires au développement des cellules graisseuses.

L'adipocyte représente aussi la cellule de survie, ce qui justifie en un sens cette prédisposition à l'accroissement possible de son nombre. Sans lui, les premiers hommes n'auraient probablement pas pu résister aux hivers rigoureux des époques glaciaires. Les graisses sont des réserves énergétiques performantes pour l'activité métabolique. Un seul gramme permet à un passereau de voler sur 1 000 kilomètres. Ce qui était un gage de longévité à l'origine est devenu l'un des facteurs de risque aujourd'hui. La nature balance toujours en cherchant un point d'équilibre qu'elle ne trouve jamais. Elle abuse des révolutions à l'échelle temporelle au sens de cycle, mais également dans l'idée de la recherche d'un ordre nouveau. En fait, la roulette génétique de l'évolution fait beaucoup de dégâts au cours du temps, même si l'adaptation complice lui offre ses martingales et même si la durée d'une espèce ne permet pas toujours de s'en rendre compte. (Rappelons que l'ère des dinosaures, qui aura couvert cent soixante-cinq fois celle de l'Homme depuis ses origines, s'est brutalement interrompue après qu'ils eurent peuplé et dominé la terre entière. Ce qui revient à dire que nous pourrions refaire cent soixante-cinq fois la copie de toute notre histoire sans dépasser pour autant celle des « épouvantables lézards ».)

Une nouvelle est venue troubler la calme sérénité de la pensée unique : la longévité des Américains en surpoids corporel* (en dehors de l'obésité, cela s'entend) se révèle meilleure que celle des sujets maigres ! Ce qui revient à recaler la situation actuelle à l'aube de l'humanité. Ça bouge, du moins en Amérique. Peut-on dès à présent imaginer un « homme génétiquement modifié » en profitant des mutations bénéfiques réparties individuellement ? Ce coup de pouce piloté, ce pied de nez à la nature, serait-il de bon augure ? Mais attention de ne pas prendre cette remarque pour un encouragement à l'embonpoint : méfions-nous des erreurs d'aiguillages.

*Une formule permet de situer la limite relative entre le surpoids et l'obésité. Il s'agit de **l'indice de masse corporelle** ou *body mass index*. Il suffit de diviser deux fois de suite le poids en kilogrammes par la taille en mètre (ce qui revient à le faire au carré). En dessous de 16,5, on parle de dénutrition ou d'anorexie, entre 16,5 et 18,5 de maigreur, entre 18,5 et 25 de normalité, entre 25 et 30 de surpoids, entre 30 et 35 d'obésité modérée, entre 35 et 40 d'obésité sévère et massive au-delà de 40. Il semblerait que ce calcul aboutisse au surpoids de la moitié (ou presque) des habitants en pays économiquement développés.

Toutefois, il faut relativiser la valeur de cet indice. Son défaut est de prendre en compte le poids, alors que ce qui gêne dans l'obésité est le volume. Or, pour un même encombrement, la graisse ne pèse pas autant que le muscle. Donc, à poids identique, un corps gras occupera plus d'espace qu'un corps musclé plus dense, et la morphologie d'un sujet pratiquant un sport intensif ne sera pas la même que celle d'un individu sédentaire. De plus, les « diamètres » scapulaire (épaules) et pelvien (bassin) seront différents chez l'homme et la femme, comme le sera leur squelette, en dehors des physiques androgynes que les modes vestimentaires amplifient parfois de façon artificielle au cours de la croissance (port de jeans serrés par exemple).

INDICE DE MASSE CORPORELLE

Finalement, les fluctuations du poids sont pratiquement dues aux variations de celui de l'hypoderme, donc de la peau. Peut-elle s'enrichir des mutations aléatoires qui l'orientent vers un sort enviable ? En d'autres termes, peut-on affiner son hérédité sans pour autant raviver les relents de l'histoire ?

Pour illustrer l'audace du propos sans en compromettre les avantages, passons par un détour éloigné du sujet propre à faire baisser la garde.

Certains virus ne sédimentent pas. C'est-à-dire qu'ils sont présents dans l'air qui se respire au voisinage du malade contaminé. Ce serait le cas de celui de la grippe aviaire (contagieux à plus de 8 mètres) si la transmission devenait interhumaine. En cas de pandémie (épidémie planétaire), une récente modélisation de santé publique faisait état d'une probabilité létale de 800 millions d'habitants en un rien de temps, puisque le seuil critique de la maladie est de trois jours seulement. Cela dans la mesure où toutes les techniques préventives seraient mises en alerte, ce qui est loin d'être assuré.

(Ce qui justifia l'empressement à déclencher des mesures sanitaires démesurées lors de la propagation de l'épidémie mexicaine, puisque le virus incriminé était de la même famille. D'où les explications empêtrées de certains responsables, contraints de dire au lendemain le contraire des affirmations de la veille. Car il est toujours délicat de suivre le mouvement en jonglant avec les motivations réelles de la crainte. Le mieux étant, pour être écouté, d'informer avec justesse.)

Tout le monde s'accordera sur la chance de ceux qui sont immunisés naturellement pour faire face à une telle situation d'urgence. Car il en existe, et c'est là que cette digression devient utile. Elle nous conduit vers un constat sûrement loin d'être isolé. Et pourquoi pas vers une amélioration en termes de qualité du vieillissement ?

Une preuve de cette sélection naturelle vient d'être révélée dans un autre domaine, par la greffe de moelle osseuse pour traiter une leucémie.

Le donneur compatible était porteur d'une résistance à la contamination de ces cellules immunitaires par le virus du sida. Il s'agit d'une protéine de membrane absente qui prive le virion de sa porte d'entrée. Il se trouve que le malade fut guéri des deux affections en un seul temps. Bien que ce traitement ne puisse pas se généraliser, ni se proposer de façon systématique (pour des raisons de risque de létalité élevée inhérent à la méthode et à la difficulté de trouver un tel donneur), il laisse le champ ouvert à la discussion.

Pour en revenir à l'adipocyte et dans le même ordre d'idées, voici une découverte récente, émanant de chercheurs californiens, qui fait état de manipulations génétiques sur la souris. Elles auraient conféré des propriétés enzymatiques modifiant le stockage au profit de l'élimination des lipides. En clair, il s'agirait de pouvoir diminuer la conversion des sucres en graisse ou d'en permettre l'inversion. Ces souris restent minces quel que soit leur régime alimentaire. Ce qui réglerait le problème de l'abondance des réserves dans l'obésité. Voilà de quoi alimenter au moins la discussion sur une éventuelle adaptation à l'espèce humaine.

Le problème peut se poser sous forme philosophique : l'Homme doit-il rester le fils biologique de ses parents, ou peut-il bénéficier des acquis génétiques de l'humanité ? En tout cas, s'il ne semble pas pressé d'aller vers un être « biogénétique » à corps perdu, il est urgent d'en débattre si nous ne voulons pas être effacés. Souvenons-nous du lièvre et de la tortue.

Dernier détail d'importance, les récepteurs de membrane conditionnent les modalités d'action de certaines substances. Par exemple, celles qui orientent sur l'élimination des graisses justifient la composition de cosmétiques agissant sur le « capiton ».

Au lieu de favoriser la *lipolyse* (largage de l'huile contenue dans les réservoirs cellulaires), d'autres la bloquent. Leurs sites d'action seraient particulièrement nombreux dans les régions anatomiques qui résistent à l'amaigrissement : le bas-ventre, les hanches et la culotte de cheval par exemple. Pour ne rien arranger, leurs adipocytes seraient quatre fois plus avides de glucose que les autres.

Ce qui explique la désespérance des méthodes où ne fondent que les parties que l'on souhaiterait replètes, accusant les formes que l'on voudrait voir disparaître.

Comment voulez-vous échapper à tant de pièges ?

Une confirmation est venue de la chirurgie plastique. Il s'agit de greffes totales de joue pour réparation de vastes pertes de substance unilatérales. Elle concerne les cas où la peau est prise sur l'avant-bras ou dans l'aine, les deux sites donneurs offrant une certaine analogie de texture avec la partie indemne du visage. La remarque est celle-ci : dans le cas de prise de poids post-opératoire, elle reste harmonieuse pour la peau originaire de l'avant-bras et progressivement discordante pour celle qui est prélevée dans l'aine, le visage grossissant plus vite d'un côté que de l'autre.

Pourquoi ? Tout simplement parce que les adipocytes gardent leur prédisposition naturelle. Malgré leur déplacement, ils continuent de se comporter à l'identique en ce qui concerne leur faculté de stockage.

Ce qui revient à dire que les injections de graisse pour augmenter les volumes et combler les rides du visage *(lipofilling)*, dans la mesure où elles réalisent des greffes d'adipocytes, n'ont peut-être pas toute la légitimité requise selon leur site de prélèvement. Attention aux irrégularités si les cellules implantées continuent de vivre selon leur modèle (ce qui est pourtant souhaité). Et si elles ne le font pas, le geste aura été bien compliqué pour pas grand-chose.

Les glandes sébacées sont une autre source de lipides réservés à la surface de la peau. Elles s'abouchent dans le canal des follicules pileux, qu'elles suivent pour libérer le sébum. Ce film de nature séborrhéique évolue dans sa composition avec l'âge. Au contact de l'air, ces sécrétions sont oxydées et produisent des matières malodorantes (nous en verrons la raison au chapitre suivant).

Les comédons, qui occupent le conduit d'évacuation des glandes sébacées au niveau des pores, s'opposent au passage du sébum et constituent un milieu de culture idéal pour la prolifération microbienne. Les compositions cosmétiques auront comme rôle sinon de les éliminer, à tout le moins de ne pas les favoriser *(non comédogènes)*.

En position de sentinelle : les récepteurs neurosensoriels

On en compte 600 000 affectés au toucher et au moins 200 000 à la détection de la température. Ils se présentent sous des formes diverses : en bulbe, pelote, bande, panier, sac ou filament. Certains en terminaisons libres, d'autres sous forme de structures organisées en papilles ou corpuscules qui portent le nom de ceux qui les ont décrits pour la première fois (Merkel, Meissner, Krause, Ruffini, Vater-Pacini et Golgi, selon leur affectation relative au tact, à la température ou à la pression).

En dehors du derme qu'ils occupent, ils colonisent l'épiderme en dessous de la couche cornée, pour ce qui est de certaines terminaisons libres (affectées à la douleur) ou pour les disques de Merkel (liés au tact).

Le bout des doigts détecte une différence d'un seul degré et la moindre variation de pression. De par leur situation plus superficielle, la douleur et le tact sont perçus de façon plus fine que la pression et la température. D'ailleurs, la sensation d'une caresse ne nécessite qu'un effleurement. D'où l'impression de confort, ou son contraire, qui peut immédiatement caractériser un cosmétique.

Les messages captés sont adressés vers les aires sensitives du cerveau par l'influx nerveux. Ces *« microcourants électriques »* seront perçus comme stimulations discriminantes (qui établissent une distinction fine entre les sensations) ou protopathiques (d'analyse grossière), agréables ou non, selon l'événement. Dans les deux cas, ce sont les mêmes centres nerveux qui sont sollicités (d'où l'ambiguïté parfois rencontrée entre la douleur et le plaisir).

Ils jouent un rôle d'alerte du danger, dont il est difficile de se passer. Les individus privés de leurs aides ont un handicap qui met en jeu le pronostic vital. Les réflexes d'évitement leur sont totalement dévoués. Le retrait de la main lors d'une douleur ou la fermeture de la paupière à la moindre poussière sur l'œil en prouvent l'efficacité et la nécessité.

Il y a donc des connexions entre des organisations tissulaires différentes, ce qui nous conduit à parler des emprunts que la peau contracte auprès de « bailleurs universels ». Deux systèmes envahissent l'ensemble des organes et appareils du corps humain. Ils sont présents à leur niveau de façon constante et nécessaire. À l'inverse, on peut dire que chacun d'eux y fait appel pour vivre mieux, car la vie ne peut pas s'envisager sans eux. Il s'agit du système vasculaire et du système nerveux.

Comment la peau est-elle vascularisée ?

Le développement du réseau vasculaire dédié est sans commune mesure avec les besoins physiologiques du tissu lui-même. S'il en est ainsi, c'est que le rôle de la peau l'emporte sur le coût de ses dépenses propres. Il va de la mobilisation des défenses immunitaires à l'équilibre thermique, en passant par la régulation de la pression artérielle.

Les artères sous-cutanées (et leurs veines correspondantes en retour) distribuent de grosses collatérales. Elles grimpent par l'hypoderme pour atteindre le derme. À son niveau, s'organisent deux réseaux artériels étagés (qui ont leur correspondant veineux). Ils tendent des filets reliés par des artères et veines dites en « candélabres » (l'image du chandelier est assez représentative de la réalité).

Le plexus artériel dermique profond donne naissance aux artérioles de communication entre les deux systèmes, qui envoient des collatérales aux glandes de la sueur et aux follicules pilo-sébacés (à l'origine des duvets, des poils, des cheveux et du sébum). À ce niveau, se trouve une complicité étroite entre le réseau vasculaire et le réseau nerveux, qui en justifie la cible visée par les ondes d'ultrasons en cosmétique instrumentale. Nous en reparlerons.

Le plexus artériel superficiel (ou *sous-papillaire*) donne naissance aux anses capillaires des papilles dermiques. Ainsi s'organisent des unités de vascularisation pratiquement autonomes.

Il existe des « courts-circuits » entre les artères et les veines du derme (*anastomoses directes* ou sous forme de petits pelotons appelés *glomérules*). Leur intérêt est considérable et ne se limite pas à la régulation de la température *(thermorégulation)*. Mais pour fixer les idées sur cette dernière remarque, observons les oreilles des éléphants. La richesse de leur vascularisation sur de grandes surfaces de faible épaisseur les transforme en véritables radiateurs. Le mouvement battant entretient la ventilation permanente qui permet d'éliminer la chaleur animale de ces immenses centrales thermiques. Il semble donc logique, vu la différence de latitude, que les éléphants d'Afrique aient de bien plus grandes oreilles que ceux du continent asiatique. Encore une preuve de l'adaptation sélective.

Quant aux lymphatiques, ils s'organisent en réseau collecteur d'innombrables fentes (déhiscences qui se trouvent entre les cellules de l'épiderme et les faisceaux conjonctifs du derme). Elles se drainent par des voies organisées autour des veines, mais selon une systématisation moins fidèle, pour finir par se jeter dans le système veineux lui-même. En fait, la seule force qui mobilise la lymphe (en dehors d'un faible pouvoir contractile de ses vaisseaux et de la gravitation pour ce qui est de la partie supérieure au cœur) est la dépression cardiaque opérée sur le retour veineux. Et quand la circulation veineuse peine, la logique ira vers la constitution de stase et d'œdèmes.

Un exemple mérite à lui seul un développement, c'est la vascularisation artérielle du visage.

Il se trouve que le cerveau est un organe prioritaire en matière d'irrigation. En très peu de temps (trois minutes), sa privation peut créer des séquelles souvent définitives.

Deux systèmes très puissants s'attellent à la tâche. L'un est protégé par les vertèbres du rachis cervical (axé sur les carotides internes) ; l'autre circule librement dans les parties molles du cou (axé sur les carotides externes). Ils s'unissent *(s'anastomosent)* dans le crâne.

En cas de panne de l'un de ces flux permanents, des voies de passage entre les deux systèmes *(« shunts »)* assument la relève. Au niveau de la face, le maillage de ce réseau est particulièrement riche et prépondérant sur les joues et le nez, dont les saignements peuvent servir de soupape de sécurité au cours des phases congestives. « Quand le sang monte à la tête », il peut y avoir urgence à faire baisser la pression artérielle. On en raconte une survenue célèbre lors de la colère de la reine Marie-Thérèse enceinte, quand Louis XIV lui demanda d'accepter sa nouvelle favorite Louise de La Vallière. Est-ce pour en oublier sa peine qu'elle introduisit le chocolat à la cour de Versailles ? (Son goût sucré et les graisses, conjointement à sa teneur en tryptophane, induiraient une augmentation de sérotonine – qui procure un sentiment de bien-être. On connaît par ailleurs sa richesse en peptide du plaisir – phényléthylamine – qui relèverait les concentrations d'endorphines et compenserait le chagrin d'amour.) Mais l'*épistaxis* (saignement de nez) n'est pas toujours suffisante pour arrêter la congestion, puisque l'histoire nous enseigne qu'Attila en serait mort.

Il ne faut donc pas s'étonner de rencontrer sur le visage les effets dépendants de sa vascularisation : rougissement émotionnel (George Bernard Shaw disait que l'homme était le seul animal à le faire, parce qu'il était le seul qui ait à rougir de quelque chose) ; bouffées de chaleur de la ménopause (George Bernard Shaw n'en disait rien) ; vasodilatation par abus d'alcool ou l'usage de médicaments à visée cardio-vasculaire (comme ceux qui pallient l'impuissance)... Il est aussi normal d'y retrouver les traces inesthétiques dues à ces phénomènes répétés : érythrose, couperose et plus tard acné rosacée (dont ce n'est pas la seule cause). On en comprend mieux la nécessité des traitements d'entretien et les bienfaits additionnels des cosmétiques.

Un facteur annexe va venir compliquer les choses. Il ne viendrait à l'idée de personne de vivre nu durant toute une vie, c'est pourtant ce que le visage fait quelle que soit la saison. Rien d'étonnant à ce qu'il ait une peau adaptée aux rigueurs du temps et qu'elle en accuse les outrages.

Les cosmétiques ont une logique à ce sujet : ils habillent et ils traitent. Nous verrons que ces pôles orienteront leur évolution selon deux voies de recherche.

Comment la peau est-elle innervée ?

Il y a une équivalence entre le rôle prépondérant de la peau pour la défense de l'individu et la grande complexité de son innervation.

Le flux d'informations va de la peau vers les centres nerveux par les nerfs sensitifs *(voie afférente)*. Les centres nerveux informent la peau par le système sympathique (*voie efférente unique*, le *parasympathique* n'ayant pas d'accès privilégié).

Le système qui agit de la peau vers le cerveau est sensitif. Il reçoit les informations par l'intermédiaire des capteurs dont nous avons déjà parlé. La perception n'y est pas toujours bien spécifique et leur répartition non plus homogène. La douleur, par exemple, peut être rendue par toute forme de stimulation poussée à l'extrême et son voisinage avec le plaisir est troublant. Le tact, la pression, la vibration, la piqûre, la brûlure, le prurit, le chaud et le froid ne peuvent pas revendiquer une superposition parfaite avec la morphologie d'un récepteur, même s'il est associé à un stimulus particulier. Sa localisation prend aussi de l'importance.

Les corpuscules de Meissner seront situés dans les papilles dermiques au niveau des zones de frottement. Les corpuscules de Vater-Pacini affectionnent l'hypoderme des régions palmo-plantaires et génitales externes (certains y verront la valeur érotique du massage des pieds). Les corpuscules de Krause préfèrent le derme superficiel des zones de transition cutanéo-muqueuses (ceux-là intéresseront les adeptes du baiser). Quant aux cellules de Merkel (dites *dendritiques* car elles ont des prolongements cytoplasmiques), nous leur avons fait l'honneur d'une présentation particulière au cours de la description de la couche basale épidermique.

Le système qui agit du cerveau vers la peau est sympathique. Il se disperse en un réseau inextricable dans le derme moyen (sous les papilles).

Ses fibres sécrétant de la noradrénaline *(adrénergiques)* sont responsables de la vasoconstriction (ainsi on pâlit de peur), du redressement des poils au cours des frayeurs ou de l'angoisse par exemple (dû à la contraction du muscle arrecteur tendu dans l'angle ouvert entre la base du follicule et la jonction dermo-épidermique) et de la sécrétion apocrine qui justifie son abondance au cours de l'émotion.

Ses fibres sécrétant de l'acétylcholine *(cholinergiques)* sont responsables de la sécrétion sudorale eccrine sollicitée au cours de la thermorégulation.

Quant à la sécrétion sébacée, elle échappe au contrôle neurologique pour être sous la dépendance exclusive du flux hormonal.

Un exemple mérite à lui seul un développement, c'est l'innervation motrice de la face.

Elle dépend du seul nerf facial. Il s'arborise richement, mais son trajet superficiel le rend vulnérable. Il y en a un de chaque côté, ce qui explique la dissymétrie du faciès lors de paralysie unilatérale.

Il est rare que la nature n'ait pas « songé » à parfaire son ouvrage. Alors, d'où vient cette rusticité de l'innervation cutanée au niveau des peauciers du visage ?

En fait, c'est l'homme, pressé d'aboutir, qui a précipité les choses. Juste avant lui s'étendait un seul muscle en nappe sous la peau, utile aux grimaces défensives de l'animal qui l'a précédé. La station érigée, puis la libération du massif facial de son rôle de préhension (le passage du relais s'étant fait vers la main devenue spécialisée), a développé une fonction nouvelle relationnelle et surtout permis l'articulation de la parole. Du coup, un petit nerf de rien du tout qui servait à activer un muscle mineur a dû s'adapter peu ou prou tout au long de l'évolution humaine. Et voilà pourquoi il s'est divisé en trois branches pour être présent à tous les étages de la face. Cette remarque n'implique pas de réserves pour ce qui est des cosmétiques, mais devient importante au regard des traitements esthétiques invasifs du visage (et même des injections inopinées de toxine botulique entre les mains d'amateurs inexpérimentés). Car pressentir le nerf facial au cours d'un acte est une preuve de sagesse, le toucher accidentellement… c'est presque déjà trop tard.

Comment conclure sur la statique de la peau ?

Cette balance entre le côté statique et dynamique des chapitres est une règle rédactionnelle, un parti pris de communication. Devant un problème de choix difficile, ce schéma facilite la réflexion.

Avant l'architecture intime de son anatomie, la meilleure façon d'apprécier l'aspect « structurel » de la peau est de la considérer comme l'habillage parfait de la nudité qu'elle offre et qu'elle protège. Cette ambiguïté lui confère des pouvoirs de séduction en même temps qu'un rôle de barrière. Plus de 1,5 mètre carré de sa surface est en contact direct avec l'environnement.

Le reste est affaire de dépouillement : trois étages bien différents définissent son caractère d'organe et une cohésion parfaite s'accommode avec son appellation de revêtement cutané. Encore un vocable qui qualifie son caractère d'isolant d'un milieu qui lui reste hostile et dont elle a su occuper l'espace avec beaucoup d'opportunité. C'est au chapitre de sa dynamique que nous verrons comment elle y est arrivée.

comprendre la peau

la peau, comment ça marche ?

Pour mieux connaître la physiologie de la peau, c'est-à-dire sa vie intime, son mode d'action (une façon de parler de sa dynamique), pénétrons sa mécanique, sa subtilité, ses fonctions et son mystère. Elle évolue dans un espace qu'elle a appris à connaître, mais dans un temps qui lui est lié dont elle aura du mal à se défaire.

les fonctions

une adaptation permanente

Après une blessure, la peau se reconstruit spontanément. Sa capacité d'autoréparation nous montre que, loin d'être un cuir inerte, comme son nom de revêtement cutané pourrait le laisser supposer, c'est un organe bien vivant. Le plus vaste et le plus lourd de l'organisme. L'une des raisons d'être des produits de beauté sera non seulement de le flatter, mais aussi de lui venir en aide.

La peau joue un rôle de barrière étanche grâce à la production continue du film protecteur qu'elle héberge en surface et à l'organisation conjointe d'un *épithélium* assemblé comme des pavés dont elle est le meilleur exemple.

Elle abaisse la température du corps par élimination d'eau, en équilibre avec le travail cellulaire qui produit de la chaleur *(thermorégulation)*.

Elle joue avec le soleil en lui empruntant de l'énergie, mais il ampute son capital à terme. En se modifiant sous l'action du rayonnement, qui entraîne le bronzage *(photoprotection naturelle)*, elle essaie de se préserver d'une dette trop lourde à régler.

Au cours du temps, elle restera efficace dans ce rôle de sentinelle du vivant, malgré une dégradation progressive dont la cosmétique moderne se propose d'atténuer ou d'inverser les effets.

La perspiration

Elle constitue le premier mode permanent de l'équilibre thermique par élimination d'eau corporelle. C'est un processus qui se révèle insuffisant pour les « coups de chaleur », même avec l'aide de la respiration (seule façon d'y remédier pour la plupart des mammifères, en dehors de la radiation de la peau elle-même, moins bien équipés que l'homme pour y satisfaire).

Il s'agit d'une émission gazeuse lente qui se perpétue. Quelles que soient les conditions extérieures, la peau se « déshydrate ». Cette évaporation insensible est continue. Elle entraîne l'élimination d'environ un demi-litre d'eau par jour. Donc, par ce simple effet naturel, « s'envolent » 500 grammes en vingt-quatre heures en absence de prise alimentaire et de boisson… et ce n'est pas fini. Car il faut y ajouter la déshydratation due à la respiration par le biais de l'évaporation pulmonaire qui s'évalue à 1 litre par jour, donc à 1 kilogramme supplémentaire.

Les éliminations plus évidentes *(digestives et urinaires)* augmentent la part de la perte, si bien qu'une seule journée de sommeil se solde par un allégement important de la masse corporelle. On comprend mieux l'ambiguïté des régimes alimentaires faussés par les diurétiques et la perte de poids spectaculaire accusée sur la balance après une épreuve sportive… sans pour autant qu'il y ait amaigrissement.

L'autre voie d'élimination de l'eau est celle de la sudation

Il s'agit d'une émission d'urgence plus ou moins abondante, non seulement consécutive à une exposition à la chaleur, mais aussi en relation avec un effort physique ou l'émotion. Cette perte d'eau est liée à l'activité des glandes sudorales conjointe à la vasodilatation de surface. Ces glandes sont situées à la limite du derme et de l'hypoderme (dans lequel elles plongent le plus souvent) sur toute la surface cutanée, avec une distribution plus abondante dans les régions où l'épiderme est plus épais (paume des mains et plante des pieds). À l'exception du cheval, dont la sudation de la robe est abondante, les mammifères n'en ont la possibilité qu'au niveau des coussinets plantaires. (Bien que j'aie pu constater personnellement que les mustangs de Monument Valley ne l'utilisaient guère. Ce sont des chevaux apportés par les « conquistadors », revenus à l'état sauvage dans les plaines du Far West et domestiqués par les Indiens.)

Sous l'effet de la chaleur, qui active l'irrigation sanguine et développe une dilatation vasculaire, les glandes sudorales sécrètent plus abondamment. Globalement, nous éliminons par leur canal de 800 à 1 000 millilitres d'eau par jour.

Cette perte peut, dans certains cas, dépasser le simple effet de convenance. La déshydratation chez les nourrissons peut aller jusqu'à mettre leur vie en danger.

Plus généralement, une peau qui se déshydrate est dite « peau sèche » (souvent confondue dans le langage courant avec une peau dégraissée). Dans un grand nombre de cas, cet état est imputable à des facteurs génétiques (propres à chaque individu) entraînant des insuffisances au niveau de la kératinisation. Une baisse des kératines de surface est donc parfois inductrice d'une peau sèche, alors qu'on pourrait imaginer le contraire.

En fait, il y a deux types de sudation, dépendants de sources différentes

Les glandes sudorales eccrines se répartissent dans la peau de façon régulière, à l'exception du lit de l'ongle (ce qui est logique, puisque la *tablette unguéale* est adhérente à la peau) et des semi-muqueuses des lèvres et organes génitaux externes (qui abouchent la peau sèche aux muqueuses humides, ce qui explique la spécialisation particulière des produits pour les lèvres). On en compte entre 2 et 5 millions.

Au niveau des paumes et des plantes, leur fonction est distincte en raison de l'absence des follicules pilo-sébacés et d'un épaississement particulier de la couche cornée. Le conduit sudoral se perd dans les « strates » sans pore déterminé. La sudation n'y est pas *thermodépendante*, c'est-à-dire que l'augmentation de la température est sans influence sur son importance. Elle s'est adaptée à la marche et à la prise des objets, en assurant une parfaite hydratation des surfaces de contact pour préserver leur adhérence. Les crèmes pour les mains y trouvent leur raison d'être.

La sueur eccrine est quasiment de l'eau (99 %). On y retrouve en dilution faible les principaux éléments du plasma sanguin. Deux formes de sudation sont essentielles : la sudation thermique et la sudation psychique.

La sudation thermique équilibre la chaleur produite par le corps *(métabolisme basal)* et s'adapte à son augmentation au cours de l'effort physique ou pendant les phases aiguës des maladies inflammatoires (la clause pouvant devenir impérative). Les protéines vivantes tolèrent une plage de température dont le franchissement des seuils entraîne leur destruction définitive, ce qui nécessite un processus de défense.

Il faut aussi lui reconnaître un rôle annexe dans l'élimination de sels ou de toxines, mais essentiel dans la sécrétion des constituants majeurs du *« natural moisturizing factor »*. (Accordons-lui également un intérêt au niveau des propriétés antiseptiques et antifongiques – contre les microbes et les champignons –, un pouvoir émulsifiant du sébum utile au film hydrolipidique de surface et une implication dans les phénomènes naturels de photoprotection.)

La sudation psychique est de survenue immédiate. Elle est essentiellement localisée au front, aux paumes des mains, aux plantes des pieds et au niveau des aisselles. Elle peut être généralisée sous l'effet d'une forte émotion. Contrairement à la première, elle est froide (c'est-à-dire qu'elle n'est pas associée à une vasodilatation, comme dans le cas d'une sudation thermique). Ce qui demande à être modulé d'ailleurs, car il me revient en mémoire le cas d'un chef de service chauve qui montrait de la peine à interpréter les examens modernes. Nous avions le plaisir polisson de lui présenter des courbes à analyser et son crâne se mettait à fumer immédiatement ! Le phénomène s'arrêtait spontanément dès que nous lui donnions la solution de l'énigme.

« *Vous êtes des champions* », disait-il en explosant de soulagement, tout en abandonnant entre nos mains le tracé d'un électrocardiogramme qui lui faisait l'effet de hiéroglyphes. L'imagination pourtant fertile de l'homme ne lui a pas encore attribué de signification. Sa raison reste mystérieuse... à moins que l'émission urgente de phéromones n'ait son mot à dire, puisqu'elle semble répondre à un signal de danger ou de désir amplifié.

Les glandes sudorales apocrines sont localisées au niveau des aisselles *(creux axillaires)*, des oreilles *(conduit auditif externe)*, des paupières (que l'on retrouve collées certains matins de galère), des aréoles mammaires (qui attirent le nourrisson et plus tard les polissons), de la région périnéale (où se trouvent les parties génitales), du pubis *(mont de Vénus)*, du prépuce... mais on peut néanmoins en retrouver réparties en peau vague, toujours annexées aux follicules pileux (particularité constante et obligatoire).

Une ligne qui part du dessous des bras *(aisselle)* pour rejoindre le pli de l'aine *(entrejambe)* en passant par le mamelon peut en héberger, car elle représente un méridien archaïque des mamelles multiples « oubliées » au cours de l'évolution de notre espèce. La présence de « tétons » surnuméraires n'y est pas rare, souvent confondus par les porteurs de l'anomalie avec des grains de beauté *(nævus)*. Il ne faut pas en sous-estimer pour autant la surveillance, car ils peuvent contenir des reliquats de glande mammaire et donc devenir la cible de pathologies identiques (le risque restant hypothétique).

La sueur apocrine est visqueuse, parfois colorée (jaune, brune, noire et même rouge ou bleutée en cas de *chromidrose*) et d'odeur désagréable. En fait, c'est une appréciation fausse. La sueur (de façon générale) est inodore au cours de son émission, mais immédiatement modifiée dans sa composition chimique par le microbisme local qui génère des molécules volatiles malodorantes.

Ce n'est pas tout à fait vrai. D'abord la fatigue, le stress et l'abus d'alcool plaident en sens contraire. De plus, il existe des cas pathologiques associés à la synthèse de molécules nauséabondes (*« fish odor syndrom »* par exemple, qui est une maladie métabolique génétique invalidante) et parfois une élimination de substances ingérées ou inhalées ayant leur odeur propre. Certains régimes alimentaires excessifs, notamment chez les végétariens, donnent une odeur particulière à leurs adeptes. Enfin, l'origine ethnique des individus modifie également les essences corporelles. Il en est de la science comme du reste, les choses se disent et se répètent sans prendre en compte les observations contraires, surtout si l'éducation s'en mêle et encore davantage quand il s'agit de la correction.

La sudation apocrine reste obscure dans sa physiologie générale, mais s'éclaire de données nouvelles grâce aux études sur les phéromones et leur implication dans l'évolution des espèces. Nous en verrons la raison étonnante en fin de rédaction.

En parlant des substances volatiles, des expériences qui semblent oubliées ont mis en évidence dès le XIXe siècle un certain pouvoir absorbant de la peau pour les gaz. Des volontaires placés dans une atmosphère confinée où régnait une mauvaise odeur (il s'agissait de celle des cadavres en salle de dissection anatomique) respiraient du « bon air » par un masque étanche relié à un tuyau abouché à l'extérieur. En peu de temps, l'odeur de la salle se dégageait pourtant de leurs urines. En fait, la peau « respire »! Bonne nouvelle pour le langage des esthéticiennes qui n'y font pas toujours référence de la bonne manière.
Quoique…
Une découverte récente à Bornéo fait état d'une grenouille aquatique qui respire par la peau! Ses poumons ont disparu. Il semblerait que le fait de devoir traverser des torrents agités en rasant le fond de l'eau ait provoqué cette évolution de l'espèce, pour éliminer l'effet « bouée » de l'air contenu qui l'obligeait à nager en surface. De plus, le tumulte des courants les enrichit en oxygène. Le fait

que ce soit un batracien n'enlève rien au fait que la peau reste une surface d'échange énigmatique chez l'homme.
Cette nouvelle bouleversante a réveillé la communauté scientifique. Il y aurait une mine d'informations intéressantes à récolter sur le sujet, si la recherche décidait de s'y intéresser davantage. Un bénéfice certain pour l'étude des molécules présentes dans les parfums et les cosmétiques, un éclairage utile pour pister une voie de pénétration probable des phéromones. La peau serait-elle un « radar » hormonal ?

Revenons sur les effets psychosomatiques rencontrés

Nous sommes parfois intrigués par les manifestations cutanées de type réactionnel qualifiées de *« psychosomatiques »*. Il s'agit de prendre en compte le fait indiquant que l'esprit *(« psychisme »)* puisse agir sur le corps *(« soma »)*.

Il n'est pas question de dire que les émotions modifient la nature de la peau, mais qu'elles influencent fortement son comportement. Toutes nos sensations, de la douleur au plaisir, en passant par le stress qui se taille une belle part dans l'affaire, sont transmises au revêtement cutané sous forme de vasodilatation (rougissement), de sudation, d'émissions « hormonales », de phénomènes inflammatoires ou éruptifs... je vous laisse donc conclure à votre idée.

Sachez, pour vous venir en aide, que beaucoup de pathologies cutanées en dépendent de façon mystérieuse mais objective. Les plus connues sont le psoriasis, la pelade et le vitiligo. Mais la liste serait longue si on devait faire la part des choses, puisqu'il peut même apparaître des stigmates sous hypnose sans la moindre cause.

NEURO-MÉDIATEURS

Les neuromédiateurs chimiques, dont la production est programmée par le cerveau, sont les messagers de nos émotions. On en connaît plus de 200. La peau en propose une vingtaine en commun : la sérotonine, la noradrénaline, les catécholamines et les endomorphines sont les plus connues. Cette remarque explique la raison pour laquelle apparaissent actuellement des actifs dans les cosmétiques aux effets croisés avec le système nerveux ou neuromusculaire.

Le follicule pilo-sébacé en chagrine quelques-uns au cours de la croissance. Ce n'est pas à la glande sudorale apocrine qu'il le doit, mais à la glande sébacée. Elle a perdu sa fonction majeure d'entretien du poil protecteur, avec l'apparition de l'Homme et la disparition de la toison. Elle pâtit d'une mauvaise réputation dans la jeunesse, dont elle affecte le visage et le dos de crises bourgeonnantes d'acné parfois rebelle. Toute une cosmétique lui est destinée. Ne parlons pas du traitement, puisqu'il ne pose pratiquement plus de problème, mais essayons d'en comprendre les raisons essentielles.

Comment se contrôlent la synthèse *(sécrétion)* et l'élimination *(excrétion)* du sébum ?

Les différences individuelles sont évidentes. En dehors de la loterie génétique, où les lots distribués sont une preuve d'injustice (qui ne s'arrête pas là), interviennent de nombreux facteurs, internes ou externes, qui vont influencer le processus.

Le sébum limiterait sa propre excrétion superficielle par simple accumulation.

D'où l'effet parfois pervers des toilettes agressives, qui rendent l'élimination fluide du sébum (la *séborrhée*) dépendante de son renouvellement de plus en plus exigeant. Inversement, l'excès des corps gras contenus dans les cosmétiques mal adaptés *(comédogènes)* peut aboutir à son enkystement.

Les facteurs hormonaux qui interviennent sont plus importants.

Ils sont non seulement d'origine interne *(endocriniens)* mais également externes *(locaux)*.

En ce qui concerne les facteurs hormonaux locaux, citons une substance *(chalone sébacée)* activée par l'adrénaline et l'hydrocortisone, qui inhibe les divisions cellulaires dans les glandes et donc leur pouvoir de synthèse. On pourrait dire qui les met au repos.

Les facteurs hormonaux internes sont dominés par le rôle des *hormones sexuelles*. Le fait qu'elles soient en « ébullition » au cours de l'adolescence explique l'acné juvénile. La glande reçoit un message de leur part et l'interprète à sa façon. Aussi, la quantité d'hormone impliquée n'est pas toujours directement responsable à part entière. Il peut s'agir également d'une sensibilité trop forte au signal sous l'action d'une enzyme de conversion très importante (la *5 alpha réductase*). C'est un interprète qui traduit le « code hormonal » en « langage glandulaire ». Elle intervient également dans la chute de cheveux liée au sexe et justifie un traitement à son encontre. Les hormones mâles *(androgènes)* ont leur large part de responsabilité, mais les hormones féminines *(progestérone et œstrogènes)* auront aussi leur mot à dire. Les conclusions sont parfois contradictoires et la progestérone peut améliorer les cas en applications locales quand elle entre en compétition avec l'hormone mâle, et par ailleurs augmenter les sécrétions par action interne stimulante ! Les œstrogènes sont plutôt favorables, mais les androgènes d'origine ovarienne (car ils sont les précurseurs de la synthèse des hormones féminines et il y en a de petites quantités émises) ont un effet néfaste.

Enfin, il serait trop spécialisé d'entrer dans l'analyse de l'action respective des glandes *surrénales*, *thyroïde* et surtout de l'*hypophyse*. Pourtant, leurs hormones s'impliquent largement dans la physiologie de la glande sébacée. Retenons simplement qu'il existe un équilibre général *(homéostasie)* entre les « glandes à sécrétion hormonale » et qu'il n'est pas toujours facile d'intervenir sur l'une sans retentir sur l'autre. D'où l'incompréhension de certains acnéiques, qui ne veulent pas admettre leur pathologie, plus qu'ils ne mettent de mauvaise volonté à la comprendre.

L'excès de sébum entraîne une peau grasse *(séborrhéique)* et malodorante ; son accumulation, des kystes et des comédons ; son inflammation, des papules douloureuses ; son infection, des pustules qui, sous l'effet destructif des défenses engagées dans un processus d'élimination, peuvent aboutir à des cicatrices parfois définitives.

Aussi, l'ensemble du processus mérite-t-il cette appellation descriptive d'*acné polymorphe juvénile* (le terme *« acné »*, du genre féminin, venant d'une faute d'orthographe entérinée par la pratique, car il s'agissait au début de qualifier l'acmé du phénomène éruptif, c'est-à-dire son point culminant).

La peau et le soleil

« Le soleil brille, l'imprudence brûle. » Voilà l'aphorisme qu'il faut retenir une bonne fois pour toutes. Il indique la nécessité du rayonnement et aussi son danger potentiel.

La peau réagit de façon adaptée au soleil. Sous l'effet de son rayonnement s'élaborent des substances pigmentaires dans des vésicules en forme de minuscules lentilles : les mélanosomes (organelles contenues dans le mélanocyte qui migrent le long des dendrites, extensions cytoplasmiques que nous avons assimilées aux tentacules d'une pieuvre, pour être ensuite transférées aux kératinocytes environnants).

Les mélanines obtenues mélangent en quantité variable deux sortes de pigments : les phaeomélanines et les eumélanines. L'irradiation ultraviolette, plus précisément celle des ultraviolets B, stimule la mélanogénèse. (Ce qui montre au passage le caractère abusif des publicités pour cabines à bronzer qui émettent des ultraviolets A. Leur effet pigmentogène immédiat étant d'un autre ordre.) Le transfert des mélanosomes vers les kératinocytes est accéléré et le nombre des mélanocytes est augmenté. Les deux types de pigments jouent un rôle différent.

Les eumélanines (le préfixe « eu » impliquant la caractéristique de « bonne » mélanine), de couleur noire ou brune, absorbent la lumière et exercent un réel pouvoir photoprotecteur sur la cellule. Lors d'une irradiation prolongée, elles se regroupent entre le noyau et le rayonnement, à l'image d'un parasol, afin de protéger le matériel génétique nucléaire. On leur reconnaît aussi un potentiel contre les radicaux libres impliqués dans le vieillissement.

Les phaeomélanines (mélanines qui « brillent », dont le nom vient peut-être aussi de Phaéton, fils du Soleil blond comme les blés, qui déroba le char d'Hélios et faillit par son inexpérience embraser tout le firmament), de couleur allant du jaune d'or au rouge flamboyant, n'ont pas ou très peu de rôle photoprotecteur. Pire, elles peuvent même générer des radicaux libres potentiellement mutagènes (capables d'induire des mutations génétiques) pour l'ADN cellulaire. Le risque de formation de cancers cutanés induits par les ultraviolets est bien supérieur chez les sujets roux (chez qui la phaeomélanine est prépondérante) à celui des sujets à peau noire mieux protégés par des quantités importantes d'eumélanine.

On oppose également une dualité pigmentaire, alors qu'il suffirait d'en différencier les modalités puisqu'elles ne sont séparées que par le contexte. Le premier mode est dévolu à la teinte de la peau qui varie selon son type. Il est dit « *constitutif* » et détermine la couleur naturelle.

Le second mode est stimulé par l'exposition aux ultraviolets. Il est dit « *facultatif* » et détermine le bronzage.

La répartition des deux formes de mélanines et des deux types de son élaboration conditionne le *phototype* de protection cutané. On en distingue 6 (en dehors du stade 0 réservé à l'albinisme qui n'en possède aucune), après appréciation de trois critères conventionnels (étendus à cinq si on ajoute la couleur des cheveux et des yeux).

Le type I s'applique à une peau blanche, qui brûle toujours sous exposition solaire et ne bronze jamais.
Le type II s'applique à une peau blanche, qui brûle facilement sous exposition solaire et bronze avec difficulté.
Le type III s'applique à une peau blanche, qui brûle peu sous exposition solaire et bronze progressivement.
Le type IV s'applique à une peau mate, qui brûle peu sous exposition solaire et bronze rapidement.
Le type V s'applique à une peau brune, qui brûle rarement sous exposition solaire et bronze intensément.
Le type VI s'applique à une peau brun foncé à noire, qui ne brûle jamais sous exposition solaire et bronze profondément ou ne débronze jamais.

PHOTOTYPE

Les yeux seront souvent clairs dans les deux premiers groupes, foncés dans les deux suivants et noirs dans les deux derniers. Quant aux cheveux, ils se répartissent du blond au noir, en passant par les roux et les châtains, mais leur logique est beaucoup moins évidente. Il y a des chabins et chabines dorés (métissés de noir et de blanc aux cheveux blonds ou roux et parfois aux yeux verts) qui bronzent parfaitement, et des bruns authentiques sujets aux coups de soleil. Il vaut mieux s'en tenir à la classification conventionnelle réduite, sans vouloir trop affiner le tir.

Au cours du temps, un curieux processus semble avoir établi des différences radicales en matière de peau selon l'ensoleillement.

Un peu de détente pour vous raconter une belle histoire

Il semble bien acquis que l'origine de l'Homme soit africaine. Les premiers hominidés étaient recouverts de poils. C'est dans leur toison que se trouvaient les grains de mélanine. La peau en dessous était dépigmentée (on peut constater encore ce phénomène en écartant le pelage des mammifères). La station érigée et l'hominisation ont entraîné l'involution des poils, à l'exception de ceux nécessaires à notre protection verticale (chevelure, sourcils...). Face à cette situation nouvelle, les mélanocytes se sont trouvés piégés dans l'épiderme, dernier stade de leur migration embryonnaire avant la tige pilaire. La couleur noire de la peau serait donc accidentelle, issue d'un caprice de l'évolution. Il est probable que Lucy, encore hirsute, ait eu une peau transparente et claire. Sa descendance sera nue sous le soleil. Ce qui reste d'ailleurs une conclusion purement spéculative, car les choses furent progressives. Les théories actuelles, beaucoup moins schématiques, plaideraient pour un brunissement cutané compensatoire au cours de la raréfaction des poils.

En fait, les choses sont un tout petit peu plus subtiles. Les kératinocytes de la peau humaine ont acquis au bon moment un caractère génétique qui les rend « identifiables » par le mélanocyte comme destinataires des mélanines. Sans cette expression génétique, le kératinocyte serait ignoré du mélanocyte. Tout se passe comme si l'homme avait trouvé le moyen de se protéger naturellement au moment même où il perdait sa toison... pour un plat de lentilles!
Cette particularité n'est pas exclusive dans la nature, qui s'y connaît en photocopie, puisque l'épiderme de l'ours blanc est noir.

Mais il se trouve que les hommes ont besoin de vitamine D pour se développer. Sous un fort ensoleillement, la chose restait possible malgré la couleur sombre des

téguments qui confisquent une part importante de l'énergie nécessaire. Mais la nature humaine ne supporte pas la promiscuité. Des expériences, menées en Floride sur les alligators et vérifiées pour d'autres communautés animales, ont montré qu'à partir d'une centaine d'individus la discorde pousse à l'éclatement du groupe. Des migrations ont donc rapidement été nécessaires. Celles qui se dirigeaient vers le nord ont reçu de moins en moins de rayonnement solaire et ont donc privilégié les peaux moins gourmandes en énergie, qui pouvaient continuer la synthèse de la vitamine essentielle à la vie. Ces hommes à peau éclaircie ne pouvaient pas redescendre vers le sud sans risque de brûlures.

La génétique permet de reconstituer ces grands flux migratoires planétaires. Partis vers le nord de ce que nous appelons l'Afrique, ils ont peuplé le reste du monde. Certains se sont dirigés vers l'ouest, vite bloqués par l'océan, et d'autres (beaucoup plus tôt, franchissant le Moyen-Orient, plus de 50 000 ans les séparent) ont migré à travers les grands espaces de l'Est, sûrement attirés par le soleil levant, pour s'installer en Asie, en Océanie et atteindre le Nouveau Monde. Cette Amérique sera redécouverte par la voie des mers bien plus tard, car le temps avait séparé la Pangée première pour bâtir nos continents. Quant aux aborigènes d'Australie, la couleur de leur peau confirme cette sélection naturelle, puisque les peuples migrants sont redescendus depuis les steppes asiatiques pour retrouver un soleil brûlant. Ainsi, d'un océan à l'autre, la Terre fut occupée par l'Homme. Curieusement, les invasions barbares se feront en sens inverse. Comme s'il persistait un atavisme, un appel venu des terres d'origine.

Au fil des millénaires se sont organisés plusieurs types de peau selon les latitudes. On en distingue trois essentiellement, pour des raisons pratiques, mais il y en aurait davantage. Si on peut parler de façon savante de leucodermes, xanthodermes et mélanodermes (pour les humains à peau blanche, jaune ou noire), la plupart des descriptions de la mélanogénèse font référence à la peau dite caucasienne (en fait, la peau blanche), car c'est ce modèle qui résume au mieux l'ensemble des phénomènes observés.

L'engouement pour le terme « caucasien » n'ayant d'ailleurs aucune raison d'être, puisqu'il est issu du choix descriptif d'un savant allemand, J. Blumenbach (1752-1840), qui décrivit cinq typologies humaines en se référant au Caucase pour la sienne, alors que certains sujets y sont de peau foncée.

La couleur dans la peau

Comment l'aspect de la peau peut-il afficher tant de différences ?

Ce sont les mélanines qui donnent la réponse : les mutations sélectives en ont modifié la nature et le comportement selon l'origine des individus.

La peau blanche dépense sa mélanine au cours de la différenciation des kératinocytes. Une image peut en évoquer une autre, en voici une qui ne vaut que par la métaphore : il s'agit du pétrole fossile qui est remonté à la surface pour y être utilisé comme « carburant ». C'est un peu ainsi que ça se passerait (ce conditionnel exprime la difficulté du sujet).

Les mélanosomes des eumélanines sont ovoïdes et contiennent des lamelles allongées qui vont se charger progressivement de pigment, alors que ceux des phaeomélanines sont organisés en sacs remplis de petites unités globulaires le contenant. C'est quand leur membrane n'est plus visible (ils sont alors complètement mélanisés) qu'ils intègrent les kératinocytes et sont progressivement consommés au cours de l'ascension. La captation se fait sous forme de complexes d'éléments de petite taille.

Au total, le rendu coloré de la chair résulte de l'association de la mélanine restante (qui peut prédominer dans la peau mate ou être absente dans la peau albinos), de la teinte rouge de l'hémoglobine, des pigments orange des caroténoïdes et de la diffraction de la lumière blanche à travers sa transparence qui lui donne une composante bleutée. Plus la mélanogénèse est importante, sous l'effet d'un ensoleillement inhabituel par exemple, et plus la peau sera bronzée.

En peau noire, il en est tout autrement. Les kératinocytes n'ont pas le capital enzymatique capable de « digérer » les mélanines, et les mélanosomes sont remplis de pigment à l'état libre, sans présence de vésicules plus petites *(eumélanines exclusives)*. La captation se fait isolément sous forme d'éléments de grande taille.

Il en est encore différemment en peau asiatique, où les mélanosomes ovoïdes sont cinq fois plus nombreux que dans le modèle caucasien.

Il faut donc se méfier des formules réputées éclaircissantes qui s'opposent à un phénomène naturel permanent en proposant des associations à risques (verre pilé, corticoïdes, hydroquinone et ses dérivés plus agressifs, phénol...), jusqu'à provoquer de véritables pathologies cutanées incurables par la suite.

Une donnée assez récente, plutôt la mise en évidence d'un constat, fait état de l'absence de chéloïde (cicatrisation tumorale d'évolution spontanée) ou de cicatrice hypertrophique (souvent confondue avec la précédente) chez les sujets albinos, alors que leur fréquence est nettement augmentée en peau noire. Ce rapport est mystérieux et montre une fois de plus la complexité des interactions à ce niveau. Il faut peut-être revoir les critères d'exposition solaire sur les cicatrices en évolution et orienter la recherche préventive vers les « dépigmentants ». Certains n'ont pas hésité à le préconiser, sans en comprendre le mécanisme.

Toutes ces notions sont évidemment importantes à connaître, pour adapter au mieux les cosmétiques et éviter les désillusions.

Les peaux métissées optent pour l'une ou l'autre des formes plus ou moins affirmées, mais il existe des cas rarissimes de mosaïques génétiques. Ce sont des chimères, dans le sens où vit conjointement un mélange inhomogène des deux types morphologiques. Il y aura des plages de peau noire et des plages de peau claire, chacune gardant son mode de fonctionnement. Il s'agit d'exceptions, dont je ne connais qu'une seule famille australienne répertoriée de façon certaine.

Et si nous parlions du bronzage?

D'où vient ce hâle si recherché par les uns et si redouté par les autres? Comment se réalise cette pigmentation nouvelle?

En fait, si la mélanine, sous le soleil, modifie le teint quelle que soit sa nature, une seule forme s'implique dans la protection : l'eumélanine (justifiant son nom de « bonne » mélanine). L'augmentation de sa synthèse est suivie de celle du nombre de mélanosomes (vésicules réservoirs). On les retrouve persistants dans les couches superficielles épidermiques, ce qui traduit leur abondance et une saturation de leur « digestion » pendant le cycle de renouvellement des kératinocytes qu'ils protègent. Mais lorsque l'exposition solaire se prolonge, c'est aussi le nombre des *mélanocytes* (cellules qui les fabriquent) qui augmente. Il se produit comme un recrutement d'urgence d'unités de mélanisation nouvelles.

Ce processus est précisément celui du bronzage retardé, le seul qui soit efficace (il demande un délai de soixante-douze heures pour se mettre en place). Le signe précurseur en est l'érythème solaire (et non le hâle qui viendra plus tard). Il s'oppose au bronzage immédiat, qui correspond à une simple *photo-oxydation* de la mélanine préformée (présente naturellement ou résultant d'un bronzage plus ancien non épuisé). Cet *« immediate pigment darkening »* se produit pendant l'irradiation, sans augmentation de l'activité de synthèse, ni du nombre des *mélanosomes* et encore moins de *mélanocytes*. Il ne propose donc aucune protection nouvelle, c'est un leurre qui peut abuser les ignorants par un « effet caméléon », une manière de « prendre des couleurs de saison » pour passer inaperçu dans le décor.

Curieusement, ce ne sont pas les mélanocytes qui sont directement stimulés par le rayonnement ultraviolet, mais les kératinocytes (qui n'auront pas fini de nous surprendre). C'est étonnant mais parfaitement logique, puisque ce sont eux qui ont tout à craindre du coup de soleil. Ainsi, alertés par l'onde électromagnétique, ils produisent une hormone messagère (l'alpha MSH) capable de stimuler les mélanocytes en se fixant sur un récepteur spécifique de membrane. Une preuve en a été fournie par la mutation

« désactivante » du gène codant pour ce récepteur, retrouvée chez les sujets de phototype I. Ils sont privés de la voie de synthèse des eumélanines (les plus utiles), ce qui aboutit à celle des phaeomélanines (aux faibles performances) par défaut.

Que dire des autobronzants ?

D'abord qu'il s'agit d'un abus de langage, dans la mesure où le terme de bronzage est affecté à la production de mélanine dans l'épiderme (alors que sa présence incontinente dans le derme produit des taches : *mélasma*). Ensuite qu'il s'agit d'une modification de la couleur de la kératine, tout simplement. Elle s'oxyde et s'assombrit. La meilleure façon d'en saisir le mécanisme est d'observer la tranche d'une pomme ou d'un avocat exposée à l'air libre. En peu de temps, elle noircit. Le phénomène est exactement le même. Deux conséquences s'ensuivent.

D'abord, les autobronzants ne protègent pas des effets du soleil ; ensuite, ils demandent une homogénéité de la couche superficielle de l'épiderme pour obtenir un effet régulier. Dans le cas contraire, on observe des zones plus assombries que d'autres d'un vilain aspect. Une préparation de la peau est donc nécessaire pour obtenir un bon résultat et la façon d'appliquer le produit doit être d'une rigueur exemplaire. Attention tout de même à un effet pervers visant les porteurs de pores très ouverts. Ils sont kératinisés à la manière d'un entonnoir qui évaserait ses bords. Leur oxydation en profondeur « fabrique » des points noirs de façon abusive qui dureront jusqu'à l'élimination de la kératine modifiée, c'est-à-dire longtemps. Il faudra attendre le processus naturel du renouvellement cellulaire pour s'en débarrasser complètement. Un peeling dit « chirurgical » fera gagner du temps.

La recherche nous promet des implants autobronzants. Dans ce cas, la synthèse de mélanine serait augmentée. Il y aurait alors un bronzage naturel, donc également préparateur aux expositions solaires. Il s'agit du Melanotan, un assemblage d'acides aminés mis au point par des chercheurs du Centre sur le cancer de l'Arizona. Il joue le rôle de l'hormone naturelle sécrétée par le kératinocyte sous l'effet du soleil qui active la pigmentation *(MSH)*. Les implants laissés en place trente jours sous la peau seraient renouvelés tous les six mois. Attendons de voir venir ces technologies du futur, la conscience en éveil et les idées claires.

D’une manière ou d’une autre, la peau doit lutter contre les dégradations dues aux UV.

Les conséquences bénéfiques du soleil sont la stimulation de la synthèse de la vitamine D, l’effet antidépresseur et le bien-être qu’il procure de façon générale, auquel la libération d’endorphines ne serait pas étrangère. Le rayonnement énergétique qu’il diffuse est un régulateur de l’humeur (rôle qui semble démontré en ce qui concerne les dépressions cycliques saisonnières sensibles à l’inversion des durées du jour et de la nuit, qui justifient la « luminothérapie » d’ambiance). En tout cas, rien n’est plus évocateur pour le cerveau d’une journée active qui s’annonce que la lumière de l’aube. (Pourtant, une étude récente fait état de plus grande vigilance chez ceux qui se lèvent tard et peut-être même d’une meilleure longévité.) Par ailleurs, la sécrétion de mélatonine qui induit le sommeil est favorisée par l’obscurité. Il est donc probable qu’une certaine forme de fatigue soit liée au manque d’ensoleillement. Pour résumer le tout simplement, disons que l’œil et la peau doivent être éclairés suffisamment.

Les conséquences à craindre sont la brûlure (coup de soleil), la photosensibilisation à des molécules étrangères ou *endogènes* (propres à l’individu), mais surtout à plus long terme le photovieillissement. Encore plus redoutée est l’induction de cancers cutanés (*carcinomes* à partir des *kératinocytes* et *mélanomes* à partir des *mélanocytes*, le niveau de gravité étant sans commune mesure entre les deux catégories).

Citons les effets immunosuppresseurs parfois utilisés à bon escient (psoriasis, eczéma atopique…) mais souvent néfastes, comme les poussées d’herpès et la baisse des défenses immunitaires… (l’une motivant l’autre d’ailleurs).

Il faut distinguer les UVA des UVB au sein du spectre des ultraviolets.

Les UVB

Ils représentent 2 à 5 % des ultraviolets reçus, bronzent et brûlent, mais ne sont pas pénétrants et s'épuisent au cours de leur trajet dans l'atmosphère. Ils sont absents sur les bords de la mer Morte (408 mètres au-dessous du niveau de la mer, le plus bas des terres émergées du Globe, ce qui explique l'engouement du lieu pour les cures thérapeutiques sans risque de brûlure quelle que soit la durée d'exposition). Leur réception varie selon les saisons en raison de l'axe des pôles par rapport au soleil.

Aux équinoxes de printemps et d'automne, nous en sommes les plus proches, mais c'est l'exposition des hémisphères qui dicte leur agressivité et ils seront plus forts au solstice d'été. Qu'en serait-il si l'inclinaison de la Terre au cours de sa course dans l'espace venait à basculer (ce qui interviendra tôt ou tard) ? Assurément une catastrophe écologique. Les problèmes actuels feraient pâle figure devant un phénomène d'une telle envergure. (Toute la vie sur la planète sera à réorganiser et il faudra bien admettre l'extinction de nombreuses espèces, comme l'émergence de nouvelles mieux adaptées.) Pour l'instant (et pour plusieurs millions d'années, soyons rassurés, la Terre prendra son temps, et le fera tout doucement), ils ont standardisé leur « émission » selon le cycle des saisons. Ils augmentent en altitude (dangereux en montagne) et abondent à la mi-journée.

Il faut se méfier des heures légales, qui ne sont pas « référentes » des heures solaires. Le mieux est d'observer la dimension de l'ombre portée : quand elle est plus longue que la taille du corps, le soleil est peu dangereux ; quand elle est plus courte, il devient redoutable. Une expérience est originale dans ce sens, c'est le constat d'une ombre inscrite dans le polygone de sustentation (donc presque son absence totale), en région tropicale proche de l'équateur, quand le soleil est au zénith. Il ne peut pas y avoir plus court, l'ombre déborde à peine des pieds. Il suffirait de connaître le point le plus haut sur cette ligne d'exposition pour trouver un maximum d'UVB. Mais Midi le juste* au sommet de l'Himalaya ou du Kilimandjaro ne doit pas être triste non plus à ce sujet.

**Pour insister sur l'irradiation sous le midi solaire, où les ultraviolets rayonnent au maximum, l'auteur fait référence au* Cimetière Marin *de Paul Valéry : « Midi le juste y compose de feux – La mer, la mer, toujours recommencée. »*

Les UVA

Ils représentent 95 à 98 % des ultraviolets reçus, ne sont pas bronzants (ou très peu), mais ne brûlent pas. Aussi sont-ils choisis pour les cabines de bronzage esthétique. Leur simple évocation me fait frémir par ailleurs. La plupart du temps, les arguments avancés sont trompeurs pour qui ne sait pas lire entre les lignes.

Les UVA sont moins agressifs que les B : vrai.

Les UVA bronzent plus vite que les B : vrai. Et pourtant !

Ces affirmations sont une manipulation habile de la propagande, puisqu'il faut en augmenter terriblement la puissance pour revendiquer une efficacité. Comme en revanche ces radiations sont très pénétrantes, vieillissantes pour les structures de la peau, des vaisseaux, et potentialisatrices de la carcinogenèse, on augmente ces risques conjoints d'un facteur incontestable et croissant au cours du temps.

Qui plus est, les UVA agissent essentiellement sur la pigmentation immédiate, par simple variation de teinte des mélanines déjà présentes liée à une modification de leurs liaisons chimiques consommatrice d'énergie, donc de lumière, ce qui provoque un assombrissement de l'épiderme limité dans la durée, sans effet réel sur la synthèse nouvelle de pigments qui intervient à retardement (puisque trois jours lui sont nécessaires). Or, c'est justement la mélanine nouvelle qui est utile lors d'un ensoleillement supplémentaire, celle qui est dépendante des UVB.

La préparation de la peau au soleil, souvent prétextée, est donc une offense supplémentaire aux esprits aiguisés, puisque *« l'immediate pigment darkening »* n'a pas ou très peu de pouvoir protecteur. Pire, dix minutes d'UVA dopés en cabines de bronzage engrangent les méfaits d'une heure de plein soleil sous les tropiques à midi. Bonjour les dégâts !

Lorsque les dermatologistes vous proposent ce mode de préparation (à laquelle la malice de certains se réfère pour brouiller les pistes), il s'agit d'une nécessité de traiter les réactions pathologiques de la peau, de la désensibiliser au soleil. Le traitement est pondéré en termes d'équivalence de risque sur la santé. Les lampes utilisées sont spéciales et une connaissance « médicalisée » obligatoire. Le problème est alors de casser les membranes de petites vésicules contenant les réactifs responsables de l'allergie. L'effet parallèle du léger bronzage obtenu qui n'est pas le but recherché est un plus... sans plus.

Il reste les irréductibles, car il existe aussi des drogués de l'inutile. Alors, qu'ils consomment au moins des compléments alimentaires adaptés et soient inconditionnels de crèmes réparatrices. Ils emboliseront néanmoins nos consultations, l'arrogance au bord des lèvres accusant un pli d'amertume déjà prononcé, en réclamant leur dû : une prise en charge sans bourse délier ! Car c'est celle de la communauté qui souffrira des placements irraisonnés, même pour ceux qui seront restés sages dans leur conduite. Ce qui fera dire aux plus malins : « Puisqu'il faut passer à la caisse, pourquoi donc s'en priver ? » Mais rira bien qui rira le dernier. À moins que nous y préférions préférions « qui rit vendredi dimanche pleurera », pour enraciner* notre prétention littéraire dans les arguments fallacieux d'une cause mauvaise. Pour simple information, j'ai retiré plus d'une vingtaine de carcinomes en peu de temps sur la peau du visage d'une jeune femme qui avait « gentiment » abusé du procédé facial. Donc, que les intéressés retiennent leurs critiques, même et surtout si elles sont justifiées, en attendant leur tour. Car rien n'est plus diaboliquement séduisant que l'erreur dans l'ivresse.

**L'auteur fait référence au vers de Jean Racine dans* Les Plaideurs*: Tel qui rit vendredi dimanche pleurera.*

En fait, la meilleure prévention à l'exposition solaire est paradoxalement le soleil lui-même (ce qui justifie l'aphorisme préliminaire). Le tout est de savoir s'en protéger et de l'utiliser avec sagesse. Les cosmétiques vont nous y aider.

L'incidence croissante des mélanomes est en revanche préoccupante. C'est un des cancers les plus communs de l'adulte jeune, et un de ceux dont la fréquence augmente le plus rapidement dans le monde. Depuis quarante ans, le nombre de mélanomes double tous les cinq ans (deux fois plus vite que les autres cancers cutanés).

Même si ce modèle mathématique est appelé à souffrir d'un essoufflement à terme, l'extrapolation des courbes de surveillance en France file vers le chiffre de 10 000 cas annuels supplémentaires ! La Suisse à elle seule, qui compte moins d'habitants que l'agglomération parisienne, en paie le tribut de 1 600 de plus chaque année. Quant à l'Australie, une campagne de sensibilisation sans précédent essaie d'endiguer le phénomène.

L'AGRESSION DES ULTRAVIOLETS

La pénétration des UV dans la peau provoque des photoproduits, des effets mutagènes (c'est-à-dire capables de faire muter un gène, de chambouler la génétique en quelque sorte) et une immunodépression (baisse des défenses naturelles). Voilà bien un cocktail carcinogène s'il fallait l'inventer. Si ces agressions ne sont pas réparées correctement, elles peuvent entraîner des « erreurs mutantes » sur un brin d'ADN (modification de nucléotides). Si ces mutations sont situées sur des gènes clés du fonctionnement cellulaire, la transformation cancéreuse de la cellule est programmée… et, comme l'immunité est déprimée par le processus responsable de l'événement, la conclusion semble imparable.

La lutte contre ces dégradations passe par une reconnaissance des lésions, une démarcation de la partie du brin d'ADN lésé, une double incision suivie d'élimination du « nucléotide endommagé » et la synthèse d'un nouveau brin d'ADN « corrigé ». On imagine la délicatesse de ces défenses, qui mettent du temps à se mettre en place, de moins en moins efficaces au cours du temps, et combien il faudra les prendre en compte lors du choix d'un produit de protection. Les cosmétiques revendiquent parfois leur action bénéfique sur l'ADN, argument dont on peut comprendre la portée à la lecture de ces données.

Par ailleurs, les ultraviolets délivrés en cabine de bronzage sont maintenant (2009) classés parmi les oncogènes les plus dangereux par le Centre international de recherche sur le cancer (CIRC) qui émane de l'Organisation mondiale de la santé (OMS). Leur niveau d'alerte est relevé au premier rang des facteurs de risque, en compagnie redoutable du tabac.
« L'exposition aux UV artificiels avant l'âge de 30 ans augmente de 75 % le risque de mélanome », indique le rapport d'expertise, ajoutant que « plusieurs études ont également montré une association entre le bronzage artificiel et le mélanome oculaire ». Le port de lunettes de protection est donc insuffisant. Mais si le CIRC publie des recommandations, il reste aux agences sanitaires nationales à prendre les bonnes décisions.

En revanche, une nouvelle étonnante est venue bouleverser les connaissances : l'exposition aux UVB protégerait contre le cancer du poumon ! Ce phénomène bénéfique s'étendrait même à tous les cancers viscéraux. Non seulement par la synthèse de la vitamine D induite, dont le bénéfice est réputé en ce domaine, mais par une action propre conjointe inexpliquée (peut-être par le biais des endorphines). Donc, en faisant courir un risque à la peau, ils joueraient le rôle inverse pour les organes qu'elle protège de son enveloppe. Ce ressenti de bien-être au cours du bain de soleil aurait peut-être sa raison d'être. Plus que jamais la phrase de début trouve sa place à la fin :
« Le soleil brille, l'imprudence brûle. »

les processus du vieillissement

une brève histoire d'espace et de temps

Avec le temps, l'architecture de la peau se modifie

Tous les constituants évoluent défavorablement. L'épiderme est le seul réservoir inépuisable, grâce aux cellules souches qui n'ont pas fini de dévoiler leur pouvoir exceptionnel, mais il adopte un remaniement lié à l'âge. En ce sens, il sera une cible privilégiée des cosmétiques où leur succès est notoire.

Les kératinocytes et la matrice extracellulaire sont longtemps restés les parents pauvres de la physiologie cutanée. Il s'avère que l'un et l'autre cachaient bien leur jeu et qu'il faut revoir leur valeur en hausse à la lumière de l'actualité.

Au cours du vieillissement, la couche cornée s'épaissit, le derme se dégrade, s'amincit plus qu'il ne s'affine, ce qui le rend fragile, la densité des fibres augmente (malheureusement pas dans l'harmonie) et les stigmates qui témoignent de la transformation des tissus conjonctifs en relation avec les phénomènes oxydatifs contribuent à modifier l'apparence. Car, du point de vue chimique, les principaux mécanismes du vieillissement cutané sont de nature oxydante.

L'oxygène est ambigu, il intervient dans la synthèse mais aussi la dégradation des constituants de la peau. D'ailleurs, ce gaz résulte d'une pollution gigantesque à l'échelle planétaire. Il s'agit du principal « exutoire » de la vie organique, une langue de feu surgie des algues bleues, un puissant toxique libéré pendant des millions d'années avant que la respiration animale trouve le moyen de s'en faire un allié. Une façon astucieuse de recycler un déchet. Ce qui revient à dire qu'une réaction « écologiste » en ce temps-là (à ne pas prendre à la lettre) aurait probablement conduit à son élimination, ou évité son accumulation, et privé du même coup l'arrivée de l'Homme sur Terre.

Les phénomènes **d'oxydation chimique** (oxydation dans laquelle interviennent le rayonnement lumineux, le tabac et l'alcool entre autres toxiques) et **d'oxydation enzymatique** (consécutive aux processus inflammatoires, mais aussi paradoxalement liée aux processus de la vie métabolique) augmentent avec l'âge. Ces mécanismes entraînent la densification anormale du réseau des collagènes, la dégradation des élastines (élastose) et la diminution du taux de glycoprotéines dans les tissus (dont nous avons vu l'importance dans l'élaboration de l'acide hyaluronique). Il s'ensuit un empâtement, une déshydratation et une perte de l'éclat de la peau (assombrissement).

On ne peut éliminer radicalement l'apparition des stigmates, mais une bonne hydratation et une limite des expositions au soleil évitent d'aggraver la situation. Et si l'horloge biologique rythme la destruction des tissus, la peau n'est pourtant pas la plus mal lotie : elle semble génétiquement programmée pour durer 150 ans ! Ça rassure. (Ce qui ne veut pas dire qu'un être humain se réveillerait écorché vif au matin de sa 151e année, mais que son autodéfense resterait intacte pendant cette durée et se détériorerait régulièrement par la suite.) Il faut quand même se méfier des modèles d'intégration mathématique en matière de biologie humaine et nous armer pour y faire face.

La formation de radicaux libres

Parmi les différentes hypothèses qui ont été proposées pour expliquer les processus conduisant à l'affaiblissement des fonctions cellulaires au cours du temps, la formation de radicaux libres oxygénés et les dommages cellulaires qu'ils peuvent causer (appelés « *stress oxydatif ou oxydant* ») jouent un rôle prépondérant.

Les radicaux libres sont formés tout particulièrement au niveau de la chaîne respiratoire de petites usines énergétiques de la cellule *(mitochondries)* et interfèrent de façon néfaste avec les biomolécules constituant « le squelette » de la cellule. Leur production serait responsable d'une part importante de la diminution de la fluidité des membranes.

Comment l'oxygène peut-il devenir toxique ?

L'oxygène est utilisé dans la vie cellulaire pour permettre le transport d'électrons afin de véhiculer l'énergie nécessaire aux mitochondries. Après usage, il subit des modifications « polluantes » dont la cellule doit se débarrasser. Ce qui signifie au passage que tout est affaire d'énergie électromagnétique, qui s'y connaît en matière d'échange, puisqu'elle est aussi véhiculée par les rayons du soleil. Nous vivons dans un monde bien étrange.

Au cours de l'évolution des espèces vivantes, l'adaptation à ce gaz est devenue primordiale, comme ce fut le cas pour l'irradiation aux ultraviolets. Quoi de plus logique pour célébrer une union que de chercher des alliances ? Ce qui s'est traduit par l'apparition d'enzymes facilitant non seulement sa consommation, mais également la détoxification de ses « déchets » (*radical superoxyde* et *peroxyde d'hydrogène* capable de générer des radicaux libres). Ces « résidus », dits espèces réactives de l'oxygène (ERO), se révèlent beaucoup plus toxiques qu'il ne l'est lui-même (en dehors de son caractère « vital », ce qui est toujours sous-entendu mais difficile à exposer clairement en langage dépouillé).

Le dysfonctionnement des systèmes de sa régulation et de ses métabolites réduits est à l'origine des phénomènes de stress oxydant, dont l'importance dans le vieillissement et de nombreuses pathologies est largement démontrée.

(D'après un article éponyme de M. Gardès-Albert, D. Bonnefont-Rousselot, Z. Abedinzadeh et D. Jore, université René-Descartes – Paris V.)

Il existe des systèmes antioxydants naturels de régulation et de protection de nature enzymatique *(superoxyde dismutases SOD, catalases et peroxydases)* et non enzymatique *(vitamines C et E, sélénium…)*. Les eumélanines sont également des pièges à peroxydes. Mais ceux-ci peuvent s'avérer insuffisants lorsque le flux d'espèces oxydantes est trop important, ce qui peut être le cas en situation agressive (expositions aux UV et tabagisme par exemple – à chaque bouffée de cigarette, le « stress » cellulaire périphérique augmente de 10 %).

Comment procède la logique de dégradation ?

À l'origine du vieillissement, il y a perte de matière au niveau du derme. Plus précisément, se programme une désorganisation de la substance dans laquelle baignent les cellules. Loin d'être inerte *(statique)*, la matrice extracellulaire est une structure vivante *(dynamique)*.

Les fibroblastes *(cellules majeures du derme)* ont focalisé la recherche pendant de nombreuses années. Rien n'était plus évident, puisque l'activité de synthèse en dépend par essence. Mais les chaînes moléculaires *(glycosaminoglycanes)*, qui charpentent l'édifice cutané, fixent et gélifient l'eau, ont démontré leur rôle de lien « communicant » entre les principaux composants du derme. De la même manière, elles créent un circuit d'information « câblé » entre le derme et l'épiderme (donnée assez récente et particulièrement étonnante). Finalement, s'instaure un tissu relationnel harmonieux entre les substances inertes et les constituants cellulaires animés. Il s'agit d'un nouveau langage, comme si une matière amorphe entrait en « conversation » avec des cellules vivantes. La peau se maintient en forme (dans les deux sens du terme), acquiert tension, plasticité, redondance et résistance, grâce à ces phénomènes de relation.

Avec l'âge, les molécules impliquées se raréfient, raccourcissent et s'affaiblissent dans leurs fonctions de cohésion. Il y aura affaissement sous l'effet conjugué de cet affaiblissement et des forces de la pesanteur. Conjointement, les informations qui conditionnent le bon fonctionnement s'étiolent au cours du temps par raréfaction des circuits de connexion. On pourrait presque dire que la peau s'assourdit aux alertes ou qu'elle s'aveugle à ses messages. Mais les polymères de structure dégradés dans cette cascade d'événements semblent « dopés » par leurs molécules de base (initiation de la synthèse) ; les compléments alimentaires à visée cosmétique marquent un point.

Encore une surprise de taille : la découverte d'un autre langage cellulaire au sein des couches stratifiées de la peau.

La « conversation » se ferait par la médiation de « messagers » (molécules porteuses d'informations qui provoquent des réactions), parmi lesquels on trouve les facteurs de croissance. Ils sont chargés d'induire la production des protéines de la matrice

dermique, d'améliorer la microcirculation, de réguler la pigmentation et d'optimiser la régénération cellulaire de l'épiderme.

Au grand étonnement des spécialistes, l'une de leurs origines identifiée est le kératinocyte. Jusqu'à cette découverte, seules les cellules du derme *(fibroblastes)* semblaient jouer en solitaire, alors qu'il s'agit au moins d'un duo. Les kératinocytes étaient presque confinés dans un rôle mécanique et photoprotecteur (très utile) : la fabrication de kératine et la détention de mélanine.

Erwin Tschachler, professeur de dermatologie à l'université de Vienne en Autriche et directeur scientifique du Centre de recherches et d'investigations épidermiques et sensorielles, a déclaré que l'épiderme représentait un centre stratégique pour la qualité de la peau, car il était la plus grande source de ces messagers.

La solution viendrait d'en haut, alors qu'il semblait acquis qu'elle partait du bas. Un grand beau temps pour les cosmétiques, car plus personne ne peut les ignorer.

Par ailleurs, lorsque les kératinocytes subissent un « stress » cellulaire, leurs capteurs se saturent. On pourrait imaginer que rien ne peut en augmenter l'agression, puisque les sites sensibles aux « agresseurs » sont occupés. Pas du tout ! Les kératinocytes sont aptes à en créer de nouveaux, ce qui augmente d'autant leur vulnérabilité. De plus, ils sont capables d'« informer » les cellules filles pour qu'elles en aient en quantité supplémentaire également. Ainsi, le « stress » cellulaire est communicatif. On comprend mieux les dégâts des radicaux libres, car leur agression est « téléphonée » en quelque sorte ou se propage à la manière de la chute d'un château de cartes.

Tout ce qui relancera le cycle de renouvellement en augmentant l'index mitotique (nombre de divisions des cellules par unité de temps) sera donc bénéfique, puisque le temps de « dialogue » intercellulaire en sera d'autant diminué. Et voilà que tout à coup l'utilisation de certains cosmétiques se comprend bien mieux, comme celle des peelings dont le rôle devient lumineux.

En parlant d'autre langage justement… et pour être savant

Les kératinocytes sécrètent également sous l'action du rayonnement ultraviolet B, en dehors de l'*alpha MSH* qui stimule la mélanogénèse, la *bêta-endorphine*. Une autre endomorphine *(enképhaline)* serait également libérée au cours de l'irradiation aux ultraviolets A (peut-être en relation avec leur effet bénéfique sur le psoriasis, en dehors de celui reconnu par induction de synthèse de la vitamine D).

Ces « hormones » circulent dans l'organisme pour atteindre le cerveau. Elles se fixent sur des neurones dotés de récepteurs spécifiques : ce sont des neuromédiateurs. Le message délivré est celui du plaisir et de la détente qui explique une part du bien-être rencontré lors des expositions solaires. Son rôle ne se borne pas là, c'est toute l'ampleur de la découverte.

Que savons-nous des endomorphines (ou endorphines) ?

Ce sont de courtes chaînes d'acides aminés *(polypeptides)* produits de façon naturelle, assez récemment découverts (J. Hugues, 1975), d'action similaire à celle de l'opium et de la morphine (nommée par Sertürner *morphium* au XIXe siècle, car ses effets rappellent le dieu des songes de la Grèce antique, Morphée). Notre organisme utilise ces substances similaires aux opiacés comme « messagers », que l'on désigne souvent sous l'appellation d'opioïdes endogènes.

OPIUM

L'opium est récolté à partir du latex blanc laiteux des capsules mûrissantes du pavot somnifère qui ressemble à notre coquelicot, gonflées à leur maximum après la chute des pétales. Il contient deux groupes de molécules organiques biologiquement actives (alcaloïdes) : les phénanthrènes (principalement la morphine, base de synthèse de l'héroïne, mais aussi la codéine et la thébaïne) qui activent des récepteurs spécifiques dans le cerveau, la moelle épinière, les viscères et la peau ; les benzylisoquinolines (incluant la papavérine) qui n'ont pas d'effet significatif sur le système nerveux central.

En 1975, les premières « morphines » du cerveau sont nommées « enképhalines ». En 1976, d'autres peptides mimant les effets de la morphine sont découverts et baptisés « bêta-endorphine ». Enfin, en 1979, est identifiée une troisième famille, « les dynorphines », d'intérêt moindre (peu circulantes et absentes de la peau). Leur production probable au cours des sensations agréables éprouvées lors de la méditation a fait dire qu'il s'agissait des « hormones de l'extase ». Leur augmentation au cours de l'exercice physique est responsable d'une élévation du seuil algique, vérifié lors des accouchements dits *« sans douleur »* chez les femmes sportives. La durée de vie de la bêta-endorphine serait garante d'effets plus prolongés et stables que ceux des autres molécules. Notamment dans la réponse au stress.

Donc, les endomorphines produites par les neurones du cerveau le sont également par les kératinocytes de la peau. D'ailleurs, au niveau cérébral, leur précurseur (*bêta-lipotropine* issue de la *propiomélanocortine POMC*) produit aussi de la *bêta MSH* (alors que le *kératinocyte* synthétise pour sa part la forme alpha de la même hormone active sur le *mélanocyte* en stimulant la production de *mélanine*). Il y a donc un « cousinage » entre le cerveau et la peau. Il se trouve d'ailleurs qu'ils sont issus du même feuillet anatomique lors de la réalisation de l'embryon. La peau et le système nerveux sont intimement liés depuis les premières ébauches de nos organes. Quoi de plus logique en même temps, puisque notre centre de l'analyse et des décisions doit se tenir informé de tout ce qui l'entoure. Il se connecte pour ce but aux organes des sens, c'est une question vitale : l'ouïe l'informe sur les ondes sonores, la vue sur le rayonnement électromagnétique (donc les formes, les couleurs et les mouvements dans l'espace), l'odorat sur les molécules qu'il respire (dont les phéromones font finalement partie), le goût sur ce qu'il ingère et le tact (donc la peau) sur les actes immédiats du toucher et les phénomènes physiques « palpables » du milieu (déplacement de l'air, glissement de l'eau, température, pression, humidité, sécheresse...). Des sensations encore plus subtiles sont dépendantes de l'oreille interne, comme le sens des accélérations par exemple, dont la contradiction éventuelle par d'autres perceptions entraîne des désordres d'interprétation débouchant sur un malaise (déséquilibre, nausée...).

Ce qui se révèle à présent, c'est que la peau ne se limite pas à ses seuls pouvoirs de détection, mais qu'elle en regroupe plusieurs à des niveaux plus ou moins conscients (évident pour la lumière, vérifié pour les ultrasons et probable pour de nombreuses molécules environnantes).

Le largage de *bêta-endorphine* par les cellules épidermiques est stimulé au cours de l'exposition aux ultraviolets de faible intensité. Mais l'organisme qui sait la fabriquer sait aussi la détruire. Or, on a pu montrer que cette « hormone » était utile à la vie cellulaire. Particulièrement pour les kératinocytes (en potentialisant leur différenciation) et les adipocytes (en inhibant au contraire celle des jeunes cellules, pré-adipocytes, en adipocytes adultes qui stockent l'énergie sous forme d'huile pendant les excès de production et la relarguent en cas de besoin). En conclure qu'une exposition solaire diminue la cellulite n'est pas le message que je voudrais faire passer. Mais développer une cosmétique stimulante à ce sujet ne serait pas une mauvaise idée.

Ainsi le kératinocyte (qui produit lui-même les *endomorphines* auxquelles il est sensible), dont on reconnaît déjà une influence sur le derme, viendrait également réguler l'hypoderme et agir sur les récepteurs centraux du système nerveux. Y a-t-il un épuisement de la source à craindre au cours du temps ? Faut-il en compenser la perte ? Autant de questions qui restent d'actualité.

Comment ne pas être surpris par toutes ces découvertes qui hissent la peau qu'on disait presque inerte au faîte des « décideurs » parmi les organes du corps humain ? Un exposé sur la beauté de son organisation, un miroir sur sa santé, une fenêtre ouverte sur sa jeunesse.

L'homme et la femme se partagent les modèles du vieillissement cutané, mais la différence inhérente à « l'ambiance » hormonale les rend plus agressifs chez elle que chez lui.

Le premier est dû à l'écoulement du temps (chronologique), sans qu'il y ait égalité entre les individus plus ou moins âgés. Chacun aurait sa façon de durer, son programme génétiquement déterminé.

Le deuxième est provoqué par le rayonnement solaire (actinique). Là aussi, pas d'égalité stricte, puisque chaque peau se protège à sa manière et que nous vivons sous différentes latitudes.

Il faut ajouter à ces effets conjoints le vieillissement lié au sexe. Non pas à sa pratique, qui serait plutôt garante d'éternelle jeunesse (Diane de Poitiers, dont nous détaillerons plus loin la liqueur de jouvence, y devait peut-être une part de séduction plutôt qu'à son eau de pigeon), mais dû à l'effondrement de la production des hormones stéroïdes au cours de la vie génitale féminine. L'horloge biologique se tient informée de la baisse du « devoir séduire », qui s'accompagne de la perte de « pouvoir engendrer ». Mais le refus de cette fatalité stimule la recherche qui propose des modèles sans cesse plus élaborés, la logique du jour n'étant parfois même pas soupçonnée la veille. De découvertes en découvertes, l'homme se charge d'orienter son destin.

La peau contient des récepteurs aux œstrogènes. Ces hormones augmentent l'activité des fibroblastes dermiques, la teneur en eau, en acide hyaluronique et le taux de collagène. Les phanères (ongles, cheveux) sont également une cible des hormones sexuelles, au bénéfice des œstrogènes.

Un traitement substitutif au cours de cette période agit favorablement sur les divisions cellulaires au niveau de l'épiderme, améliore le contenu en collagène du derme et augmente son épaisseur en harmonie. Les effets bénéfiques sur la production « cireuse » qui sort des pores *(sécrétion sébacée)* peuvent aussi réveiller de mauvais démons *(éruption acnéique)*, tout en expliquant une meilleure hydratation et une amélioration de la sensation au toucher (baisse de la rugosité)

Plus discret que le modèle actinique, le vieillissement hormonal est de déclenchement brutal. Ce mode de survenue est très difficile à faire admettre, surtout qu'un apport hormonal compensatoire *(œstrogènes)* en permet une correction facile. Malgré une parfaite cohérence avec les connaissances acquises, l'interdiction des hormones au sein des cosmétiques nous prive de ce bénéfice. (Mais l'argument avancé est imparable, puisqu'il se fonde sur le risque d'augmenter le développement d'un cancer hormono-dépendant chez la femme.) On ne peut que le regretter.

Des mots pour le dire autrement

Résumons schématiquement l'évolution de la peau dans le temps en trois modalités différentes, qui convergent pour provoquer les stigmates d'alerte. Les dire c'est donner accès au droit à l'information, les lire c'est parfois entrer en phase de démotivation, mais il y a des solutions pour tout le monde.

D'abord la peau grandit et se distend.

Elle occupe de plus en plus d'espace, alors que ce qu'elle contient subit un phénomène inverse. Le corps diminue en taille de façon générale par involution du squelette (résorption du tissu osseux), surtout au niveau des mâchoires (d'où le déchaussement des dents et le pincement des lèvres). Finalement, le contenant devenant plus grand que le contenu, la peau glisse vers le bas sous l'effet de la pesanteur. Il en est de même pour le volume graisseux au niveau du visage, qui coule entre les attaches solides des téguments pour s'accumuler au niveau des armatures fixes opposées à son cheminement (les tempes et les joues se creusent, en même temps que se forment les bajoues). Quel programme ! direz-vous.

On imagine que le remède ne sera pas dans ce cadre un simple recours aux produits cosmétiques. De la même manière, se comprend mieux la variété des solutions proposées et surtout le fait qu'elles ne soient pas toujours superposables. Ainsi, il faudra beaucoup de persuasion pour expliquer que telle méthode pourtant merveilleuse dans un cas ne le sera pas dans l'autre. L'erreur fréquente est d'être en recherche de celui ou de celle qui dira ce qu'il est agréable d'entendre. Méfions-nous de cette dérive pour éviter d'avoir à se plaindre du résultat.

Puis les tissus subissent la dégradation commune aux cellules, fibres et structures qui les constituent.

En dehors d'une modification de sa surface, qui s'assombrit et devient fragile malgré un épaississement de sa couche cornée, la peau se modifie au sein de son armature essentielle en termes de « consistance » : le derme.

Il n'est pas évident de parler d'épaisseur cutanée, car elle est conventionnellement définie par rapport à celle de l'épiderme ! Or, il n'est pas toujours facile de différencier les trois couches par un simple examen. De plus, sa finesse ne reflète presque rien de l'épaisseur d'ensemble, sauf aux endroits où il est hypertrophié (paume des mains et plante des pieds). La plupart du temps, c'est le derme qui en donne une meilleure idée, quand l'importance de l'hypoderme ne vient pas brouiller les cartes selon la morphologie individuelle.

Par exemple, la peau vieillie du dos de la main augmente son épiderme, atrophie son derme et perd sa graisse (ce qui affine le tout). Comment dire qu'elle s'est épaissie ? Il sera donc bien difficile de se comprendre à ce sujet et un nouveau langage semblerait là aussi nécessaire.

La réduction programmée (et provoquée) du renouvellement cellulaire modifie l'épiderme. La destruction des kératinocytes devient plus rapide et leur reproduction plus lente. Il s'instaure une perte progressive de la capacité de synthèse (quantité insuffisante de facteurs de croissance). La différenciation cellulaire est amoindrie avec une baisse des périodes d'« éveil ». Une nouvelle génération de cosmétiques prend en compte ces phénomènes pour venir stimuler les cellules « dormantes ».

L'acide hyaluronique, dont le pouvoir d'hydratation est énorme, va s'appauvrir. La cosmétique moderne s'efforcera de répondre à ce problème. Il est illusoire d'en espérer le passage à travers l'épiderme. Aussi, c'est par une astuce que la chose est rendue possible : l'obtention de « fractions » de la molécule capables d'être véhiculées jusqu'à destination.

Une autre manière sera d'utiliser la voie alimentaire pour stimuler sa synthèse par le fibroblaste. Des « molécules mères », absorbées par voie digestive sans dégradation, seront distribuées par la vascularisation dermique.

Les polymères structurant la matrice extracellulaire *(glycoprotéines)* faiblissent dans leurs fonctions d'architecture et de cohésion, par raccourcissement et raréfaction. Également l'une des cibles des cosmétiques de nouvelle génération et des compléments alimentaires.

Le collagène, qui s'oppose à l'étirement, va se dégrader sous l'effet du temps. Des désordres métaboliques vont l'enraidir (comme la fixation de sucres par exemple), mais aussi le *vieillissement photo-induit* qui provoque une *héliodermie*, c'est-à-dire une inflammation cutanée dépendante des radiations solaires et ses conséquences sur les noyaux cellulaires. Les lampes à bronzer sont un facteur aggravant du phénomène. C'est l'un des domaines bénis de la dermo-cosmétique ou dermato-beauté.

A ce sujet, il est fréquent de constater que les abus du soleil se cumulent souvent avec ceux du tabac et du bronzage artificiel. Au motif bien rodé que le monde est libre et que beaucoup de personnes plus âgées ne peuvent pas prétendre à une aussi belle peau. Argument imparable ! Mais le capital « bonheur » est vite dépassé, et fusent les critiques vivaces envers les spécialistes qui essaient de parer au plus pressé. Dès cet instant, plus rien ne va. L'humeur des hédonistes piégés devient exécrable, car le temps accélère sa course, inexorablement.

L'élastine, qui permet un retour spontané de la peau étirée, perd cette fonction d'élasticité progressivement (notamment en fixant le calcium, comme si elle se pétrifiait). Nous avons pu constater sur une personne qui avait abusé d'eau minérale durant sa vie des calcifications spectaculaires en nappe de la peau en radiologie.

Ce qui est le plus notable, au niveau des zones exposées, est son refoulement en mottes dans le derme provoqué par la répétition de l'irradiation solaire.

Ainsi, couplée à l'effet conjoint de l'appauvrissement en acide hyaluronique, à la dégradation des substances extracellulaires et du collagène qui tend à se rigidifier, la peau offre moins de résistance à l'étirement et prend beaucoup plus de temps à revenir sur elle-même. Alors qu'une peau jeune s'étire difficilement et revient à son état initial immédiatement. Le pincement caoutchouteux de la joue d'un enfant et celui, pâteux, d'une peau âgée en sont une illustration claire. Le problème sera de revenir en arrière. Il faut reconnaître que l'évolution cosmétique se charge d'une part de la tâche.

Enfin, les muscles situés sous la peau (peauciers), responsables de la mimique, vont convoquer un plissement cutané de façon répétée.

Sur une peau devenue pâteuse et de structure affaiblie, les plis provoqués vont laisser des traces de plus en plus visibles, puis pérennes.

Il existe au niveau du visage deux types de rides et de sillons bien distincts.

Le premier est structurel, c'est-à-dire que l'anatomie en impose la présence par nature. Inutile d'essayer d'en faire disparaître les traces, tout au plus nous pourrons les diminuer ou les rendre plus discrètes.

La ride nasogénienne (qui veut dire « du nez au menton ») en est l'exemple parfait. Elle est due à la fixation solide des téguments pour éviter de blesser un pédicule nourricier vasculo-nerveux (artère et nerf facial) qui chemine en dessous. Il est protégé de l'étirement de la joue par un haubanage solide de la peau qui suit son trajet. Rien, pas même le lifting, ne le supprimera (heureusement d'ailleurs). Son comblement est le meilleur des apports modernes. Cette ride échappe donc aux cosmétiques de soins, en dehors des tenseurs de surface, dont les effets durent le temps que dure celui du produit : de l'ordre d'une soirée. C'est le domaine de la cosmétique que l'on dit de « parure », ou cosmétique flatteuse, encore appelée cosmesthétique. Elle a aussi sa place. Ne négligeons pas à ce sujet les méthodes mécaniques par le biais d'instruments en développement (*sonocosmétique* et *thermomodulation* par exemple) ou des effets dynamiques appropriés comme le « massage dermoplastique » de Jacquet (ils seront exposés plus loin).

Le deuxième type est plus connu, à un tel point que beaucoup pensent qu'il en est le seul exemplaire, ce qui constitue une erreur fréquente d'appréciation. Il s'agit des rides d'expression. Du pain bénit pour la cosmétique active et les soins de façon générale, quand le phénomène n'est pas trop installé. Des outils, plus ou moins invasifs (comme la toxine botulique), permettront d'y remédier dans le cas contraire. La cosmétique instrumentale dont nous venons de parler trouvera ici son terrain de jeux favori. Nous pouvons y ajouter la lumière émise par diodes *(photocosmétique)* qui peut stimuler la synthèse de fibres, lutter contre les rides et le relâchement.

Cette analyse, facile à intégrer dans un examen rapide de la peau, permet en un clin d'œil de s'orienter vers le produit adapté à la situation. Il devra donc être à la base de l'option au moment du choix.

Qu'est-ce qui domine ? L'excès de peau ? Sa texture ? Son état de surface (rides et ridules) ? Une vue d'ensemble – aspect du teint, hydratation et degré d'héliodermie (dégradation due au soleil) – sera un excellent complément d'analyse.

Les cellules ont élaboré un système de dépollution par recyclage des déchets, en utilisant un complexe enzymatique retrouvé dans le noyau et le cytoplasme. L'outil développé est le protéasome. Sa fonction principale est de dégrader les protéines mal repliées, dénaturées ou obsolètes de manière ciblée. La substance « indésirable » est découpée en acides aminés qui seront ensuite réutilisés. Son rôle est donc d'éliminer des toxines cellulaires et d'optimiser les résidus.

Le protéasome est en forme de baril et possède en son centre un espace clos pour la digestion des protéines. Il est structuré par des anneaux, eux-mêmes composés de protéines. Deux anneaux intérieurs contiennent le site actif de la protéase (cœur catalytique), deux anneaux extérieurs (capables de reconnaître les marqueurs qui régulent le processus de dégradation) maintiennent l'ouverture par laquelle les protéines à dégrader pénètrent dans le baril. Tout se passe comme s'il s'agissait d'un organisme vivant en forme de ver, qui goberait la substance par la bouche pour la digérer dans son ventre et l'éliminer en fractions réutilisables.

Cette fonction, stimulable par les actifs cosmétiques qui le revendiquent, est un facteur essentiel de nombreux processus cellulaires qui évite l'accumulation de protéines défectueuses (le cycle, l'expression génétique et la réponse au stress oxydatif y font appel). L'importance de cette découverte valut le prix Nobel de chimie 2004 à Aaron Ciechanover, Avram Hershko et Irwin Rose. La régulation du processus fait toujours l'objet de recherches intensives.

Les cheveux en font à leur tête

Une « obéissance » à la génétique et une adaptation au sexe (c'est-à-dire à l'ambiance hormonale) leur confèrent un mode évolutif sensiblement différent selon les individus. On peut néanmoins leur accorder un processus commun de vieillissement intrinsèque.

Le taux de kératine des tiges pilaires augmente avec les ans, provoquant un durcissement qui les rend plus fragiles. En même temps, une involution programmée (ou provoquée) se met en marche : la division cellulaire s'arrête et le follicule se rétracte pendant que la chevelure s'appauvrit. Ce qui est sensiblement différent de l'alopécie masculine, dite hippocratique, génétiquement déterminée et sensible aux hormones mâles (d'où la possibilité de traitements adaptés très efficaces, inconnus d'Hippocrate qui en était affecté).

L'effet du rayonnement solaire sur les mélanines de la gaine s'accompagne d'une modification de teinte paradoxale : un éclaircissement (alors qu'il s'agit d'un brunissement pour la peau). Quant aux cheveux blancs, ils indiquent un arrêt de la mélanogénèse (synthèse du pigment), régulée par l'horloge nucléaire des cellules bulbaires. Mais il semblerait (le doute persiste) que de fortes émotions ou souffrances psychosomatiques aient pu en déclencher le phénomène de manière brutale et non élucidée.

L'origine de la coloration des cheveux fait apparaître l'existence de mélanges mélaniques complexes, dans lesquels on identifie les deux types que nous avons différenciés pour la peau : les eumélanines qui déterminent les couleurs brunes à noires et les phaeomélanines dont dépendent les tons allant du blond au roux.

La connaissance des mécanismes de leur élaboration a des répercussions directes sur les procédés cosmétiques de décoloration.
La production des mélanines est orientée par des éléments extérieurs (lumière, oxygène), mais peut avoir des causes d'origine interne. Parfois, il s'agit d'une altération du message dans le mode de production des intermédiaires de la mélanogénèse. C'est-à-dire que la mélanine ne peut pas aboutir, sa fabrication s'arrête en route par manque des outils nécessaires à sa poursuite. C'est le cas chez les individus albinos, qui en sont dépourvus. Une forme isolée en mèche (piebaldisme) en est une équivalence partielle. Ce qui est différent pour le vitiligo où poils et cheveux accompagnent le blanchiment de la peau (quelle que soit sa couleur d'origine), par zones « géographiques » plus ou moins étendues, souvent symétriques et mal limitées, affectionnant les régions à forte expression sensorielle (visage et parties génitales) où ce sont les mélanocytes qui désertent les sites de pigmentation.

Comment conclure sur la dynamique de la peau ?

C'est en parlant d'organe que l'on rend à la peau la noblesse que le qualificatif de revêtement cutané risque de masquer. Il est même le seul qui soit intégralement observable de l'extérieur. En insistant sur le comportement cohérent qui émane de ses fonctions, on découvre l'ampleur de sa nature.

Ce qui justifie la surveillance du mélanome, dont la découverte précoce est garante de vie sauve, et donc de confier les gestes techniques qui lui sont dédiés aux spécialistes qui en ont la charge : les dermatologistes.

Pour comprendre toute l'échelle du vivant, il suffit de définir un organisme simplement. Les cellules seront considérées comme l'unité de départ. Elles évoluent en se spécialisant. Regroupées par affinités, elles charpentent les tissus.

Les tissus peuvent se suffire à eux-mêmes (le tissu sanguin en est un bon exemple). Le plus souvent, ils s'organisent en systèmes (quand l'ensemble garde un aspect sans trop de différence entre les éléments, comme le système nerveux) ou en appareils (quand les organes, qui en sont des assemblages aboutis, s'associent en gardant des spécificités différentes comme l'appareil digestif). Certains peuvent prétendre aux deux façons de se définir (on dira « système » ou « appareil » respiratoire) ou distinguer des organisations distinctes agissant pour le même but (comme le système cardio-vasculaire).

L'ensemble des organes et des structures qui les isolent ou les recouvrent constitue l'entité harmonieuse de l'organisme. La peau en est l'enveloppe vivante qui contient le tout.

Nous sommes en présence d'une exclusivité : un immense organe qui recouvre les autres et comporte, en comptant ses annexes, tous les types de tissus du corps humain (sauf l'os et le cartilage, encore qu'il sache se faire un allié du second au niveau des oreilles et du nez) ! En plus, chose unique en son genre, il a une vie interne (comme tous les organes), mais également externe (dont il est le seul représentant).

Là aussi, ce n'est pas tout à fait vrai. Car, pour être précis, les milieux humides des appareils digestif, urinaire, respiratoire et génital (essentiellement féminin) ont une face également ouverte sur l'extérieur. D'où leur surface muqueuse recouverte d'un ***épithélium***, qu'on pourrait assimiler à un « épiderme » humidifié qui se serait invaginé pour tapisser les cavités de l'organisme. D'ailleurs, lorsque nous réparons des pertes de substance de ce type avec de la peau, elle subit une modification de nature ***(métaplasie)*** vers l'aspect muqueux qu'elle se destine à remplacer. Encore du génie au crédit de cet organe vivant. (Pour être tout à fait sincère, les muqueuses savent aussi faire à peu près la même chose en sens inverse.) Au moment où s'abouchent les deux formes de revêtement, s'élaborent des surfaces ni tout à fait cutanées ni tout à fait muqueuses qu'on a pris l'habitude d'appeler demi ou semi-muqueuses. Les lèvres en sont un bel exemple. Pour résumer l'essentiel du propos en une seule phrase, retenons que « la peau est un ensemble de tissus en continuité, assurant des fonctions dévolues aux cellules spécialisées qui les constituent ».

Pour être complet, il faut signaler des vertus dont elle détient le privilège. Le rôle relationnel serait plus important qu'il n'y paraît, la réponse au stress une fenêtre sur la santé et l'orientation dans l'évolution de l'espèce humaine déterminante. Nous en verrons encore un développement surprenant en fin de lecture.

Que la peau fasse l'objet d'une attention certaine semble donc amplement justifié, et qu'elle s'expose à la vue lui donne des prérogatives particulières.

Il s'agit d'un organe « partagé », ce qui influence les migrations de son centre d'intérêt. Certains l'illustreront par de beaux tatouages, ignorant parfois leur réelle portée, d'autres s'efforceront d'en préserver la moindre parcelle vierge de toute agression. Certains essaieront d'en diminuer les outrages et d'autres s'appliqueront à s'en préserver. C'est à ce carrefour de l'espiègle et du rusé, du profane et du sacré, de l'habituel et de l'étranger, de la médecine et de la beauté, que se trouve intimement lié le monde des cosmétiques.

découvrir les cosmétiques

les cosmétiques, comment ça se construit ?

La destinée des cosmétiques, c'est d'intervenir sur la structure et les mécanismes de la peau dans un contexte de rajeunissement et de beauté. Leur bénéfice revendiqué nécessite en premier lieu un mélange cohérent et un assemblage parfait. Il ne suffit pas de mettre dans un tube tout ce qu'il faut pour que la réussite soit au rendez-vous. Le penser serait une belle erreur.

Imaginons un canapé de cuir à restaurer. Il faut de la peau pour le refaire en entier. Elle doit être rasée, tannée, colorée, puis traitée de façon à être stable et devenir un cuir d'ameublement. Si vous mettez ensemble la peau, le rasoir, le tanin, la teinture et les produits nécessaires au traitement, il y a peu de chances qu'en secouant le tout il en sorte un produit fini. Pire, certains s'imaginent qu'en couchant l'animal sur le canapé la magie opérera d'elle-même ! J'exagère à peine, quand je vois ces crèmes improvisées sur mesure, après un examen superficiel dont la valeur réside exclusivement dans l'imaginaire ou la malice. Quelques réserves également pour les cosmétiques résultant d'une « cuisine » personnelle qui serait investie d'une mission écologique en prônant les mélanges aveugles de produits naturels, au seul prétexte qu'ils sont réputés actifs pris isolément. Les bonnes intentions en président les règles, mais suffisent-elles à en assurer la valeur ? Il reste à indiquer une fois pour toutes où se trouve la différence entre une molécule spécifique naturelle et la même issue des processus de synthèse.

Tout ça pour dire que l'industrie des cosmétiques est un travail sérieux. Il faut beaucoup de temps et pas mal d'idées pour réussir des produits élaborés. Essayons déjà de comprendre comment on peut les « façonner ».

Mettez un peu d'huile dans de l'eau, ou le contraire, que va-t-il se passer ? Les yeux qui surnagent sur la vinaigrette nous en donnent déjà une idée. L'agitation du système *(émulsion)* ou son échauffement nous en donne encore une autre… Nous voilà prêts pour comprendre la subtilité des cosmétiques.

Lorsque la température est basse, les particules de même type ont une tendance très forte à se regrouper, tandis qu'à température haute le hasard tend à les faire se mélanger de manière homogène. Il s'établit un nouvel équilibre entre un niveau d'énergie (par exemple la chaleur) et le degré d'entropie (c'est-à-dire le niveau de désordre).

Encore une fois, ce n'est pas toujours le cas, car le magma en fusion sous des températures « énormes » sépare justement les roches les plus lourdes des plus légères, au lieu de les mélanger. Une montée en température peut aussi provoquer une agitation désordonnée, alors qu'un refroidissement peut figer une situation en l'état (on s'en sert même pour polymériser des molécules de façon physique). Tout n'est donc pas aussi simple, mais gardons à l'esprit en ce qui concerne notre sujet que la chaleur est plutôt une source de « fusion ».

En fait, l'histoire des cosmétiques commence avec les émulsions. C'est Ambroise Paré qui proposa ce nom, formé sur une racine latine *(emulgere)* qui signifie « traire ». Car le lait est un mélange typique de corps gras dans de l'eau. Son opacité en est une conséquence directe. Une simple solution harmonieuse de ses composants, si elle était possible, serait probablement plus transparente.

Pourtant, cet homme révolutionnaire avait été privé de langues mortes par le chapelain cupide qui fit son éducation en l'utilisant comme domestique. Quel gâchis ! Révolutionnaire pour ses idées et non par idéologie puisqu'il était premier chirurgien du roi au XVIe siècle, bien qu'il échouât dans sa tentative de sauver Henri II. (Il faut quand même dire pour sa défense que la lance de Montgomery était entrée par l'œil dans le cerveau royal en y cassant la pointe au cours d'une joute amicale, et qu'il poussa le zèle jusqu'à embrocher des têtes de condamnés décapitées en la circonstance pour comprendre la blessure en situation.) Le latin et le grec formaient les termes savants en médecine, et voilà comment « émulsion » entra dans notre vocabulaire.

Chaque milieu, huileux et aqueux, porte le nom de phase. Une phase est donc une « population » homogène isolée dans un espace qui ne l'est pas forcément (et même le plus souvent). Pourtant, une différence de nature n'est pas nécessaire pour qu'il y ait une différence de phase. Prenons l'eau par exemple. Son passage de l'état de glace à l'état liquide, puis à celui de vapeur et de gaz sous l'effet de la température, permet d'en accepter la réalité sinon d'en comprendre les raisons. On parlera de changement ou de mutation de phase. Au sujet de l'eau, un autre paradoxe nous montre à quel point la physique nous est comptée d'avance en se moquant des convenances sous pression, la glace fondue abaisse sa température (alors qu'on devrait s'attendre à ce qu'elle augmente) et se ressoude. Ainsi, un fil métallique suspendu lourdement autour d'un bloc de glace le traverse au cours du temps sans jamais le rompre. Comme quoi, il vaut mieux souvent constater que prétendre.

MICELLE

Il y a une raison pour qu'une émulsion huile dans eau ou eau dans huile s'observe en mélange homogène ou sous deux phases distinctes. La chaleur n'est pas la seule hypothèse, c'est là que les tensioactifs interviennent : en permettant le mélange de substances qui ont tendance à se repousser. On parle aussi d'émulsifiants ou d'émulsionnants, ce qui veut dire la même chose tout en précisant qu'il s'agit de stabiliser une émulsion.

Chaque regroupement par affinité en goutte unique (de forme sphérique) est une micelle. Un mélange micellaire est donc un composé majoritaire uniforme (on peut aussi parler de phase continue, par exemple une quantité d'eau ou d'huile) dans lequel se répartissent des sphères contenant une phase incompatible (donc des gouttes d'eau dans de l'huile ou des gouttes d'huile dans de l'eau). Dans le cas contraire, il y aurait dissolution parfaite, sous forme d'un « assemblage » de substances solubles. Liposolubles quand elles le sont dans l'huile et hydrosolubles quand elles le sont dans l'eau. Tout se résume donc à comprendre les associations d'eau et de corps gras.

Pourquoi choisir une émulsion eau dans huile ou huile dans eau ?

C'est à la fois enfantin et finalement assez complexe de répondre à cette question.

Enfantin, parce que la phase « dominante » *(majoritaire)* donnera la texture du produit (si on la désire très « légère », on choisira une phase continue aqueuse, donc une huile dans l'eau ; si on la désire très « confortable », on choisira une phase continue huileuse, donc une eau dans l'huile).

Parfois, les utilisateurs confondent pénétration et évaporation. Ils pensent qu'un produit rapidement absorbé leur est profitable, alors que souvent il s'est tout simplement évaporé. La sensation de fraîcheur peut être liée à ce processus, mais aussi à des actifs qui en ont le pouvoir. C'est la raison pour laquelle le choix n'est pas toujours aussi simple.

Assez complexe, quand il s'agit de « profiter » (dans le sens de faire bon profit) d'actifs *liposolubles* ou au contraire *hydrosolubles*. C'est donc, cette fois, le désir d'une action particulière qui est souhaité, en dehors d'une texture. Elle conditionnera son caractère huileux ou aqueux. Pour essayer de pallier ce problème, les chimistes utilisent en dehors des tensioactifs des « véhicules » comme « vecteurs », séparant les phases incompatibles tout en permettant leur association stable. Ce sont en général des vésicules qu'il sera loisible d'introduire dans une émulsion « légère » (huile dans eau), alors qu'elle contient essentiellement des substances liposolubles (comme certaines vitamines utiles au rajeunissement).

Il devient donc difficile de s'y retrouver sans comprendre exactement la dénomination exacte des produits de beauté.

Pour simplifier, une émulsion eau dans l'huile *(hydrolipidique)* est composée de gouttelettes d'eau éparpillées dans une phase huileuse. Elle donne une crème grasse et protectrice.

Une émulsion huile dans l'eau est composée de gouttelettes d'huile éparpillées dans une phase aqueuse. Elle donne une crème légère. La plupart sont de ce type.

les vecteurs statiques

un problème de tension

Pour bien comprendre la structure des cosmétiques (c'est-à-dire leur aspect statique, celui qui conditionne leur apparence, leur stabilité, leur consistance), nous définirons leur nature et leur texture (avant d'envisager leur mode d'action).

Le problème majeur des compositions et formulations des produits de beauté est de faire coexister dans un même système des substances qui n'aiment pas les mélanges inhomogènes. Elles ont des caractères de solubilité opposés ou se révèlent insolubles. Le but sera de les « pacifier ». Un premier constat s'ensuivra : on ne peut pas tout mélanger, il faudra faire des choix. Un deuxième s'impose : il va falloir trouver le moyen de véhiculer ou de faire « admettre » les substances actives dans un monde souvent « inamical ». Voilà la raison des vecteurs.

Les tensioactifs permettent de résoudre ce problème en formant, grâce à leurs associations, des « objets » réservoirs de substance permettant de « disperser dans l'eau » des produits liposolubles (qui ont une affinité pour l'huile), ou « dans des milieux organiques » des substances hydrosolubles (qui ont une affinité pour l'eau). En fait, ces « pacificateurs » prennent par la main des ennemis pour tenter la réconciliation. Ils y arrivent en utilisant des « arguments collants ».

Parmi les substances susceptibles d'amener à la formation de tels « objets colloïdaux » utilisables en cosmétologie, les polymères constituent une alternative moderne aux tensioactifs. Ils stabilisent le problème en l'enchaînant en quelque sorte.

C'est la connaissance de la peau, de ses réactions aux agressions chimiques, à la lumière, à l'oxydation... qui permet de définir la nature des substances qui doivent entrer dans la composition de mélanges actifs.

L'aspect crémeux, onctueux, non gras, des différents produits cosmétiques est dû à la qualité des émulsions ou encore à l'argile.

Le secret de l'efficacité des cosmétiques repose sur des techniques de fabrication pointues comme l'utilisation de liposomes, de vésicules ou de microcapsules, particules dans lesquelles sont placées les substances actives qu'ils véhiculent. Ils servent ainsi de vecteurs permettant à ces molécules de pénétrer l'épiderme et les structures cellulaires.

Le plus souvent, il y aura harmonie entre l'aspect et la formulation

C'est facile à comprendre pour les suspensions, qui sont un état solide très divisé, dispersé dans un liquide sans être dissous ; pour les solutions, qui sont des préparations liquides obtenues par dissolution d'une ou plusieurs substances actives dans un solvant approprié (eau, huile, alcool) ; pour les lotions, qui sont des préparations aqueuses ou alcoolisées (parfois les deux), contenant en *suspension* ou en *solution* diverses substances actives, destinées à une application locale ; pour les films et les vernis, faits d'associations de liants, parfois de diluants, essentiellement de solvants contenant des molécules adjuvantes nécessaires à la fonction revendiquée, de pigments ou non, pouvant s'appliquer en couches adhérentes qui durcissent à l'air pour donner des films mats ou brillants, opaques ou translucides.

Parfois, l'aspect prime sur la formulation et les appellations ne sont pas toujours le reflet de la réalité chimique. La plupart des cosmétiques sont des émulsions, même s'ils ne portent pas tous cette dénomination (laits et crèmes en font partie). Leur composition fait appel à l'eau et aux produits hydrosolubles, à l'huile et aux produits liposolubles. Les formes émulsifiées sont parmi les plus nombreuses et les plus variées.

Les émulsions, blanches ou colorées, opalescentes, d'aspect onctueux, sont parmi les compositions les plus recherchées du domaine cosmétique. Elles se présentent le plus souvent sous forme de crèmes, qui utilisent cet aspect comme un argument valorisant le besoin de « bien-être » et de « bien paraître » recherché.

On les retrouve également sous forme de liquides visqueux. D'autres spécialités du type gel, hydrogel ou oléogel, sont également à classer dans cette catégorie.

Leurs formes micronisées, micro-émulsions, sont des phases liquides dispersées, obtenues en mettant en contact des quantités de produits lipidiques et d'eau en présence d'un tensioactif et d'un cotensioactif (une association « dopante » en quelque sorte, généralement d'un tensioactif classique et d'un alcool).
Les micro-émulsions restent un outil intéressant pour la cosmétique du fait de leur transparence et de leur fluidité.

Les gels sont à l'heure actuelle l'une des présentations cosmétiques les plus en vogue. Le comportement « physique » du produit en explique l'engouement : ce sont des liquides qui ne coulent pas. Leur contact s'adapte facilement à l'emploi. Souvent doux et soyeux, quand ils se destinent à la peau, parfois collants quand il s'agit de maintenir la coiffure. Il est aussi facile d'en régler l'opacité ou la transparence. Ils se forment quand des molécules en solution se lient en un réseau qui piège un solvant (peut-être s'agit-il du solvant qui piège le réseau).

Dans l'Antiquité, on utilisait déjà des composés formés à partir de gélatine et d'empois d'amidon. Plus tard, on les définira comme des « matériaux dont les solutions prennent en masse ». Il en résulte un solide mou, facile à déformer, élastique ou plastique, qui peut être crémeux, mais également fluide (comme une solution). À l'opposé, une lotion peut prendre une allure de crème fluide.

Retenons donc que parfois les appellations sont liées à la nature du composé et non à son apparence. Disons qu'un « gel » ou une « lotion » ne porteront pas toujours le nom de gel ou de lotion, même si c'est souvent le cas.

Pour obtenir ce composé cosmétique, on peut employer des molécules très petites dont l'agrégation conduira à de longues chaînes qui peuvent former des réseaux en trois dimensions et aboutir à des matériaux viscoélastiques.

On peut aussi employer des molécules géantes reliées entre elles : les *polymères*.

Enfin, on peut utiliser des dispersions de particules minérales (non organiques donc) aux formes différentes (sphères, bâtonnets ou plaquettes). Quand on provoque leur agrégation dans un solvant, la solution perd sa fluidité et se transforme en solide mou. On dit que « le gel prend ».

On distingue les gels chimiques et les gels physiques.

Les gels chimiques doivent leur structure à une réaction qui établit des liaisons permanentes entre les molécules qui les composent. Elles engendrent des chapelets souples et forment un réseau irréversible.

Ils peuvent se déformer puis retrouver leur forme et absorber des quantités considérables de liquide (jusqu'à mille fois leur poids en eau dans le cas de gels superabsorbants). L'une de leurs particularités est d'adhérer sur les surfaces solides grâce à leur élasticité.

Les gels physiques, en revanche, sont d'agrégation réversible. Une variation de quelques degrés de température suffit pour en assurer la prise ou la fonte. En état de fonte ils coulent, en état de prise ils adhèrent.

les vecteurs mobiles

un problème de circulation

Lorsque les actifs sont « enveloppés » sous une couche globulaire de tensioactif qui leur permet de se disperser dans un milieu qui leur est hostile, on parle de micelles. Si les couches sont empilées et polarisées (avec des affinités particulières selon les « pôles » de leurs briques de construction, identiques et orientées dans le même sens), la structure se constitue en « pelures d'oignon ». On parle alors d'assemblages liposomiques. En fait, on les dénomme liposomes quand ils sont obtenus à partir de composés naturels et vésicules lorsqu'ils dérivent de composés synthétiques.

Les structures des liposomes et des vésicules n'ont rien de commun (ni en taille ni en stabilité) avec les micelles. Alors qu'une micelle est une structure instable « totalement homogène » (cœur et enveloppe de même affinité), l'assemblage liposomique (ou vésiculaire) est une structure stable « non homogène » (cœur et enveloppe d'affinités contraires). Le modèle ressemble à celui d'une cellule naturelle, ce qui ne manque pas d'intérêt quand on cherche justement à leur venir en aide. Encore mieux, dans les variétés multicouches ils peuvent emprisonner entre les feuillets des membranes un mélange d'huiles à divers étages avec un cœur rempli d'eau, voilà leur force. Dès lors, on peut imaginer des largages sur cible et relargages successifs d'éléments fragiles ou incompatibles entre eux, sans qu'ils aient souffert le moins du monde dans le transport pour arriver à bon port.

Ces sacs membranaires connaissent un grand succès et de nombreuses compositions cosmétiques en contiennent. Cela est dû au pouvoir encapsulant remarquable et fortement dispersant qu'ils présentent pour des composés qui peuvent être indifféremment lipophiles (liposolubles et hydrophobes) ou hydrophiles (hydrosolubles et lipophobes).

Leur découverte vient de la pharmacie, mais leur récupération par la cosmétique ne s'est pas fait attendre.
Les niosomes sont des structures encapsulantes sensiblement différentes. Il suffit de savoir qu'ils s'apparentent aux systèmes membranaires naturels, qu'ils sont semi-perméables et ont un pouvoir hydratant remarquable.

Au total, les liposomes, les vésicules et les niosomes sont de petites sphères microscopiques utilisées pour transporter des principes actifs dans la peau. Le problème est qu'habituellement elles (les sphères) et ils (les actifs) ne passent pas la barrière dermo-épidermique. Leurs vertus seront donc essentiellement réservées aux effets de surface, dont l'hydratation et la protection cutanée sont la principale cible. Mais, comme dans toute frontière, si bien gardée soit-elle, il y a des passe-droits.

L'industrie des cosmétiques s'est aussi intéressée aux microcapsules.

La micro-encapsulation consiste à emprisonner de très fines particules solides ou liquides à l'intérieur d'une membrane. Cette technologie est née de recherches dans le domaine de l'imprimerie : l'une des premières applications a été la création d'un papier autocopiant. Depuis, elle s'est étendue à des domaines variés, tels que la pharmacie, l'industrie alimentaire… et la cosmétique.

Tout l'intérêt des microcapsules réside dans la membrane qui doit être biodégradable, stable, et permettre l'encapsulation de substances variées : *hydrosolubles*, *liposolubles* ou *insolubles*. C'est cette dernière prérogative qui rend le procédé novateur.

Une autre de leurs propriétés est de se jouer du temps. Rien n'empêche de concevoir des parfums à durée prolongée, de l'ordre de la journée et peut-être davantage. Les microcapsules pouvant être programmées pour un largage progressif des substances. Cette technologie n'a donc pas fini de nous surprendre.

À condition que leur innocuité soit formelle, on pourrait imaginer des fragrances absorbées et réémises par la peau qui dégagerait le parfum elle-même. Telle qu'une pratique arabe le permet par la simple goutte de musc introduite dans le café.

La microcapsule peut être conduite à jouer des rôles très différents répartis en deux catégories.

Lorsque la membrane est une barrière passive.

Elle se comporte comme une paroi étanche vis-à-vis du contenu, qu'elle libérera le moment venu en se détruisant. Le but recherché peut être une protection des substances contre l'oxydation, la lumière, l'évaporation, ou un masque contre des effets gênants (dissimulation d'une odeur désagréable par exemple).

Lorsque la membrane est une barrière active.

Son rôle est de se comporter comme une paroi semi-perméable permettant des échanges subtils. En fait, le passage de substances dans un sens comme dans l'autre s'adapte aux conditions du milieu.

Des applications de ces microcapsules, comme microréservoirs (capables de contenir des principes actifs variés hydrosolubles, liposolubles ou insolubles, à l'état de solutions, de suspensions ou d'émulsions), micropièges (capables de piéger des composants à l'intérieur d'une membrane) ou microréacteurs (capables de réagir de manière ciblée), ont été développées. Elles permettent, avec les vésicules, les liposomes et les niosomes, de véhiculer au mieux *(vectoriser)* les actifs cosmétiques.

Des procédés « médicalisés » ont aussi montré leur grande efficacité. Il en est ainsi de nouveaux alliés : les nanosomes. Par ailleurs, certaines nanoparticules comportant du platine offrent des propriétés « versatiles » et des capacités de pénétration qui optimiseraient les encapsulations de façon à affiner leur tir sur cible.

Avec ces modèles, nous entrons de plain-pied dans l'univers du médicament. Pourtant, la cosmétique active s'y intéresse également.

Ces structures infiniment petites sont les championnes du transport des molécules liposolubles. Certaines microstructures de forme tubulaire sont capables d'entrer en « intimité » avec la peau, la pénétrer et libérer leurs principes actifs en profondeur. La vitamine E en est le principal cheval de bataille, mais on peut facilement imaginer l'éventail des possibilités techniques qu'elles offriraient aux cosmétologistes.

On attend de certaines compositions cosmétiques une consistance pâteuse, associée à des propriétés plastiques et des facilités d'adhérence. Les argiles en sont l'exemple parfait. Ces formes colloïdales sont utilisées dans la formulation de masques et d'enduits corporels.

Les masques d'argiles, comme d'autres compositions cosmétiques, doivent associer facilité d'étalement et bonne tenue après application. La température de la peau est l'un des facteurs qui influencent leur souplesse, mais les compositions mises en œuvre dans ce cas ont en commun une caractéristique rhéologique (étude des phénomènes qui conditionnent l'écoulement et la déformation de la matière : plasticité, viscosité, élasticité), dite thixotrope (du grec *thixis*, « action de toucher »). Ce terme traduit la propriété qu'ont certains gels de se liquéfier par agitation et de retrouver leur propriété visqueuse et figée au repos. D'où également l'utilité de billes métalliques dans le flaconnage de certains cosmétiques très appréciés au Japon.

En termes simples : l'action « mécanique » de l'application liquéfie le gel et son arrêt lui redonne de la tenue. C'est ce qui se passe quand un enduit est « travaillé » par massage ou spatule : le mouvement entretient sa viscosité, qui se fige à son arrêt.

Comment conclure sur la statique des cosmétiques ?

D'abord, dire que leur conditionnement influe sur leur comportement (une pommade n'agira pas comme une crème, qui n'agira pas comme une solution).

Ensuite, confirmer que leur conception est souvent délicate de façon générale. Il faut qu'ils assurent leur stabilité non seulement dans le temps, mais selon les conditions d'utilisation. Ainsi, une application sur peau humide ne doit pas déstabiliser leur nature, ni la peau trop sèche, ni trop chaude, ni trop froide. Un effet détergent ne doit pas générer un effet irritant (ou électrique), un démêlant ne doit pas « coaguler » le reste d'un savon, etc.

La conception d'un shampoing, par exemple, est l'un des exercices des plus délicats. Les « deux ou trois en un » sont des prouesses chimiques sorties de l'imagination des têtes fertiles. On imagine mal leur difficulté d'élaboration. D'ailleurs, il suffit de toucher à un seul des éléments (même parfois dans la simple proportion) pour anéantir l'efficacité d'un shampoing réussi. Nous avons vu disparaître du marché une merveille parfaitement aboutie, cassée par une décision du laboratoire qui jugea opportun d'améliorer son aspect nacré pour lui donner une autre vie. Et patatras ! voilà le produit envoyé tout droit dans la médiocrité.

Toute une science s'est développée au sein des façonniers qui sont des aides indispensables aux concepteurs d'idées nouvelles. Il en est dans cette matière comme dans d'autres domaines : elle demande le respect d'un certain savoir-faire.

La composition classique d'un cosmétique tourne autour de trois éléments : un principe actif contenu dans un excipient conservé grâce à des adjuvants.

Le principe actif est une substance dont les propriétés sont destinées à obtenir l'effet recherché. Citons les plus fréquemment rencontrés :

– les substances hydratantes comme l'urée, le glycérol et autres « *moisturizing factors* » ;

– les capteurs de radicaux libres, qui ont ouvert la voie à la cosmétique active ;

– les substances antivieillissement, comme la vitamine A et les acides gras essentiels ;

– les substances anti-inflammatoires locales, parfois extraites de plantes ;

– les collagènes, élastines et acides hyaluroniques, qui jouent un rôle en surface sans franchir la barrière épidermique. (Les substances actives traversant l'épiderme et donc susceptibles de passer dans le sang ayant un statut spécial.)

L'excipient est le véritable vecteur du principe actif, celui qui lui permet de cibler le site d'action. Les émulsions, qui représentent le cœur du système, sont des mélanges inhomogènes d'eau et d'huile, dont « l'harmonie » est sous la dépendance « amicale » des tensioactifs qui les conditionnent.

Lorsque l'eau est en plus grande quantité, l'huile est sous forme de gouttelettes en émulsion huile dans l'eau *(H/E)* ou lipophile-hydrophile *(L/H)*. Ce sont des crèmes qui ont une bonne pénétration et qui ne graissent pas la peau.

Lorsque la quantité d'huile est plus importante, les gouttelettes d'eau sont dispersées dans l'huile en émulsion eau dans l'huile *(E/H)* ou hydrophile-lipophile *(H/L)*. Ce seront des crèmes grasses, au rôle protecteur plus marqué.

Vous aurez constaté que, selon les termes utilisés, le « H » veut dire exactement le contraire. Dans un cas, c'est d'huile qu'il s'agit, et dans l'autre d'hydrophilie. Encore une belle façon de s'y perdre. Par ailleurs, l'encapsulation est venue bouleverser l'hégémonie des tensioactifs, en permettant de véhiculer les substances quelle que soit leur affinité.

Les adjuvants sont indispensables à la bonne conservation du produit de beauté et à son aspect physique. Certaines allergies de contact en sont dépendantes, d'où la dénomination de nombreux produits dits hypoallergéniques (ce qui signifie qu'ils entraînent un moindre risque de réaction allergique, sans le garantir pour autant).

La bonne conservation dépend essentiellement du temps. C'est ainsi que seront indiqués des délais maximums de conservation, assez longs pour les poudres (trois ans), limités pour les crèmes grasses en phase huileuse (un an), écourtés pour les émulsions en phase aqueuse (six mois).

comprendre les cosmétiques

les cosmétiques, comment ça marche ?

Une fois bâtis, les produits de beauté doivent agir. L'élaboration de leur structure permet d'atteindre l'objectif, c'est le but. Mais au moment de produire l'effet cosmétique, il faudra libérer les composants et en assurer l'action.

la vectorisation des actifs

une histoire de compatibilité

De tous les ingrédients nécessaires à la formulation des cosmétiques, les tensioactifs sont en tête de peloton. Non seulement ils conditionnent la structure, mais également la fonction d'un cosmétique. On ne peut comprendre l'efficacité des produits de beauté sans en connaître leur intimité.

Intrusion dans l'intimité des tensioactifs

Principe des tensioactifs *(surfactifs ou surfactants)*

Leur « allure » générale simplifiée se compose d'une tête et d'une queue dont les affinités sont opposées et contraires en termes de mélanges. L'une aura une « amitié » pour l'eau et les substances qu'elle est capable de véhiculer, l'autre pour les corps gras (y compris la surface des cellules qui en comptent au niveau de leur membrane) et les protéines de surface. De telle sorte qu'ils ont la capacité de s'interposer entre des « objets » de solubilité incompatible et d'en assurer la liaison. Ils ont un pouvoir de dispersion des huiles dans l'eau. Pratiquement tous les produits de toilette et de beauté en dépendent.

De multiples variations sont possibles : plusieurs têtes, plusieurs queues, volume relatif variable entre les deux pôles, etc. Toutes ces propriétés vont déterminer la nature du composé (dit « colloïdal ») présent dans la formulation.

On distingue les tensioactifs **anioniques**, **cationiques**, **zwitterioniques** et **non ioniques**. Les préfixes « anion » et « cation » sont relatifs à la charge électrique des « agents de liaison », selon qu'elle est négative ou positive (donc qu'elle attire son contraire et repousse son semblable, principe générique de l'électricité).

Un cation (du grec *cata*, « en bas » et *iôn*, « qui va ») est un atome (ou une molécule) « ionisé » (qui se déplace dans un champ électrique selon un sens prédéterminé) ayant cédé un ou plusieurs électrons et donc acquis une charge électrique positive. On l'appelle ainsi car il est attiré par l'électrode négative (cathode, de *cata*, « en bas » et *odos*, « chemin ») qui était en situation inférieure dans la première électrolyse de Faraday (utilisation de l'énergie électrique permettant la séparation ou la synthèse de composés chimiques).

Un anion (du grec *ana*, « en haut » et *iôn*, « qui va ») est son contraire. C'est-à-dire qu'il a capté un ou plusieurs électrons et donc acquis une charge électrique négative. Il est attiré par l'anode, électrode positive au cours du processus d'électrolyse, ce qui lui vaut sa dénomination (car il prenait le chemin supérieur lors de la même expérience originelle). Rappelons pour mémoire qu'un atome est constitué d'un noyau de charge positive équilibré par un nuage électronique de charge négative équivalente. Il est donc neutre. L'ionisation est sa perte de neutralité.

« Non ionique » signifie sans affinité électrique particulière et « zwitterionique » une ambivalence, c'est-à-dire une affinité partagée entre les deux polarités simultanément. (Le radical allemand « *zwitter* » indique le caractère hybride ou hermaphrodite qui marque leur duplicité.)

Les anioniques (donc de charge électrique négative) sont d'utilisation ciblée sur l'aspect plus que sur la fonction des cosmétiques.

Les cationiques (donc de charge électrique positive), plus irritants, occupent une place limitée dans l'arsenal des produits de beauté. L'innocuité étant bien sûr un critère de sélection dans leur utilisation.

Les tensioactifs zwitterioniques ainsi que les tensioactifs non ioniques, de meilleure biocompatibilité, sont de plus en plus utilisés.

En solution dans l'eau, dans les solvants organiques ou dans les huiles, les tensioactifs s'organisent en micelles et, lorsque leur concentration augmente, en cristaux liquides. Dans tous les cas, les tensioactifs stabilisent les émulsions. Et comme les émulsions sont la base des cosmétiques, on comprend aisément leur importance, avec les liposomes, vésicules et autres encapsulations qui sont également à la base de nombreuses formulations.

Famille des tensioactifs

Tous les tensioactifs, naturels ou de synthèse, sont constitués de deux groupes qui s'interpénètrent par mise en commun d'électrons (on parlera de liaisons covalentes) : l'un hydrophile (qui aime l'eau) – on parle de « tête polaire » ; l'autre hydrophobe (qui n'aime pas l'eau) – il s'agit de la partie caudale hydrocarbonée compatible avec les corps gras. Ils sont dits amphiphiles (qui aiment les deux pôles – « amphi » prenant le sens de « aux deux bouts »). Leurs propriétés d'interfaces qui se révèlent au contact de deux « ennemis » sont uniques et remarquables. Ils sont par ailleurs des constituants naturels abondants des tissus, dans lesquels ils provoquent des assemblages moléculaires particuliers nécessaires à la vie cellulaire. Ils sont indispensables.

L'eau et les corps gras sont non miscibles. Pour rendre possible leur compatibilité sous forme de microdispersions (et ainsi être en mesure d'éliminer les matières grasses sécrétées en présence d'eau par exemple), il est nécessaire d'utiliser une astuce. Dans un tensioactif, la coexistence des deux entités d'affinité opposée, hydrophile (qui aime l'eau) et lipophile (qui aime l'huile), induit la formation d'un assemblage moléculaire en micelles qui résout le problème.

MICELLES

Les micelles sont les plus petits assemblages de tensioactifs existants dans une émulsion. Ces assemblages se constituent après saturation de l'interface (contact) entre l'eau et l'huile (on en connaît des formes sphériques et ovoïdes). Dans l'eau, les micelles sont dites « directes » lorsque l'assemblage de tensioactifs se constitue avec les têtes orientées vers l'extérieur au contact de l'eau et les queues rassemblées au cœur de la micelle hydrophobe. À l'inverse, dans un corps gras ou une huile au contact de l'eau, des assemblages de micelles dites « inverses » se constituent, têtes polaires dirigées cette fois vers le cœur hydrophile de la micelle et queue des chaînes hydrocarbonées du tensioactif baignant dans le corps gras.

Rien de plus facile que de s'imaginer des petits ballonnets pleins d'huile nageant dans de l'eau, ou inversement remplis d'eau nageant dans de l'huile. Voilà dit simplement comment se composent la plupart des émulsions.

Nous savons que les têtes des tensioactifs, qui en garantissent la stabilité, sont polaires et que les queues ne le sont pas.

Que peuvent bien signifier ce terme curieux et cette différence ?

En fait, la chose est extrêmement simple, pour peu qu'on se penche sur la question.

L'eau domine dans le corps humain et particulièrement dans la peau. Beaucoup de composants nécessaires y sont insolubles. Les tensioactifs assurent une compatibilité entre des domaines qui affichent leurs discordances.

Qu'en est-il de cette discordance ?

C'est une raison « physique », c'est-à-dire morphologique (attachée à la forme des molécules), qui en est responsable. Essayons de figer la course du fleuve pour mieux comprendre l'intimité de l'eau.

La molécule d'eau se propose de relier deux atomes d'hydrogène avec un seul atome d'oxygène. Cette petite formule assure à elle seule une partie de la raison d'être du vivant. Il se trouve que l'oxygène tend ses deux bras vers un même pôle pour accueillir les atomes d'hydrogène. Ce coude déséquilibre la molécule qui est dite « polaire » ou « polarisée ».

Pour être plus précis, le nuage d'électrons des atomes d'hydrogène de l'eau est fortement attiré par l'atome d'oxygène et devient en réalité plus proche de son noyau que de ceux de l'hydrogène. C'est pourquoi la molécule d'eau a une charge négative relativement élevée en son centre et une charge positive à ses extrémités. En fait, le centre de gravité de la molécule (barycentre) ne se confond pas avec celui de ses charges électriques. De là ce déséquilibre, qui peut se résumer à une dissymétrie (on parlera de dipôle). Le pôle de l'oxygène ayant une électronégativité plus forte que celui des hydrogènes, les molécules d'eau s'attirent entre elles (le côté positif de l'une attirant le côté négatif de l'autre). Cette particularité lui permet d'être un solvant et de dissoudre des molécules polaires par le jeu de liaisons électriques complémentaires (les positives attirant les négatives et réciproquement). On peut l'imaginer comme le pôle nord et le pôle sud d'un aimant. Ce lien quasi « magnétique », appelé « pont hydrogène » ou « lien hydrogène », est utilisé par les chimistes pour élaborer les formules cosmétiques.

À l'inverse, le carbone, grand élu de la matière vivante, propose quatre bras de liaison dans l'espace parfaitement équilibrés vers l'hydrogène. C'est lui qui s'impose comme lien universel de la matière organique. Il oriente donc les molécules différemment. (Il n'y a pas d'asymétrie dans la répartition de leurs charges. Les électrons de l'hydrogène restent fidèles à leur noyau : il y règne une certaine harmonie des couples électriques.) On les dit, par opposition aux premières, apolaires ou non polaires. La plupart du temps, elles ne sont pas qualifiées en ce sens et seulement dites hydrophobes ou lipophiles (qui refusent l'eau ou aiment l'huile).

Pour finir la motivation, disons que les molécules polarisées s'attirent et refoulent celles qui ne le sont pas. Quoi de plus logique qu'une goutte d'huile (apolaire, puisqu'essentiellement constituée de carbone et d'hydrogène) refuse le mélange avec une phase majoritaire aqueuse (de l'eau polarisée par définition).

Les tensioactifs anioniques

L'histoire des tensioactifs est très ancienne. Les premiers ont été utilisés dans les savons dont ils résument à peu près la nature. Ces composés, de charge électrique négative, sont des détergents (pouvoir nettoyant). Ils ne sont plus guère utilisés comme tensioactifs destinés à véhiculer des ingrédients au sein des cosmétiques, mais plutôt comme auxiliaires opacifiants ou agents nacrants, ou encore comme épaississants.

Des tensioactifs anioniques plus intéressants sont apparus récemment. Parmi eux, les lipo-amino-acides et les lipo-oligopeptides, plus performants et faciles à rincer, offrent surtout une meilleure biocompatibilité avec le cheveu et la peau.

Les tensioactifs cationiques

Ils peuvent être précipitants. Un **précipité** est la formation d'une phase « minoritaire » dispersée (hétérogène), dans une phase « majoritaire » (plus homogène) qui la contient. De façon plus restrictive, en ce qui concerne la chimie des cosmétiques, il s'agit de la formation d'un cristal solide dans un liquide (la formation de cristaux de glace dans un nuage en est une belle image, on parle d'ailleurs de précipitation de grêle). Il se forme à leur encontre des particules peu solubles qui ont tendance à sédimenter sous l'effet de la pesanteur. L'orage de grêle en témoigne encore. Avec le temps, on les retrouve au fond du contenant. D'où la nécessité souvent recommandée d'« agiter le flacon avant de s'en servir ».

Ils peuvent être floculants. La **floculation** est le phénomène physico-chimique au cours duquel les micelles et les matières en suspension forment des flocons, s'agrègent en un « floc », ce qui détruit la stabilité de la solution et entraîne leur sédimentation. (Cas des particules non miscibles surnageant dans un solvant qu'elles troublent par exemple.) Ici, c'est la neige qui sera convoquée pour servir de modèle, quoique sa nature cristalline la range plutôt dans les phénomènes de précipitation.

Dans l'un et l'autre des cas, nous arrivons à peu près au même résultat. De façon générale, du fait même de leur charge positive, les tensioactifs cationiques vont s'associer aux extrémités négatives des chaînes d'acides aminés de la kératine. Ils vont donc « adhérer » à l'épiderme de façon « autoritaire ». Ce qui peut expliquer une part de leur effet irritant, tant sur la peau que sur la paroi oculaire, et les rend peu intéressants en cosmétologie. Les plus courants sont les sels d'ammonium. Pour atténuer ces effets négatifs, on a introduit des fonctions alcools et amides. Des ammoniums quaternaires (détergents et antiseptiques), dérivés de la lanoline, se révèlent beaucoup moins irritants.

Les tensioactifs zwitterioniques

La recherche de nouveaux produits a orienté les chimistes vers une association des charges anioniques et cationiques dans une seule et même espèce de tensioactif. Essai transformé sous la forme de molécules dites zwitterioniques.

Ces formes synthétiques sont analogues aux phospholipides naturels du jaune d'œuf (d'où ces shampoings traditionnels de confection domestique qui en contiennent) et constituent une famille de produits non irritants et peu agressifs. Ils offrent une forte affinité pour la kératine et sont souvent préconisés pour des formulations de cheveux déjà teints par exemple. Leur innocuité vis-à-vis des protéines a été jugée satisfaisante, car ils n'entraînent pas de dénaturation sévère des protéines membranaires. Une propriété précieuse pour les cosméticiens.

Les tensioactifs non ioniques

Ce sont des chaînes de molécules identiques, unies de façon à composer un corps nouveau plus important (polymérisation), issues de la recherche, bien tolérées et peu irritantes. Ces polymères présentent une masse moléculaire élevée qui s'oppose au franchissement des membranes cellulaires. Ils n'absorbent ni ne dénaturent les kératines et sont donc parfaitement tolérés par l'épiderme. Leur défaut majeur est un manque de propriété moussante et une variabilité de leur comportement selon la température.

Au total, les tensioactifs sont des acteurs irremplaçables en cosmétique par leur capacité à constituer, stabiliser et véhiculer des assemblages. Cependant, leurs propriétés obligent à s'interroger sur le risque d'usage répété, notamment en ce qui concerne les effets sur les protéines de surface. La parade semble devoir venir de la mise en œuvre de polymères, c'est-à-dire de tensioactifs à masse moléculaire suffisamment importante pour ne pas franchir la paroi membranaire.

Intrusion dans l'intimité des polymères

Les polymères à effet filmogène

L'exposition conjuguée à l'air et au soleil est bien connue pour provoquer un dessèchement et une oxydation de la peau et du cheveu dont les conséquences destructrices sont nombreuses : vieillissement, pigmentation et kératinisation de la peau, perte des propriétés mécaniques du cheveu, lequel devient rêche, cassant et se décolore.

La cosmétique de protection a fait naître toute une panoplie de crèmes, de gels, de masques ou encore de mousses proposées en applications régulières et des lotions hydro-alcooliques contenant des polymères à propriétés filmogènes hydrosolubles *(polyoxyéthylènes)* ou des oléogels contenant des polymères filmogènes liposolubles *(polysiloxanes)*.

Ces propriétés seront utilisées pour lisser l'aspect « en tuile » de la kératine de surface du cheveu et de la couche cornée de la peau. Pour les vernis à ongles, il s'agit de déposer un film de matière imperméable ne présentant aucun défaut ni aspérité et capable de durcir au repos. Les propriétés fondamentales sont donc la fluidité et la capacité à l'étirement, alors même que le produit sera visqueux et imperméable. Encore un problème résolu par les polymères tensioactifs filmogènes.

Polymères hydrorégulateurs

Le derme est un réservoir « hydrique » qui conditionne l'aspect « rénitent » de la peau (impression d'élasticité et de résistance à la pression, dont l'acide hyaluronique hydraté est l'élément spécifique). Mais pour contrecarrer les effets des échanges thermiques et en particulier la perte d'eau, l'organisme se protège de la déshydratation grâce à sa couche hypodermique qu'il est difficile d'« assécher ». D'où les problèmes ardus des œdèmes et autres cellulites rebelles, comme les programmes d'entraînement des « myophiles » en salle de musculation pour en diminuer l'importance.

En dehors des pertes d'eau par les organes spécialisés dans l'élimination et la respiration, la déshydratation survient au travers de la peau. Deux phénomènes se la partagent : la perspiration, qui est une évaporation permanente, insensible aux mécanismes de la thermorégulation, et la sudation qui s'exprime sous l'action de la chaleur, de l'émotion ou de l'activité physique. Il s'agit d'une élimination hydrique majeure (97 % d'eau).

Au contraire, et pour les mêmes raisons, il n'est pas aisé de faire pénétrer de l'eau par la peau. D'où l'importance de ses apports quotidiens par l'alimentation et la boisson. En ce qui concerne les cosmétiques, il sera fait appel à des formules qui assurent un apport hydrique par des astuces de conception. Ce sont des polymères (cellulose, amidon, gommes...) qui sont « fonctionnalisés » et rendus hydrophiles. Leur compatibilité avec le milieu aqueux est renforcée, en même temps que leur affinité pour la surface du cheveu ou de la peau.

la dynamique des actifs

une histoire de cible

Les produits de beauté sont élaborés de façon à pouvoir véhiculer des molécules actives et d'en délivrer au mieux les effets bénéfiques. Les actifs représentent l'aspect dynamique des cosmétiques, la raison intime de leur fonction.

Les ingrédients utilisés sont assez nombreux et notre liste sera bien loin d'être exhaustive. Ils sont mentionnés sur l'emballage d'après la nomenclature INCI *(international nomenclature cosmetic ingredient)*. En revanche, les publicités sont souvent rédigées en termes de communication, ce qui rend parfois l'interprétation délicate. « Hypoallergénique » ou « testé sous contrôle dermatologique », par exemple, sont des mentions sans valeur légale qui ne mettent pas à l'abri du risque d'allergie, puisque par définition une allergie est une réaction à laquelle on ne s'attend pas.

La peau âgée perd sa capacité à retenir l'eau. Rappelez-vous ce qui arriva quand la Terre fut privée de la sienne en pleine jeunesse, il fallut attendre des millions d'années pour que la vie apparaisse. Sans un apport venu d'ailleurs, ses vents auraient tourbillonné dans un désert pétrifié, sans pouvoir agiter la moindre brindille. Un désastre.

Que s'est-il passé au cours du temps ?

D'abord, une baisse globale de l'acide hyaluronique, pendant que certains éléments de la substance fondamentale *(glycosaminoglycanes)*, dont il tire profit, épuisent leur pouvoir hydrophile. Ils sont le siège d'une forme de déshydratation par baisse d'un facteur qui jouait un rôle positif dans ce sens. Il va falloir y remédier.

La peau se ride et devient rêche avec une prédisposition à la desquamation. Si l'usage de produits cosmétiques est recommandé pour accroître la protection et réguler l'hydratation, leur utilisation abusive ou incohérente peut aussi aboutir au résultat inverse. Par « effet de saturation », ils peuvent ralentir les échanges et priver la surface externe de facteurs naturels d'humidification ou d'un dépôt lubrifiant.

Inversement, ils peuvent accroître l'imbibition et provoquer un déséquilibre de la circulation hydrique en pénalisant le drainage lymphatique.

La peau est étanche et n'absorbe pas l'eau directement. C'est encore heureux, si on s'imagine la situation contraire qui en résulterait dans un bain ou sous la pluie ! En revanche, l'intervention d'un mélange émulsionné de corps gras dans de l'eau (ou l'inverse) rend possible cette opération au niveau de l'épiderme par un phénomène proche de celui de la capillarité (effet de « pompage » rencontré quand on mouille un morceau de sucre par exemple). L'hydratation d'une peau sèche pourra ainsi s'accomplir.

Les actifs d'hydratation

Ils sont si importants dans la vie cellulaire en général, et celle de la peau en particulier, que certaines gammes de cosmétiques en font l'essentiel de leur cible.

Le glycérol *(glycérine)* est le plus célèbre. Il est hygroscopique (capte l'eau), fluidifiant, lubrifiant, biocompatible, mais peu vaporisable. Il s'agit d'un polyol (plusieurs radicaux alcool). Comme souvent pour les produits très efficaces, sa formule chimique est extrêmement courte (elle se compose de trois atomes de carbone dont chacun donne le bras à un groupement « alcool » hydrophile, les autres étant occupés par des atomes d'hydrogène – difficile de faire plus simple en chimie organique).

C'est un composant central des lipides *(triglycérides)*. Il donne ces formes dites *« estérifiées »* quand il se combine avec des acides. L'utilisation des graisses stockées comme source d'énergie libère dans la circulation sanguine des acides gras et du glycérol. Mais il est aussi utilisé dans l'industrie des explosifs *(nitroglycérine)*. Comme quoi, l'énergie facile trouve toujours son emploi. Un esprit espiègle (ce que nous éviterons d'être) pourrait y voir une autre façon d'interpréter le nom donné à celles qui se trouvent gâtées par la nature au bon endroit et qu'on appelle bombes.

Le propylène glycol et **le butylène** sont aussi des hydratants, ils retiennent l'eau à la surface de la peau.

Le chlorhydrol (dérivé *hydro-aluminique*) possède un pouvoir astringent (propriété de resserrer les tissus) et rétenteur d'eau. Il est utilisé dans les produits antiperspirants.

L'allantoïne est aussi un composé astringent et possède un pouvoir hydratant (effet complexe sur la kératine). Nous lui consacrerons un chapitre particulier, car ses vertus sont loin de se limiter à cette action de surface.

Les facteurs naturels d'hydratation NMF *(natural moisturing factors)* se trouvent naturellement à la surface de la peau et font souvent partie de la composition d'une crème hydratante : acides aminés, urée, acide lactique, acide pyrrolidone carboxylique, sels minéraux et sucres.

L'urée est un produit de dégradation naturelle provenant des protéines que l'on trouve dans presque tous les fluides du corps. (Trois acides aminés sont mis en jeu dans le foie – *arginine*, *citrulline* et *ornithine* – au cours de son cycle de synthèse.) C'est un hydratant parfait. C'est aussi un émollient (« ramollisseur ») de la kératine. On peut même le rendre dissolvant par fortes concentrations (capable de faire fondre un ongle sous occlusion). Tout sera donc dépendant de sa « charge ». C'est ce que j'appellerai une substance « ambiguë ». Elle peut donner l'impression d'« alléger » une peau, alors qu'elle la prive d'une barrière protectrice (ce qui se traduit par un gommage), ou simplement l'adoucir en larguant de l'eau dans son film hydrolipidique assoupli.

Son utilisation dans les shampoings relève du même principe.

L'acide lactique est utilisé dans l'industrie alimentaire comme additif *(code E270)* contre l'oxydation et en tant qu'acidifiant ou exhausteur du goût. Une autre utilisation concerne son pouvoir instantané dans le traitement de la douleur liée aux aphtes buccaux. Un simple toucher avec un Coton-Tige qui en est imbibé blanchit l'aphte et calme la douleur. Il en existe deux formes en miroir *(énantiomères)*. Sa dissociation dans l'eau n'est pas totale, c'est-à-dire que sa fonction acide est faible, comme le montre le peu d'aigreur du lait caillé.

C'est son pouvoir hydratant qui est le plus utile au niveau des cosmétiques, mais il ne faut pas négliger ceux des acides de fruits dont il est un représentant apprécié depuis les temps pharaoniques (Cléopâtre était réputée pour entretenir sa peau en prenant des bains de lait d'ânesse).

L'acide pyrrolidone carboxylique, ou *acide pidolique*, est un acide aminé partagé par les végétaux et les animaux. Les mammifères sont capables de le produire et de l'utiliser. Il fait partie des « humidifiants » naturels de la peau, ce qui lui vaut sa présence dans la composition de nombreux cosmétiques.

L'argile a des pouvoirs osmotiques. Certains échanges qui se produisent au contact de la peau et d'une matière imbibée d'eau sont bénéfiques. Ils peuvent équilibrer les concentrations respectives de produits ciblés par diffusion. Ce qui explique les bains de boue qui agissent par osmose pour améliorer cet échange et le bénéfice des eaux minérales pulvérisées contenant des silicates (base de l'argile).

Le collagène et l'élastine

Présents dans le derme, ils sont responsables de sa texture, que l'on peut juger en pinçant la peau. Mais ces fibres, trop grosses pour passer à travers l'épiderme, ne peuvent se substituer à leurs homologues altérées, ni les régénérer par un apport externe ! Cependant, elles ont un effet sur les couches supérieures et peuvent atténuer les ridules par des phénomènes tenseurs superficiels.

L'acide hyaluronique

Il aura les mêmes qualités, avec une dominante très nette pour l'hydratation de surface. Ce qui au niveau du derme augmenterait la tonicité, l'élasticité et la rénitence (résistance élastique à la pression), si la molécule pénétrait.

Ainsi, le triptyque dermique majeur se retrouve utile en application locale pour des raisons essentiellement mécaniques. Son apport en profondeur (du moins en ce qui concerne les « briques » essentielles) sera du domaine des compléments alimentaires.

Reconnaissons en outre au collagène un effet filmogène intéressant, qui ajoute à son effet hydratant un contact satiné de la peau et lui donne une valeur cosmétique supplémentaire.

Les antioxydants

Ils luttent contre les radicaux libres impliqués dans le stress cellulaire et les phénomènes inflammatoires du vieillissement cutané.

Les radicaux libres sont des molécules instables (oxydantes) très réactives, produites dans notre corps de manière naturelle mais également sous l'influence de facteurs externes agressifs : champs électromagnétiques naturels (comme les rayons ultraviolets de l'irradiation solaire) ou artificiels (cabines de bronzage et rayons X d'irradiations accidentelles) ; ultrasons (mais certaines machines utilisent cet effet avec bonheur pour détruire la graisse sous-cutanée ou solliciter une synthèse de fibres nouvelles) ; produits chimiques et médicaments ; toxiques comme le tabac, l'alcool, la pollution... pour l'essentiel de ce que nous connaissons.

Les antioxydants produits dans notre organisme ou ingérés sont efficaces, quoique leur réelle importance ait du mal à trouver sa place. S'en gaver pourrait avoir des effets contraires. En revanche, leur démonstration d'efficacité en application locale n'est pas toujours à la hauteur de leur gloire. Ils n'en demeurent pas moins un argument de vente, car le doute profite à l'accusé. C'est là que se trouve souvent la frontière entre le rêve et la réalité. Et c'est aussi la raison de l'avènement des compléments alimentaires, qui ont par définition une action directe par voie interne.

Parmi ces antioxydants, on trouve :

La vitamine A acide (*trétinoïne* ou *acide rétinoïque*)

Il s'agit d'une substance dont l'efficacité a été démontrée scientifiquement non seulement sur le vieillissement photo-induit *(héliodermie)*, dont il représente la référence thérapeutique, mais aussi lié à l'âge (contrairement aux doutes manifestés à l'origine).

Les cosmétiques en sont privés, car il s'agit d'un médicament. On utilise ses précurseurs, le rétinol *(vitamine A)* et le rétinaldéhyde, dans les formulations. Ils doivent subir des oxydations successives pour arriver à la molécule active et seront donc moins efficaces mais aussi mieux tolérés.

L'acide alpha-lipoïque *(AAL)*

Son acronyme prête à confusion. Il ne faut pas confondre deux molécules dont l'abréviation donne les mêmes initiales : l'*alpha lipoic acid* et l'*alpha linolenic acid*. Ce qui conduit parfois l'argumentation vers une fausse piste. Chacune offre des propriétés bien différentes.

L'acide alpha-linolénique est un acide gras essentiel du groupe des oméga-3, qui doit impérativement être apporté par l'alimentation. D'où sa présence dans certains compléments alimentaires.

L'acide alpha-lipoïque est un puissant antioxydant que l'organisme produit en petite quantité. Cette molécule a l'avantage d'être soluble dans l'eau *(hydrosoluble)* et dans les graisses *(liposoluble)*, ce qui lui permet de neutraliser plusieurs types de radicaux libres, puisqu'elle peut agir dans l'un et l'autre milieu. C'est pourquoi on la qualifie parfois d'« antioxydant universel ».

Des propriétés annexes importantes lui sont reconnues : celle de recycler partiellement d'autres antioxydants, notamment la vitamine E, la vitamine C et le glutathion, augmentant ainsi leur durée de vie et leur efficacité. Elle a aussi la capacité de piéger les métaux toxiques comme l'arsenic, le cadmium et le mercure.

On comprendra que s'en passer serait bien dommage.

La SOD *(super-oxyde-dysmutase)*

Puissante enzyme antioxydante naturelle, la SOD agit à la source même de la réaction en chaîne induite par les radicaux libres, et combine son action à des propriétés anti-inflammatoires et *immunomodulatrices*. Malheureusement, en raison de la fragilité de sa structure moléculaire, sa source alimentaire est inactivée dans le tube digestif.

Grâce à un procédé de couplage à la gliadine, protéine extraite du blé, on dispose d'une SOD d'origine végétale (extraite d'un melon génétiquement sélectionné) bio-active par voie orale. Encore un argument de plus pour l'intérêt des compléments alimentaires.

L'acide ascorbique *(vitamine C)*

La vitamine C est un acide organique ayant des propriétés et des actions bénéfiques multiples. On le trouve dans les agrumes et les légumes frais. Il est utilisé comme conservateur des aliments sous le code européen E300 de la liste des additifs alimentaires.

Il existe deux acides ascorbiques ayant la même formule chimique mais une disposition spatiale différente.

Le composé lévogyre (parce qu'il tourne le plan d'une lumière polarisée vers la gauche) est naturel et appelé vitamine C. L'autre composé, qualifié de dextrogyre (parce qu'il tourne le plan de la lumière polarisée vers la droite), est d'origine synthétique.

Les sels, appelés « ascorbates », possèdent les mêmes propriétés physiologiques et sont donc inclus dans la dénomination générique « vitamine C ». Le nom « ascorbique » vient du préfixe grec *a* (privatif) et de *scorbut* (maladie induite par la carence de la vitamine), signifiant littéralement « anti-scorbut ».

Parmi toutes ses vertus, c'est son rôle d'antioxydant puissant qui nous intéresse en cosmétique. En collaboration avec la vitamine E et l'enzyme *glutathione peroxidase*, la vitamine C lutte contre les radicaux libres.

La coenzyme Q10 *(CoQ10)* ou ubiquinone

95 % de tous les besoins corporels en énergie sont transformés à l'aide de ce facteur conjoint d'une réaction sous l'« autorité » d'une vitamine. Il ne peut être remplacé par aucune autre substance. Toutes les cellules en ont besoin. Il devrait faire l'objet de compléments alimentaires quotidiens.

Le tocophérol *(vitamine E)*

C'est une substance possédant une activité antioxydante en conjugaison avec la vitamine C et le glutathion. Sur huit formes de vitamine E dénombrées, quatre sont rencontrées : l'*alpha-tocophérol* (le plus actif), le *bêta-tocophérol* et le *gamma-tocophérol* (d'activité vitaminique plus réduite), et le *delta-tocophérol* (pratiquement inactif). L'important est donc de savoir de quelle molécule il s'agit, avant de s'intéresser à sa concentration.

Le sélénium

Le sélénium est un oligoélément (c'est-à-dire que l'organisme n'en a besoin qu'en très petites quantités) potentiellement toxique. Sa toxicité est toute relative d'ailleurs et même mise en doute par certains. Elle serait en fait proportionnelle aux besoins, qui augmentent fortement au cours du vieillissement, des troubles inflammatoires et immunitaires.

Il agit dans l'organisme sous la forme d'une enzyme dont il est un constituant essentiel, la *glutathione peroxydase*, qui permet de potentialiser le métabolisme du glutathion. Cette enzyme travaille en harmonie avec la vitamine E de façon conjointe avec la vitamine C, en protégeant les membranes cellulaires contre les effets néfastes des radicaux libres.

Le sélénium est impliqué dans divers autres processus biologiques importants : mécanismes immunologiques (en stimulant les cellules produisant des anticorps) ; biosynthèse de l'ubiquinone (déjà citée comme antiradicalaire spécifique) ; biosynthèse de l'ATP mitochondrial (système énergétique indispensable à la vie cellulaire – on pourrait l'assimiler au « carburant » de son « réacteur »).

Les polyphénols

Les plantes ont à résoudre le même dilemme que nous vis-à-vis du soleil : elles vivent de sa lumière et souffrent des effets oxydants de son rayonnement. Mais elles ne peuvent ni se déplacer pour chercher de l'ombre, ni profiter de nos écrans. Il semblerait que ce soit la raison du développement au cours du temps de leur stratégie de protection naturelle extrêmement efficace. Nous y trouvons des combinaisons antiradicalaires qui luttent contre le stress induit par les ultraviolets sur les cellules et leur environnement. La majorité de ces phyto-antioxydants sont des polyphénols. Ces substances sont communément subdivisées en tanins, lignines, flavonoïdes et anthocyanes qui dérivent toutes de l'assemblement d'unités phénoliques. D'où leur nom de polyphénols (plusieurs molécules phénoliques).

PHÉNOL

Le phénol étant le premier membre d'un groupe comportant des « noyaux » aromatiques faits de l'union cyclique de carbone, et des fonctions hydroxyle (radicaux d'hydrogène associé à de l'oxygène) leur conférant des propriétés acides. Issus du métabolisme secondaire des plantes, ils ont en commun un pouvoir antioxydant remarquable.

On les retrouve dans le vin rouge (dont ils donnent la couleur de la robe), le chocolat, le thé vert, les agrumes, les pommes… Les myrtilles, les fraises, le litchi et le raisin sont les fruits les plus riches en polyphénols. L'extrait de grenade *(pomegranate extract – Punica granatum)* est également généreux en antioxydants polyphénoliques (*punicalagines*, *punicaline* et *acide ellagique* qui constituent le groupe des *punicosides*).

Les légumes ne sont pas oubliés, particulièrement l'artichaut, le persil, le brocoli ou les choux de Bruxelles. Mais les pommes et pommes de terre sont consommées en telle quantité qu'elles sont finalement en tête de leur origine alimentaire (alors qu'elles ne le sont pas en teneur spécifique). Encore un clin d'œil vers l'utilité de la complémentation.

Les chélateurs du fer

Le fer libre augmente la production de peroxydes (réaction de Fenton), très agressifs, et potentialise le stress oxydatif. (Un radical libre est une espèce chimique possédant un électron célibataire, donc non apparié, ce qui lui confère une certaine « soif de mariage » ou de propension à la perturbation des couples stables.) Ces chélateurs, sortes de molécules « collantes » qui se lient aux substances pour les soustraire à leur cycle métabolique, sont efficaces en applications locales pour lutter contre les radicaux libres provoqués par le rayonnement solaire.

Des expériences en laboratoire ont montré que l'application d'un topique contenant 5 % de 2-furyl-dioxine *(FDO)* conduisait à la suppression de l'érythème et retardait l'apparition des rides, comme des tumeurs induites par les ultraviolets.

Il existe peu de chélateurs synthétiques dans les cosmétiques, mais leur origine naturelle est sollicitée : *myricétine* (flavonoïde du raisin…), *kaempférol* (flavonoïde présent dans les épinards, qui sont justement pourvoyeurs en fer si on en croit Popeye et contiendraient de ce fait leur propre antidote, mais aussi dans les fraises, les brocolis…). Certaines substances ont une double fonction (antioxydante et chélatrice du fer) qui semble particulièrement intéressante pour lutter contre l'héliodermie et même le vieillissement cutané de façon générale. Les procyanidines (complexe de *polyphénols* contenus dans le vin rouge, le chocolat, la pomme, l'airelle…), la quercétine (flavonoïde du raisin, des fruits rouges, du thé, de la pomme, du brocoli…) et l'acide kojique (plutôt revendiqué comme dépigmentant dans les formules cosmétiques) en font partie.

Les acides de fruits ou alpha-hydroxy-acides *(AHA)*

En dehors du rôle antioxydant réparti au sein de leur famille, ils révèlent deux comportements qui dépendent de la concentration et motivent un intérêt particulier pour les cosmétiques : à faible concentration (2 à 5 %), ils ont un pouvoir hydratant en retenant l'eau à la surface de la peau ; à forte concentration (12 à 70 %), ils offrent un effet exfoliant jusqu'au peeling qui stimule la formation d'élastine et de collagène dans le derme.

Le fait d'être extraits de certains fruits leur vaut cette appellation facile, mais leur origine peut également résulter de la synthèse. Ce qui n'enlève rien à leur valeur.

Plus leur chaîne est courte et plus leur efficacité est forte. Ainsi, leur nature doit être dépistée au sein des mélanges *(blends)*. Une concentration globale n'en dit pas assez, il faut aussi connaître leur dénomination exacte.

L'acide glycolique (celui de la canne à sucre), qui a la plus courte chaîne moléculaire, est donc le plus efficace, mais aussi le plus irritant. Tout dépendra de sa concentration.

Parmi les autres : acide citrique (contenu dans les agrumes), utilisé comme conservateur sous le code européen E330 de la liste des additifs alimentaires ; acide malique (celui de la pomme) ; acide tartrique (présent dans le raisin).

Malgré leur nom générique, ils ne sont pas exclusifs des fruits, puisque le plus puissant de tous est issu de la canne à sucre. L'acide mandélique, par exemple, se retrouve dans l'amande amère, l'acide lactique dans le miel et le lait caillé (Cléopâtre utilisait les acides de fruits présents dans ses bains de lait d'ânesse sans le savoir).

Les poly-hydroxy-acides *(PHA)*, moins irritants, ont un fonctionnement similaire aux AHA. Mais leur plus grosse molécule s'oppose à la pénétration, ce qui les cantonne aux effets superficiels. L'acide lactobionique et la gluconolactone en sont les plus utilisés.

Quant aux bêta-hydroxy-acides *(BHA)*, étroitement liés aux variétés alpha (leur construction chimique est presque réalisée en miroir), leur principal représentant est l'acide salicylique retrouvé dans l'écorce et les feuilles de saule.

Le pH des crèmes (une échelle de mesure commune des valeurs acides et basiques) sera aussi lié à leur efficacité. Il ne devrait pas être supérieur à 5 (7 étant la neutralité, au-dessus on entre dans la basicité qui n'est pas compatible avec une fonction acide).

Pour repérer les acides de fruits sur l'étiquette des cosmétiques, voici leur dénomination INCI : glycolic acid, lactic acid, malic acid, citric acid, et toutes les dénominations construites sur le modèle « alphahydroxy... bêtahydroxy... ou polyhydroxy acid » de façon générale.

Les actifs des filtres et écrans solaires

Ce sont des photoprotecteurs externes, c'est-à-dire qu'ils s'interposent entre le rayonnement et la peau pour en contrôler les effets du flot. Leur classe est en perpétuelle innovation, répondant à une préoccupation certaine de santé publique. Aux écrans minéraux (qui réfléchissent la lumière) et chimiques (qui en absorbent l'énergie), est venu se greffer un troisième groupe : les écrans organiques qui régissent les deux modes de comportement.

Le procédé de protection minéral s'oppose au rayonnement par son effet « bouclier ». Les photons rebondissent sur des particules en étant soit réfléchis, soit diffusés, soit absorbés. Le pouvoir absorbant fut longtemps ignoré. Leur action réfléchissante les rendait peu attrayants (film blanc à la surface de la peau). Les progrès en granulométrie (taille des particules qui détermine leur comportement physique et leur réactivité chimique à l'égard de la lumière) ont modifié ce critère de choix. Ils peuvent à présent passer inaperçus. Actuellement, les pigments minéraux qui les composent sont plus ou moins sélectifs d'une plage étendue du rayonnement solaire (*UVA, UVB, visible* et *IR*). Il s'agit essentiellement d'oxyde de zinc qui se révèle plus ou moins opaque aux photons. C'est aussi le cas du dioxyde de titane, pour lequel il est fait état de potentialité cancérogène pour le poumon par le Centre International de Recherche sur le Cancer (CIRC). Ce risque concerne les ouvriers exposés à son inhalation (production ou utilisation industrielle du produit). Aucune étude n'a démontré la pénétration par la peau. Il existe une confusion due à l'interdiction des écrans

minéraux sur les plages du Mexique, face à l'action néfaste de ces particules sur les coraux qu'ils blanchissent. Il ne s'agit donc pas d'un problème de santé publique.

Le procédé de protection chimique se comporte comme un piège à « grains de lumière ». Les chromophores (molécules cibles de l'énergie filtrée, comme nous l'avons vu pour la mélanine) absorbent une partie du rayonnement lumineux. Ils sont beaucoup trop nombreux pour qu'on en tente une liste, même limitative. Disons simplement que si certains agissent sur les ultraviolets sans restriction de longueur d'onde, la plupart seront performants pour les UVB (essentiellement responsables du coup de soleil) et d'autres électifs pour les UVA (essentiellement responsables du vieillissement cutané). Il faut y ajouter les filtres aux IR *(infrarouges)* et même à la lumière visible.

Le procédé de protection organique ouvre la voie à l'utilisation de « grosses » molécules insolubles dans l'eau et dans l'huile, polymérisées en maillage au niveau de la couche cornée. Elles sont particulièrement stables et parfaitement tolérées. Le seul représentant au temps de la rédaction *(Tinosorb)* couvre un domaine d'absorption des UVA aux UVB, avec une prédilection optimisée pour les premiers.

Le soleil dans la peau

Qu'en est-il de l'indice de protection ?

Nous savons que le bronzage efficace passe par une phase d'érythème. C'est-à-dire d'un léger « coup de soleil » par accumulation du temps d'exposition qui lui est nécessaire. La peau a besoin d'un minimum de durée d'ensoleillement pour réagir. C'est la « dose érythémale minimale » (DEM). Bien sûr, chaque phototype prendra « son » temps pour y parvenir. D'une dizaine de minutes, voire moins, jusqu'à une durée illimitée pour les peaux résistantes aux ultraviolets. Normalement, le chiffre indiqué multiplie d'autant la période d'exposition suffisante au déclenchement du phénomène. En d'autres termes, un coefficient 2 offre deux fois plus de délai pour obtenir l'érythème qui induit le bronzage secondaire. Ce n'est pas tout à fait la même chose de dire que la peau est deux fois plus protégée, même si la conclusion semble presque acquise.

Pour ne rien simplifier, filtres et écrans ont un comportement spécifique. Souvent exclusifs pour les UVB ou les UVA, parfois au spectre plus large, actifs sur les deux et même sur le rayonnement visible et les infrarouges.

Malgré tout, il faut oublier cette idée de départ, trop théorique, et voir les choses d'un œil plus critique.

La raison essentielle est que la puissance des filtres s'épuise en augmentant leur indice. Pour le dire plus simplement, jusqu'à une force 20 les choses évoluent de façon assez linéaire en progressant très vite, mais au-dessus la courbe d'efficacité s'aplatit. Plus l'indice de protection augmente et plus la plage d'exposition supplémentaire gagnée se rétrécit.

Soyons clairs : un filtre UVB d'indice de protection égal à 2 arrête 50 % des ultraviolets, ce qui semble logique puisqu'il double le temps nécessaire à l'obtention du rougissement. Mais ce serait trop simple d'en rester à ce constat et surtout d'en conclure une équivalence identique à tous les étages. Car un indice 20 (donc de valeur dix fois supérieure) en arrête à peine deux fois plus (95 %) et le bénéfice se réduit encore lorsque nous passons à un indice 30 (97 % d'arrêt). La course aux indices élevés se heurte donc à un plafond de verre, puisque le niveau de protection est déjà saturé vers le niveau 50 (aucun filtre ne pouvant prétendre bloquer 100 % d'UV). D'où la règle adoptée d'en limiter leur maximum revendiqué à 50+ qui filtre 98 % des UV dangereux pour la peau. Ce qui justifie la disparition de la mention « écran total » devenue illégale.

Pour ne rien arranger, ce raisonnement ne s'adapte qu'aux UVB qui étaient au début les seuls visés. Maintenant que toute la plage de la lumière est « filtrable » et que la lutte contre le vieillissement cutané est venue seconder celle du risque cancérologique, les choses se compliquent encore davantage. Le problème est que l'indice de protection contre les UVA n'a pas de modèle standard international. Sa méthode de calcul n'évalue pas exactement les mêmes choses selon les laboratoires à travers le monde. Il est difficile de s'entendre sur leur degré d'efficacité, puisque par définition les UVA sont pénalisants à long terme. La pigmentation immédiate qu'ils provoquent en est-elle le reflet ?

Une harmonisation européenne

L'Europe s'est organisée pour uniformiser leur évaluation, sous l'égide de la fédération des industries cosmétiques (COLIPA). Il s'agit d'un coefficient établi à partir d'un test *in vitro* (PPD – pour l'anglais : *permanent pigmentation darkening*). Lorsqu'un produit solaire indique une protection élargie aux ultraviolets, un rapport au moins égal à 3 est retenu entre les filtres couvrant l'irradiation au profit des plus agressifs. En clair, ce ratio doit respecter un indice de protection UVB au moins trois fois supérieur à celui des UVA. Cette mesure souffre quand même d'incohérence, puisqu'elle opère sur des valeurs différentes dans l'approche et le mode de calcul. Le mieux serait d'établir un critère universel pour chacun des filtres dédiés aux protections contre les brûlures du coup de soleil et le vieillissement cutané.

Qu'en est-il de l'indice ultraviolet ?

Ce chiffre est totalement différent de celui qui mesure les filtres de protection aux UV. Encore un piège que nous allons essayer d'éviter. Il s'agit d'un indice solaire prévisionnel, un affinement météorologique publié en régions balnéaires qui évalue la quantité de lumière « agressive » au cours de l'ensoleillement. C'est une échelle mondiale d'information sur l'intensité des ultraviolets reçus, destinée à la protection contre les effets nocifs du soleil et recommandée par la Commission internationale de protection contre les rayonnements non ionisants, l'Organisation mondiale de la météorologie, l'United Nations Environment Programme et l'Organisation mondiale de la santé. L'affaire est bien bordée.

Comment est calculé l'indice UV ?

Il se cale sur la valeur de la « dose érythémale minimale ». Non plus en décomptant la durée écoulée pour obtenir le rougissement, mais en mesurant la quantité d'UV nécessaire à son aboutissement. Sur un sujet dit caucasien de phototype moyen, cette dose, évaluée en *irradiance* (énergie par unité de surface), est de 100 joules par mètre carré pour une peau très sensible et de 250 pour une peau dite à « réactivité normale ». À partir de là, il est assez facile de déterminer le temps d'exposition optimal en fonction des doses délivrées. Pour exprimer des nombres simples faciles à retenir (de 1 à 15, mais l'échelle reste ouverte), la valeur obtenue est multipliée par 40.

Dans le calcul de l'index, la hauteur du soleil sur l'horizon qui varie selon les saisons impose une correction, qui s'ajoute à son inclinaison selon les heures de la journée. Plus le rayonnement devra parcourir d'atmosphère pour atteindre la peau et plus il épuisera ses ultraviolets. C'est la raison pour laquelle l'indice UV n'est publié qu'en période d'ensoleillement maximum (du 1er mai au 15 octobre en ce qui concerne l'hémisphère Nord).

La prévision de l'indice UV prend aussi en compte la quantité d'ozone dans son élaboration. Sa couche (qui filtre les radiations les plus dangereuses et supprime les UVC notamment), plus faible depuis quelques années, subit des variations quotidiennes. D'autres corrections sont ensuite apportées en fonction de l'altitude et de la couverture nuageuse pour différentes régions.

Par exemple, l'indice UV varie en France métropolitaine de 2 à 9 en plaine et augmente de 10 % tous les 1 000 mètres. Sa valeur en montagne est donc plus élevée. Il dépasse 12 et peut atteindre 15 (même 20, puisqu'il n'y a pas de limite théorique) entre les tropiques et l'équateur selon la saison et la hauteur. L'état du ciel est un élément important, mais il faut toujours se méfier des nuages qui ne filtrent qu'une faible partie du rayonnement (80 % des UV les traversent sans les voir). Sans oublier la réverbération incidente, loin d'être négligeable (moins de 10 % pour l'herbe, la terre et l'eau, 10 à 25 % selon la nature du sable, 80 % pour la neige – ce qui explique la couleur des visages de retour des sports d'hiver).

L'imprudence brûle, même quand la brillance du soleil se masque ou que sa chaleur n'est pas ressentie.

Comment interpréter l'indice UV?

Un indice UV est faible de 0 à 4.

Attention, une exposition de plus d'une heure, en particulier en montagne où les UVB se font la part belle, nécessite malgré tout une protection et des lunettes de soleil.

D'ailleurs, même la lune, en haute altitude, peut réfléchir suffisamment de rayonnement amplifié par la neige pour déclencher une réaction. Eh oui! il existe aussi des coups de lune.

Un indice UV est moyen de 4 à 7.

La protection est nécessaire, en particulier de 11 heures à 16 heures (ce décalage par rapport au zénith résulte de l'adoption des heures officielles locales et son créneau ne tient pas compte de l'altitude). L'écran solaire n'est pas toujours suffisant. Le temps pour affecter la santé est estimé à trente minutes. Au-delà, il faut rechercher l'ombre, porter un chapeau, des lunettes de soleil et un vêtement qui absorbe le rayonnement (de couleur sombre, mais la chaleur augmente); d'autres tablent sur ceux qui le réfléchissent (de couleur vive), j'avoue rester perplexe et préférer la deuxième solution. En tout cas, choisissez-le couvrant et non pas symbolique, au tissage serré (certaines fibres incorporent des filtres aux ultraviolets) et pas trop près du corps. Là encore, ce seront les heures d'exposition qui dicteront la conduite. Le matin et en fin d'après-midi, vivez votre vie sans trop vous poser de questions.

Un indice UV est fort de 7 à 9 et extrême au-delà.

C'est le niveau de risque maximum. Le temps d'exposition à ne pas dépasser est de vingt minutes, en dehors des heures où l'ombre portée du soleil est plus courte que la taille de l'individu, qu'il vaut mieux éviter. La peau risque de brûler et sa dégradation est engagée. Les crèmes protectrices sont un minimum. Il faut se couvrir et respecter les consignes déjà préconisées pour l'insolation d'indice moyen.

Comment choisir un produit de protection solaire?

Que vous achetiez votre crème en Australie, en Californie ou en Europe, comme partout dans le monde, c'est le chiffre mis en évidence qui dictera votre choix. Les mentions légales indiquent soit l'indice de protection (IP), soit le facteur de protection solaire (FPS), soit le *sunburn protection factor (SPF)*. Il s'agit de la même chose. Ouf !

Attention au piège qui consiste à croire que l'indice de protection multiplie d'autant le temps d'irradiation (car c'est ce qui se dit quand on veut trop schématiser les choses). Si c'était vrai, un indice 50 permettrait de s'exposer au soleil sans risque cinq cents minutes (pour les DEM de dix minutes, donc celles des peaux assez sensibles), soit presque neuf heures de plein soleil ! Essayez, et vous m'en direz des nouvelles. En revanche, la protection naturelle se renforce avec le bronzage, lui-même soumis à un délai pour être efficace. Sa progression régulière, si elle reste sage, permet d'ajouter dix minutes d'exposition quotidiennes supplémentaires dont il prend la charge.

Le développement sur la valeur réelle des indices et la prise en compte de celui de l'ensoleillement nous placent maintenant sur une tout autre logique. Celle qui vous permettra de relativiser le discours habituel en fonction du risque.

Mais le conditionnement du produit aura aussi son importance, comme sa résistance à l'eau par exemple. Le problème vient de la cible et du contexte d'étude selon les critères retenus. Filtres, vecteurs et excipients appropriés sont combinés et ne seront pas toujours identiques (la montagne et la mer ne présentent pas les mêmes dangers, les rayons responsables de la brûlure ne sont pas les plus accusés de vieillissement). Il semble qu'une certaine harmonie soit respectée en ce qui concerne la « plage qui brûle », mais que les violons soient encore désaccordés pour la « plage qui vieillit ».

Quel produit solaire utiliser en pratique ?

Pour les indices de protection à un chiffre, l'effet bénéfique est négligeable. Donc d'utilisation déconseillée en matière de prévention, voire inutile, même sous indice faible d'UV. Ou alors dans la nuit, lorsque nous sommes illuminés d'un seul regard.

De 10 à 15, la protection est satisfaisante, à condition de ne pas s'exposer sous un indice UV d'intensité supérieure à 2.

Entre 2 et 4 d'indice UV, la protection doit monter à 20 pour avoir un sens préventif, ou plus en cas de peau sensible. C'est donc un minimum en bord de mer sous nos latitudes.

Pour les expositions fortes, les produits protecteurs seront choisis en fonction des risques (âge et type de peau). Le comportement actuel vis-à-vis des expositions solaires établit une saturation des doses cumulées admises dès la 20e année. En outre, aucun coup de soleil ne devrait se répéter dans l'enfance, car les mécanismes de réparation n'y sont pas encore parfaitement fonctionnels. En tout cas, un enfant de moins de 1 an devrait rester à l'ombre. Prendre le risque de l'exposer au soleil de façon prolongée au cours de ses dix premières années reste un comportement inconscient (ce n'est pas du mépris, mais le mot précis pour dire qu'il y a méprise sur le danger).

Les coefficients élevés seront préférés et leur galénique vérifiée (*waterproof* si la baignade est au programme). Ils devront être très résistants en haute montagne et bien adaptés au froid. Selon les cas, 30, 40 ou 50 auront notre préférence d'indice de protection. Retenons que le calcul de leur force est réalisé pour une certaine quantité de crème par unité de surface de peau protégée (2 milligrammes par centimètre carré) et que ce critère est rarement respecté au niveau de l'application (habituellement inférieure à la moitié), comme le fait de la renouveler toutes les deux heures. Compte tenu de ce que nous venons de dire, il devrait être étalé sur la peau d'un adulte deux tubes de crème par journée d'exposition (pour une contenance standard de 50 millilitres). Car le produit perd de son efficacité au cours du temps, non seulement par dégradation physique (élimination) mais aussi par dénaturation chimique sous l'action des ultraviolets qu'il filtre.

Finalement, utiliser un écran de force 50+ n'est jamais un mauvais choix, même s'il est abusif. C'est en dessous et en fonction du désir de brunir, malheureusement assujetti d'un gage de vieillissement accéléré, que seront utiles tous ces calculs savants pas toujours évidents. Quant aux lampes à « bronzer », elles viennent assombrir le pronostic (plus que la peau) et brouiller toutes les pistes en accélérant les facteurs de risque. Depuis les phénomènes de dégradation cutanée, jusqu'à l'accumulation de doses de rayonnement mutagènes, celles qui génèrent les tumeurs, dont le mélanome malin se taille la part majeure de la gravité. Car les UV abîment l'ADN de nos cellules cutanées et peuvent modifier leur message génétique. Mais gardons à l'esprit tout de même qu'une exposition solaire réfléchie est utile et même bénéfique, puisque, en dehors de sa nécessité pour la production naturelle de vitamine D, un rôle protecteur sur les organes internes (diminutions de *néoplasies viscérales* que nous avons dévoilées au chapitre sur la dynamique de la peau) est maintenant avéré. Il existe une retenue légitime des organismes de santé publique dans la diffusion de cette information à manier avec précaution, car elle pourrait justifier des excès catastrophiques.

Comment vivre sous le soleil des vacances ?

La plage d'ondes qui encadre la lumière solaire « réactive » au niveau de la peau partage son spectre en 52 % qui nous éclairent, le rayonnement visible, 44 % d'infrarouges, qui justifient la chaleur ressentie, et 4 % d'ultraviolets, pour seulement 0,4 % d'UVB (ce qui laisse entrevoir leur susceptibilité et la possibilité de pouvoir s'en protéger).

Au cours des années quatre-vingt, tout jeune dermatologiste, je soutenais un article dans le magazine *Elle*. Il modérait le discours relatif à l'exposition solaire estivale sans encourir les foudres de Jupiter. La chronologie de la prise en compte du phénomène dans sa globalité fut reprise par la suite de façon récurrente. Pourtant, il sera bien difficile (sinon impossible) de trouver cette façon de le dire antérieurement à la rédaction de ce texte qui systématisait une certaine logique nouvelle. Tant en ce qui concerne la préparation mécanique de la peau elle-même (dont nous lisions habituellement le contraire) que pour les gestes utiles au décours de l'exposition. C'est donc sans le moindre complexe que la suite en reprendra les idées essentielles.

D'abord se préparer à exposer la peau nue au soleil, puis se protéger du rayonnement au cours du bain de lumière, enfin accompagner les effets à potentiel délétère. La séquence est donc simple, avant, pendant et après.

Avant, le maître mot est « préparation ». Cette première phase pourrait être dite passive, dans la mesure où elle procède sur le terrain sans qu'il y ait une modification radicale de l'activité cellulaire de l'épiderme. Ce qui n'est pas tout à fait exact, car les exfoliations ou légers peelings conseillés pour obtenir une surface où la couche superficielle comporte des « unités » à peu près de « même âge » supposent un renouvellement et donc leur réactivation. Préférons-lui la comparaison avec l'entraînement actif d'une troupe d'élite.

C'est le rôle des compléments alimentaires, des masques et bains exfoliants (à manier d'une main légère), comme des cosmétiques de soin axés sur le bien-être. Le but sera de présenter au soleil une peau bien hydratée, préparée contre les désordres pigmentaires et libre de toute inflammation (ce qui sous-entend l'arrêt des produits irritants dans leur mode d'action, comme la vitamine A acide, que nous retrouverons au temps de la réparation).

Pendant, le maître mot est « adaptation ». La phase d'exposition pourrait être appelée phase active d'alerte. C'est le moment où les processus de défense naturels vont être sollicités au cours de la lutte contre le rayonnement, car il s'agit quand même d'une guerre. Selon la force de l'agression, la défense sera adaptée ou débordée. Qu'elle soit supérieure et disproportionnée à l'attaque ne pose pas de problème, mais son insuffisance engagera la bataille suivante.

C'est le temps des produits de protection contre les dégâts solaires, qui ne présentent plus pour vous le moindre secret. Encore faut-il bien utiliser la crème qui leur est destinée. Il suffit d'observer sur une plage la manière peu orthodoxe avec laquelle elle est appliquée, pour se convaincre que le conseil est loin d'être superflu.

Après, le maître mot est « réparation ». La peau bronzée s'est aussi épaissie et sa desquamation fera l'objet d'une attention toute particulière. Ce sera une phase active d'arrière-garde. Bien gérée, elle sera harmonieuse et disgracieuse dans le cas contraire. Bien sûr, la bonne exposition conditionnera le meilleur résultat. Un excès d'irradiation anarchique provoquera des éliminations épidermiques par plaques d'un très vilain effet (sous la dépendance des « *sunburn cells* » qui créeront des hiatus de cohérence). Le pire étant obtenu dans les suites du « coup de soleil » équivalant à une brûlure. Les méthodes exfoliantes seront à nouveau convoquées. Mais ce seront les traitements actifs sur la régénération qui prendront l'avantage. Il faudra s'occuper de l'épiderme (crèmes réparatrices des couches superficielles), mais également du derme (lutte contre l'*héliodermie*, c'est-à-dire contre le processus de dégradation des fibres d'élastine et de collagène). Les taches seront souvent au rendez-vous, avec toujours les mêmes questions et malheureusement les mêmes réponses suivies de leur cortège d'insatisfactions. Enfin, une relance du renouvellement cellulaire devra être engagée, ce qui ne plaît pas toujours quand il s'agit de porter atteinte au bronzage si difficilement acquis. Aussi, le conseil cosmétique devra s'adapter à chacun, car rien ne serait plus dommageable que de penser aboutir en portant ombrage. Un peu d'humour pour dire qu'une séquence trop contraignante restera sans espoir d'être suivie.

Il me vient en tête une anecdote historique qui pourrait illustrer de façon parabolique cette dernière remarque. Il s'agit d'un passage de la vie d'Alexandre, fils de Philippe II de Macédoine, qui remarqua que Bucéphale avait peur de son ombre. Il était ombrageux. Il lui fallut dépenser quelques talents* pour l'assagir, puisque son père l'avait chargé de payer le cheval, qu'il trouvait trop rétif, avec les siens s'il n'arrivait pas à le dompter. Ce qu'Alexandre réussit à faire en le plaçant face au soleil. Par la suite, Bucéphale n'accepta plus de cavalier en dehors de celui qui avait effacé sa crainte.

À chaque étape, l'hydratation et la lutte contre les radicaux libres restent prioritaires, comme le sont d'une façon générale les compléments alimentaires. Une seule réserve cependant : ils ne doivent pas contenir de bêta-carotène, qui occupe néanmoins sa place au sein des antioxydants et garde toute sa valeur en applications externes, car les instances officielles en matière de prévention contre le cancer le déconseillent. Il fut pourtant préconisé il n'y a pas si longtemps pour préparer la peau aux allergies solaires (notamment l'urticaire où son effet était souvent spectaculaire). Mais en matière médicale, les choses restent vraies tant qu'on ne prouve pas le contraire.

Le bêta-carotène au banc des accusés

L'étude présentée par l'Inserm-Institut Gustave-Roussy l'estime associé à un risque accru de cancers liés au tabac chez les fumeuses. Or, paradoxalement, leur risque diminue avec sa consommation croissante chez celles qui ne fument pas ! (Résultats publiés dans le *Journal of the National Cancer Institute* en septembre 2005.) Cet effet inverse, selon le statut tabagique dans un contexte sexuel, montre, s'il en était besoin à ce stade de votre lecture, que les questions qui se posent n'ont pas toujours de réponse carrée. D'ailleurs, les auteurs de cette étude soulignent en conclusion que, malgré cette suspicion, on ne peut cependant recommander aux fumeurs d'éviter de consommer des aliments qui en sont riches, comme les fruits et les légumes, dans lesquels d'autres composants pourraient s'opposer à l'interaction potentiellement délétère entre le bêta-carotène et le tabac. J'ajouterai, plus humblement, qu'il vaut mieux leur conseiller d'arrêter de fumer.

Si tout ce qui se conçoit bien s'énonce clairement, tout ce qui s'énonce clairement ne se conçoit pas toujours bien. Il reste nécessaire de mieux comprendre dans quelles conditions (notamment liées au tabac et à l'ambiance hormonale féminine, mais aussi à la consommation d'alcool, l'association des trois étant explosive) ce caroténoïde, transformé en perturbateur biologique, perdrait son caractère antioxydant et deviendrait pervers.

*L'auteur joue sur le mot talent, en associant celui d'Alexandre (puisqu'il réussit à dompter Bucéphale) à la monnaie de la Grèce Antique (puisqu'il aurait dû le payer s'il n'y était pas arrivé).

Autres substances d'action ciblée

Les provitamines, présentes dans notre alimentation, sont converties en vitamines dont le rôle est de potentialiser des actions enzymatiques. Leur utilisation dans les cosmétiques est légitime et encore davantage dans la complémentation.

Le panthénol *(provitamine B5)*. En dehors d'un effet hydratant, c'est l'un des éléments constitutifs d'un complexe enzymatique *(coenzyme A – CoA)* qui intervient dans le métabolisme des protéines et des lipides, notamment sur les épithéliums cutanés, muqueux et semi-muqueux. D'où son intérêt pour les lèvres.

Le bisabolol existe à l'état naturel dans plusieurs plantes (dont *Vanillosmopsis erythropappa*, qui est un arbre brésilien dont le bois en est particulièrement riche). Cet actif est connu pour ses actions adoucissantes et apaisantes sur la peau. Il a également une action anti-inflammatoire, antiseptique et cicatrisante.

Le phényléthyl résorcinol est un antioxydant qui influence la production de pigment et revendique un effet « éclaircissant » du teint.

L'hydroxyde de potassium règle le pH de la crème, ce qui se révèle important pour l'action des acides de fruits par exemple.

L'acide kojique est l'un des fleurons des molécules « dépigmentantes ». Aucune ne pouvant rivaliser avec l'hydroquinone (retirée du marché des cosmétiques, la raison en est donnée plus loin), ce sera donc souvent par comparaison avec lui que seront évaluées les vertus des autres.

Mais le *Scientific Committee on Consumer Products (SCCP)* s'est récemment prononcé contre son utilisation au-delà de 1 % dans un produit de soin appliqué régulièrement. Un risque pour la santé du consommateur est pressenti au-dessus de cette concentration souvent atteinte, voire dépassée, dans les crèmes éclaircissantes... Il est interdit au Japon pour raison d'induction possible de cancers de la peau. Par ailleurs, son action ne se limiterait pas à freiner la synthèse de mélanine *(mélanogénèse)*, mais il induirait également l'apoptose (mort cellulaire sur signal « suicidaire ») de mélanocytes. Dont acte.

L'acide azélaïque atterrit dans le même giron. J'en aurais préféré une destinée plus éclatante, en voici la raison.

Lorsque j'étudiais la dermatologie à l'hôpital Saint-Louis, le professeur Duperrat nous avait alertés par une nouvelle qui semblait le bouleverser. Il venait d'assister à la disparition de toute trace d'un mélanome après application sur la lésion d'une crème préparée en laboratoire à partir du champignon responsable du « pityriasis versicolor ». Beaucoup d'amateurs de bains de mer connaissent cette mycose qui réalise des taches blanches sur le corps bronzé. Le chercheur à l'origine de l'expérience s'était demandé si cette particularité d'action sur la mélanine ne pouvait pas s'appliquer aux désordres constatés de sa synthèse, et pourquoi pas au mélanome lui-même. Immédiatement, quelques élèves furent chargés d'enquêter sur le sujet. J'en faisais partie. Certains, dont nous étions, espéraient découvrir une action immunomodulatrice associée. Il est permis de rêver. Les cerveaux entraient en ébullition. De toutes les substances diffusées par le champignon, c'est l'acide azélaïque qui fut prétendu actif, car la dyschromie du pityriasis versicolor est due à sa sécrétion par Malassezia furfur (hôte respecté de notre chevelure), qui exerce une action cytotoxique sur les mélanocytes avec inhibition de la synthèse de mélanine. Mais, à l'évidence, les résultats n'ont jamais comblé nos espérances. Finalement, il fut commercialisé car on lui trouva des vertus anti-acnéiques dans les formes bénignes et rosacées, ou sur la chute des cheveux qu'il freinerait. Y aurait-il comme un parfum de déshérence dans l'air, un acharnement désordonné à vouloir justifier le temps passé à ne rien découvrir d'essentiel en héritage ?

Actuellement, il nous revient sur le thème du départ (action inhibitrice sur la *tyrosinase* impliquée au cours de la *mélanogénèse*), en l'associant à des molécules diverses. Il semblerait qu'un certain bonheur en accompagne les formules nouvelles. Il est vrai que la crème d'origine le mêlait à d'autres substances dans la culture du champignon, réalisée sur la paillasse d'un laboratoire sans beaucoup de rigueur scientifique. Malheureusement, toutes n'ont pas pu faire l'objet d'une étude précise. Sorti par la porte de l'édifice assez désert des actifs dépigmentants, l'acide azélaïque rentre par la fenêtre, comme un courant d'air. Laissons-lui encore la chance qu'il mérite, il n'a peut-être pas dit son dernier mot.

Deux molécules sont sous les projecteurs médiatiques

DHEA et dérivés

La **déhydroépiandrostérone** est une hormone présente dans le corps humain, sécrétée par les glandes surrénales. Sa concentration diminue avec l'âge. Comme l'utilisation de produits d'origine humaine est interdite, la DHEA est conçue en laboratoire à partir d'une saponine d'origine végétale *(diosgénine)*. Déjà se pose le problème des vertus de son origine.

Elle intervient dans la fabrication des hormones sexuelles *(testostérone, œstrogène, progestérone)*, entre autres, car son champ d'action serait plus vaste encore. Son effet « star » vient d'un engouement dû aux affirmations de certains, qui lui confèrent un pouvoir de rajeunissement général du corps et de ses sensations. Le stress et l'âge ont une action inhibitrice sur ses réserves dans l'organisme, ce qui tend à laisser penser qu'il y a corrélation entre le taux de DHEA et le vieillissement.

Comme il est interdit d'inclure des hormones dans les cosmétiques, on utilise des dérivés dont les effets ne sont pas démontrés, si tant est que les premiers le soient réellement (du moins au plan de la durée de vie sinon de son confort).

DMAE et son mystère

Le **diméthylaminoéthanol** facilite la synthèse de neurotransmetteurs. Le fait qu'il ait une action directe sur les muscles peauciers est une aberration, puisqu'ils se situent anatomiquement sous le plexus dermique profond et que sa trace éventuelle à ce niveau serait drainée par le torrent vasculaire avant tout espoir de les atteindre. Donc, pas d'action musculaire dynamique directe *(« anti-Botox-like »)*, contrairement à ce qui se laisse dire au travers des publicités et articles fantaisistes (comme pour les molécules concurrentes prétendant un effet inverse d'ailleurs).

En fait, on utilise le DMAE dans l'industrie cosmétique car il a un léger effet raffermissant et tenseur sur la peau dont l'origine n'est pas bien connue. Cet effet pourrait être dû à une stabilisation des membranes, à une augmentation d'acétylcholine, à une réduction des dépôts de lipofuscine ou à aucune de ces raisons. Le DMAE ne peut effacer le flétrissement facial, mais peut réduire sa progression. Il semble que les effets soient plus marquants avec un usage sur le long terme.

François Marceau, professeur à la faculté de médecine de l'université de Laval, a constaté que le contact entre le DMAE et les fibroblastes dermiques faisait gonfler rapidement les cellules. Avec le gonflement de la peau, rides et ridules s'estomperaient le temps que dure l'action de la molécule.

Sain ou malsain ?

Dans leurs tests *in vitro*, les chercheurs ont constaté que le gonflement cause « un ralentissement important de la division cellulaire » et la « mort d'un pourcentage significatif de fibroblastes ». Vingt-quatre heures après une mise en contact s'apparentant à une application normale de crème antirides, le taux de mortalité a atteint le quart des cellules étudiées ! Ce qui conduit à exposer le problème en d'autres termes : est-il profitable, sinon logique, d'inonder la peau du visage de molécules qui forcent l'hydratation à tout prix ?

Que se passe-t-il ? De petites vésicules augmentent brusquement de taille à l'intérieur des cellules. L'étude semble indiquer qu'elles absorbent massivement la molécule responsable et de l'eau.

Que faut-il en penser ?

Il n'existe pas encore de test *in vivo*. Ce manque de données scientifiques sur les effets de perturbation métabolique modifiant le comportement des fibroblastes en situation réelle ne permet pas de se prononcer catégoriquement.

Compte tenu de la forte exposition médiatique du DMAE, de nombreuses sociétés de cosmétiques proposent des produits qui en contiennent. Pour affiner vos choix, sachez que la molécule (parfois au féminin quand on parle de diméthyléthanolamine) est une substance peu coûteuse et sans exigence technologique particulière pour en assurer la protection ou la vectorisation qui peut justifier une marge substantielle. À moins qu'il n'y ait des arguments essentiels qui m'échappent en la matière.

Quand la nature vient à notre aide

Prenons de la graine à Madagascar

Les ingrédients cosmétiques actifs issus d'une cardamome malgache, *Aframomum angustifolium* ou longoza, sont des acides gras contenus dans l'huile extraite de ses graines au moyen d'un solvant apolaire.

Ils sont réputés avoir une activité antivieillissement de qualité et une très bonne compatibilité dans le contexte d'une application topique dénuée d'effet irritant.

L'extrait de graines de longoza est utilisé pour réduire ou freiner l'apparition des rides en restaurant la structure du derme, par le biais d'une action qui stimule la synthèse du collagène (en particulier du collagène VII présent à la jonction dermo-épidermique), conjointe à une action bénéfique sur les fibres oxytalanes et les fibres d'élaunine (fibres d'élastine préliminaires ou immatures du derme superficiel). La cible privilégiée est l'étage réticulaire, riche en armature et pauvre en cellules, qui s'imbrique en papilles avec les crêtes épidermiques et conditionne en grande partie l'aspect lisse et la consistance rénitente de la peau jeune.

Avec le temps et l'ensoleillement, le collagène s'appauvrit et s'enraidit, les fibres élastiques se raréfient et se fragmentent. S'ensuit une élastose dégradante, qui conditionne l'un des processus les plus classiques des rides acquises au cours du vieillissement. Voilà où se situe l'action bénéfique des actifs de longoza. L'effet agit par protection, réparation ou restauration de l'élasticité et de la fermeté de la peau, donc contre les dégradations résultant surtout du rayonnement actinique, essentiellement ultraviolet (héliodermie), qui pénalise particulièrement l'architecture fibrillaire du derme.

L'herbe du tigre

Centella asiatica est une plante herbacée annuelle (de la famille des ombilifères qui contient plus de 3000 espèces) originaire d'Asie et d'Océanie, qui apprécie les sols marécageux. (Elle est connue également sous le nom scientifique de *Hydrocotyl asiatica* et différents noms locaux, *Antanan*, *Pegaga*, *Brahmi* et *Gotu kola.)* Il se dit qu'un Chinois, Li Ching-Yun, au XVIIIe siècle, qui en consommait régulièrement, aurait vécu 200 ans ! De quoi laisser rêveur.

Elle est surnommée « l'herbe du tigre et de l'éléphant » parce que ces animaux blessés s'y roulent dedans pour soigner leurs plaies. Le fait qu'ils détiennent le record de taille et de poids des félins pour l'un et des mammifères terrestres pour l'autre n'est peut-être pas étranger à ce que la médecine asiatique lui prêtât, en dehors d'un effet de jouvence, des vertus liées à la force physique et par extension des pouvoirs aphrodisiaques.

Au bout de longs pétioles d'une vingtaine de centimètres développés sur une tige rampante, quatre ou cinq feuilles en forme de rein sont disposées en rosettes. Les fleurs, discrètes, d'un vert rosé ou rougeâtre, contenues dans une bractée qui les protège (intermédiaire entre la feuille et le pétale), poussent près du sol en ombelle (faisceau de pédoncules qui les regroupent). On récolte toute la plante, y compris les racines, et toute l'année, pour en extraire des acides et des hétérosides (dont l'*asiaticoside* représente l'actif essentiel identifié en 1940). Ils possèdent individuellement des vertus plus ou moins équivalentes, que l'on retrouve associées si on les assemble.

Ont été isolés des acides organiques *(asiatiques, madécassiques)*, des hétérosides *(asiaticosides, madecassosides)*, des *alcaloïdes* et des *saponines*, qualifiés d'antioxydants, de restructurants épidermique et dermique, de cicatrisants, d'anti-inflammatoires, d'antiseptiques (pour l'association des deux acides) et d'« anti-âge ». Ce qui rejoint la réputation millénaire en pharmacopée indienne et chinoise. Un cocktail bien sympathique pour des produits de beauté.

Un cactus qui ne manque pas de piquant

L'aloe vera *(Aloe barbadensis Miller)* est l'une des 300 variétés d'aloès qui appartiennent à la famille des liliacées (encore appelée *Aloe barbadensis* ou *Aloe vulgaris*). C'est une plante vivace ressemblant à un cactus, qui affectionne les terrains sablonneux sous climats chauds et secs (mais l'apport en eau est plus exigeant que ne le laisserait supposer sa rusticité).

Originaire d'Afrique du Nord, elle pousse spontanément dans le sud de l'Europe et se cultive facilement partout dans le monde.

Son nom est dérivé du mot arabe *« alloeh »*, en raison du goût « amer » du suc contenu dans les feuilles.

L'aloe vera (aloès vrai) est utilisé pour ses vertus cosmétiques et médicales depuis plus de 1 000 ans. D'abord mentionné sur des papyrus égyptiens qui en évoquent déjà les modalités d'application sur la peau, on retrouve sa trace en Mésopotamie et dans la Grèce antique. Les premiers plants auraient été introduits en Amérique au cours de la colonisation espagnole.

La plante peut atteindre 1 mètre de hauteur à maturité (quatre ou cinq années sont nécessaires avant d'en extraire son gel). Les racines sont très courtes (ce qui explique le besoin en eau relatif). La tige, petite et ligneuse, porte un faisceau de feuilles lisses de section triangulaire, ce qui autorise un « centre » charnu qui contient la pulpe. Les plus grandes peuvent atteindre 80 centimètres de longueur. Les fleurs tubulaires, jaunes ou orange, se disposent en épis.

De couleur verte, bordées d'épines jaunes et se terminant en pointe, les feuilles s'apparentent à la peau. Sous leur cuticule protectrice se trouvent l'épiderme, puis le derme cellulosique parcouru par une sève rouge brunâtre (le « sang » de l'aloès). Plus centrale, une pulpe épaisse et transparente dont on peut extraire un « gel » incolore et sans odeur contient beaucoup d'eau et de sucres *(polysaccharides)*.

L'exsudat issu des couches plus superficielles de la feuille (couches épidermiques) est un liquide jaune et extrêmement amer contenant l'« aloïne » (produit résineux).

Du pressage global des feuilles s'obtient un liquide gélatineux et opalescent. On y trouve, entre autres résines, tanins, polysaccharides et acides aminés (18 revendiqués), de nombreux éléments nutritifs (plus de 70) et une multitude de composants (plus de 250), dont une vingtaine de minéraux (phosphore, potassium, calcium, chlore, fer, zinc...), et une douzaine de vitamines (A, E...).

On prête à l'extrait total du gel d'aloe vera des effets bienfaisants sur la cicatrisation des plaies, des brûlures et des lésions dues au froid. En fait, sur les agressions physiques de la peau. Mais ces propriétés sont difficiles à vérifier, car certaines substances diminuent et d'autres augmentent un même phénomène. Par ailleurs, au temps de la rédaction de ce livre, l'efficacité de tous les composés n'est pas encore identifiée de façon sélective. Néanmoins, nous pouvons proposer une liste d'actions bénéfiques, en dehors de l'hydratation commune à beaucoup d'ingrédients cosmétiques.

Action cicatrisante. La présence de glycoprotéines (*lectines*, connues pour leur pouvoir cicatrisant) augmenterait la multiplication des kératinocytes (restauration de l'épiderme) et la croissance des fibroblastes (derme). Avec accélération de la vitesse de cicatrisation par stimulation de la synthèse des collagènes et de la substance fondamentale du derme. Il y aurait aussi une formation de nouveaux vaisseaux favorisant la cicatrisation des brûlures (testé sur l'animal).

Mais les gels diffèrent selon l'origine, le climat, la région et les méthodes d'extraction. Ainsi, d'autres expérimentations ont à l'inverse montré un retard de cicatrisation. Il serait dû à la présence de molécules phénoliques dans certaines récoltes qui s'opposent à l'action des lectines. Il faudra s'assurer de leur absence.

Action anti-inflammatoire, encore probablement due à la présence de glycoprotéines (vérifié en laboratoire).

Action sur les défenses immunitaires. On sait que l'exposition aux ultraviolets affecte les défenses immunitaires. Certains sucres et une molécule particulière *(G1C2F1)* seraient responsables d'une action contraire.

Action dépigmentante. L'aloésine contenue dans le gel diminue expérimentalement l'activité des mélanocytes, en agissant de façon compétitive sur les modalités de synthèse de la mélanine. Une action conjointe sur la prolifération cellulaire augmenterait le pouvoir cicatrisant.

Toutes ces vertus, constatées, supposées ou démontrées, motivent la présence de l'aloe vera dans de nombreux produits cosmétiques. Ceux qui ciblent la protection et la réparation des dégradations dues à l'exposition solaire l'utilisent souvent.

Un prix d'excellence pour l'huile de jojoba

Très discrète, cette huile n'est pourtant pas un simple corps gras qui participe aux formulations des cosmétiques parmi tant d'autres. Elle peut revendiquer une action qui lui est propre.

HUILE DE JOJOBA

Son nom scientifique *(Simmondsia chinensis)* serait une erreur de dénomination du botaniste Link. Il aurait interprété la mention NCalif (sûrement en rapport avec la Californie sur les notes manuscrites du découvreur Nuttal en 1836) avec China.
Il s'agit d'un arbuste sauvage qui ne dépasse guère 2,5 mètres à l'état naturel et pousse tout seul, en plein soleil, dans les zones semi-désertiques du nord du Mexique et des États-Unis (sud de la Californie et Arizona). Les graines de ses fruits, appelées « amandes », « fèves » ou « noix » (qui sont de la taille d'une olive, le feuillage des deux arbres se ressemble d'ailleurs), se récoltent en automne. On en extrait une huile par pression à froid (donc écologiquement superbe, comme l'huile d'olive déjà

appréciée pour ses polyphénols et acides gras libres de qualité). Les essais de domestication ont vite intéressé les pays développés possédant des terres arides. La plante ne s'est pas laissé faire facilement, mais s'offre gratuitement aux peuples déshérités en étirant ses racines sur 30 mètres, ou plus, pour aller chercher l'humidité! Depuis la fin du dernier quart de siècle, la production commerciale s'est étendue à l'Argentine, l'Australie, l'Égypte, Israël et le Pérou. Son nom indien était *« hohowi »*, qui est devenu « jojoba » en espagnol. Dénommée encore « or du désert », les bergers l'appellent aussi *« goatnut »* – « noix de chèvre » qui les apprécient.

En fait d'huile, il s'agit plutôt d'une cire liquide qui se rapproche de la composition chimique du sébum sécrété naturellement par nos glandes sébacées. Elle avait déjà bonne réputation avant de conquérir les cosméticiens, lorsqu'ils ont pensé qu'elle serait une excellente alternative au blanc de baleine. Encore un bon point pour l'écologie. Elle réserve beaucoup d'autres surprises étonnantes.

C'est une huile végétale stable, qui ne rancit pas. Elle résiste à l'oxydation et ne demande donc aucun conservateur.

Elle supporte les montées à très forte température, comme les huiles minérales, sans perdre ses qualités.

Elle n'est absolument pas métabolisable et pourrait constituer l'huile de régime par excellence, puisque dénuée d'apport calorique et par ailleurs d'un goût fruité très agréable.

En plus de ses vertus cosmétiques, c'est la seule huile qui peut aussi bien s'utiliser dans un moteur de voiture, une lampe à brûler, une vinaigrette ou pour frire les aliments. Elle pourrait devenir la chance économique des pays aux terres stériles, trop ensoleillées, où l'eau manque terriblement.

Les propriétés de l'huile de jojoba sont excellentes pour la peau.

Émolliente, elle s'incorpore à l'épiderme et serait utile au renouvellement cellulaire.

Équilibrante, par sa parenté avec le sébum, elle jouerait en faveur d'une régularisation de sa production. Et comme elle n'est pas sensible à l'oxydation, ses pouvoirs non comédogènes sont acquis d'avance.

Protectrice, par création d'un film non gras qui préserve l'hydratation cutanée contre les agressions du froid et de la sécheresse, elle procure un contact satiné au toucher qui est dû à sa texture et à sa parfaite harmonie avec le film hydrolipidique naturel de la peau.

Elle est aussi un diluant adapté aux huiles essentielles et aurait en outre un effet anti-inflammatoire et anti-ultraviolets (filtre solaire évalué à un coefficient 5 pour les UVB) qui en fait une excellente base pour les crèmes de soins destinées aux peaux sensibles... et aux autres.

Quant aux cheveux, elle les fortifie, les assouplit et les rend plus brillants.

Un seul bémol cependant : elle annulerait l'effet de la vitamine A ! D'où cette remarque déjà faite au cours de notre cheminement : on ne peut pas mélanger tout et n'importe quoi.

D'origine nord-américaine : l'huile d'onagre

L'onagre est une plante originaire des régions tempérées de l'Amérique du Nord. Son huile est extraite des minuscules graines du fruit. Elle porte aussi le nom d'huile de primerose *(evening primrose)*. (C'est une source d'acide gamma-linolénique – de la famille des acides gras oméga-6 – qui augmenterait la production des prostaglandines de série 1 par rapport à celles de série 2, ce qui aurait un effet bénéfique sur les mécanismes qui déclenchent l'inflammation.) Les Amérindiens consommaient la racine de la plante pour se nourrir (on en réalise des extraits pour la cosmétique aujourd'hui) et utilisaient les feuilles pour soigner des réactions inflammatoires.

Le nom botanique de l'onagre bisannuelle, *Œnothera biennis*, vient du grec *oenos* (« vin ») et *thera* (« bête »), la mémoire légendaire lui attribuant le pouvoir d'apprivoiser les animaux sauvages si on infusait la plante dans le vin. Son nom courant lui vient de ses feuilles en forme d'oreilles d'âne (l'onagre est aussi appelée l'herbe aux ânes). En fait, le mammifère ongulé qui porte ce nom est un équidé sauvage plus grand et plus fin que l'âne, qui vit généralement dans les déserts d'Afrique, d'Asie Mineure et de Perse. Le nom anglais de la plante, *evening primrose*, vient du fait que les fleurs s'ouvrent le soir et se referment au matin.

L'onagre bisannuelle aux fleurs d'un jaune éclatant est la plus commune d'une multitude d'espèces répertoriées. Elle fleurit de juillet à septembre et produit un fruit en forme de gousse qui contient les petites graines brunes recherchées pour leur haute teneur en acide gamma-linoléique (7 à 10 %). Avec l'huile de bourrache, l'huile de pépins de cassis et l'huile de chanvre, l'huile d'onagre est une des rares huiles à contenir ce type d'acide gras essentiel. L'onagre est cultivée commercialement en Amérique et en Australie.

En écho sud-américain : l'huile de rose musquée du Chili

La rose musquée fleurit sur un arbuste appartenant à la famille des rosacées *(Rosa affinis rubiginosa)*, proche parent de l'aubépine, de la ronce ou de l'églantier. D'origine orientale, elle pousse naturellement et croît sous un climat pluvieux et froid (ou tempéré). Sa tige et ses branches sont épineuses, ses fleurs blanches et rosées (avec parfois des pigments jaunes). Cette plante est connue en Europe depuis quelques siècles, mais ce sont dans les Andes sud-américaines (spécialement dans la partie chilienne) qu'on la retrouve essentiellement à l'état sauvage. C'est à partir des graines de son fruit, de couleur rouge intense, qu'on extrait par pression à froid l'huile de rose musquée du Chili.

Elle se compose d'acides gras essentiels poly-insaturés (vitamine F : acide linoléique 45 % et alpha-linolénique 35 %), d'acides gras mono-insaturés (acide oléique) et d'acides gras saturés (acide palmitique, acide stéarique). C'est la présence abondante et simultanée des formes poly-insaturées, initiatrices des chaînes oméga-6 et oméga-3, accompagnées et protégées par une forte concentration d'antioxydants naturels (vitamine E et C), de caroténoïdes (vitamine A), de nombreux phytostérols et de bioflavonoïdes, qui lui confère ses propriétés remarquables. En fait, elle se comporte comme un cosmétique abouti, puisqu'elle associe des substances réputées actives en harmonie.
Ces acides gras sont des composants importants de la membrane cellulaire et les précurseurs de prostaglandines (dont l'effet

« *hormon-like* » active la régénération membranaire). On lui reconnaît une contribution au maintien des fonctions cellulaires et des mécanismes de défense, avec pour résultat de favoriser la réparation tissulaire.

Ses vertus sont appréciées depuis longtemps chez les autochtones. Les habitants des grandes prairies cernées de lacs et de volcans de l'Araucanie (on y trouve des paysages « extraterrestres » où des cônes noirs dominent des pentes de sable rouge), un temps colonisée par des Bavarois qui en ont rapporté la pratique, l'utilisaient déjà dans la médecine indienne traditionnelle (Mapuches). Des études universitaires chiliennes (Concepción), allemandes et italiennes (Milan) en ont confirmé les pouvoirs au cours de la fin du siècle dernier. Elles ont corroboré l'intérêt sur la régénération épidermique et son utilité sur les cicatrices (même anciennes).

Elle peut entrer en « sympathie » avec d'autres huiles essentielles qui pourraient améliorer son action (bien qu'elle soit déjà suffisamment probante en simple utilisation).

En parlant du Chili… la bave d'escargot

Depuis longtemps, les Indiennes mapuches ramassaient dans la campagne chilienne un gastéropode des terres australes, l'*Helix aspersa Müller*, dont les Machis (chamanes autochtones) connaissaient les bienfaits sur la peau.

À la fin du XXe siècle, une famille d'éleveurs d'escargots remarque la douceur des mains de leurs ouvrières et la bonne cicatrisation de leurs coupures. La bave en est-elle responsable ?

On connaissait déjà son rôle dans le processus de réparation des bris de leur coquille. Les expériences actuelles semblent confirmer une action bénéfique sur la cicatrisation et la régénération tissulaire.

Le mucus d'escargot contient, entre autres protéines et vitamines, de l'acide glycolique, du collagène et de l'élastine. On se retrouve en pays de connaissance. Mais c'est la présence d'une autre substance qui nous intéresse, car il est courant d'observer que de nombreux animaux lèchent leurs plaies et obtiennent une guérison rapide, ce qui a été corrélé avec une grande production d'allantoïne salivaire.

Qu'en est-il exactement de l'allantoïne ?

De nom scientifique 2,4-dioxo-5 imidazolinylurée ou 5-ureidohydantoine, elle n'est pas une nouveauté, puisque les médecins de l'Empire romain avaient observé que la décoction de consoude permettait une cicatrisation rapide des blessures. Elle est habituellement dérivée du camphrier (*Laurus camphora*, produisant le camphre, lui-même ayant des propriétés antiseptiques et légèrement anesthésiantes), mais peut être synthétisée en laboratoire à partir de l'acide glyoxylique et de l'urée. Ses principaux synonymes sont : cordianine et diuréide glyoxylique.

L'allantoïne est reconnue pour ses propriétés hydratantes, anti-irritantes et son action trophique cellulaire (bénéfique sur la croissance des cellules). Efficace même à faible concentration (à partir de 0,1 %), elle est utilisée dans le traitement des plaies, brûlures et ulcères cutanés. Elle aide à la régénération au cours des étapes de réparation des tissus lésés (granulation) et agit comme accélérateur de la cicatrisation. C'est une substance extrêmement utilisée dans l'industrie cosmétologique et pharmaceutique. Elle entre dans la composition d'émulsions, de laits corporels, de crèmes, de pommades apaisantes ou réparatrices et des cosmétiques de parure (rouges à lèvres) ou de soin (ce qui nous ramène à la bave d'escargot).

Ce composé est l'un des métabolites des bases puriques qui entrent dans la composition des acides nucléiques (constituants majeurs des chromosomes porteurs de nos gènes dont ils permettent la codification, c'est-à-dire le programme complet de chaque organisme vivant). Leur dégradation en acide urique est peu soluble dans l'eau. Ce déchet organique résulte essentiellement de la « vie nucléaire », mais aussi de la dégradation des acides nucléiques alimentaires (essentiellement des protéines riches en noyaux cellulaires).

Chez de nombreux mammifères, ce métabolite est oxydé par voie enzymatique en allantoïne (voilà donc sa situation précise). Elle est dix fois plus soluble dans l'eau que l'acide urique, donc plus facilement éliminée. D'où sa présence dans la salive, le mucus, les fientes et l'urine (dont on sait la valeur apaisante sur certaines piqûres urticantes, qui ne serait peut-être pas due qu'à l'ammoniaque). L'un des remèdes de la « crise de goutte » (manifestation brutale de l'hyperuricémie), qui provoque la précipitation articulaire très algique de cristaux de l'acide en saturation, est d'ailleurs le traitement par l'uricase (difficile à manier et réservée aux cas nécessiteux), enzyme qui catalyse leur oxydation en allantoïne soluble.

Cette substance est retrouvée dans le liquide amniotique de beaucoup de mammifères, en dehors de l'Homme (l'embryon y garde la peau en contact permanent au cours de son évolution).

Une plante vivace médicinale comestible, la consoude de Russie, qui optimise notamment la fertilité des sols et la croissance des végétaux, accélère, grâce à sa teneur en allantoïne, la formation de nouvelles cellules, aussi bien dans la peau que dans l'os (dont elle consolide les fractures, ce qui lui vaut son nom français).

Il semblerait que ce soit l'actif principal des vertus cosmétiques du mucus d'escargot.

Agnès Sorel qui prenait grand soin de sa peau, comme de Charles VII (que Jeanne d'Arc avait tiré de sa léthargie) dont elle était la favorite au point qu'il modifia l'ordre de préséance en sa faveur au détriment de la reine qui en fut humiliée, était réputée pour sa vénusté et l'éclat de son teint. Elle poussait la coquetterie jusqu'à s'épiler le haut du front pour équilibrer son visage. Jacques Cœur (qu'on accusa d'être son amant, puis de l'avoir empoisonnée) lui avait rapporté d'Orient la composition d'un onguent où des pétales de roses, des fleurs de fève et des nénuphars devaient macérer dans de la crème fraîche. On y remarque encore l'acide lactique qui réussissait à Cléopâtre. Elle utilisait aussi des masques au miel pour la nuit, si proches des facteurs humidifiants modernes et autres acides de fruits. Mais c'est sa crème antirides qui nous laisse pantois. Il s'agissait de mélanger de la bave d'escargot, un soupçon de cervelle de sanglier et des crottes de chèvre. (La marquise de Montespan, qui buvait de l'urine de mule, marqua sa préférence en se tournant vers la moelle de bœuf et la bouse de vache – ce qui devait flatter les narines de Louis XIV qui ne se lavait jamais. Enfin, jamais, n'exagérons rien ! il aurait pris un bain en 1665.) La méthode « excrémentielle » bovine est toujours appréciée en Inde. Quant aux geishas, elles préfèrent les fientes des roitelets du Japon. Agnès Sorel ajoutait à sa mixture des pétales d'œillets rouges et des vers de terre vivants (pas pour longtemps). Le tout était travaillé au mortier, additionné de sang de loup et appliqué sous le maquillage. Une fois passé l'instant de surprise (ou de dégoût), reprenez la formule à tête reposée en remontant dans la rédaction de la liste et vous y trouverez à peu près tout ce qui constitue un bon cosmétique.

Diane de Poitiers, dit-on, resta d'une égale jeunesse durant la trentaine d'années qui suivirent la préférence que François Ier lui porta. Elle en profita pour être aussi la maîtresse du Dauphin qui lui rendait vingt années d'âge. Avait-elle un secret de beauté éternelle ? Peut-être son eau de pigeon. La préparation qui devait macérer contenait du jus de liseron, de concombre, de melon (dont on sait la richesse en SOD, l'une des plus performantes des enzymes antioxydantes), de nénuphar, de fleurs de lys et de fèves (connaissait-elle les vertus de l'onguent oriental ?). Des pigeons hachés menu devaient y tremper avec du beurre, du sucre, du camphre (voisin de l'allantoïne), de la mie de pain (l'amidon est un polymère toujours d'actualité) et du vin blanc. C'est par distillation de cette marinade qu'était extraite sa liqueur de jouvence.

Les rois, comme le peuple, sentaient mauvais depuis les grandes épidémies du Moyen Âge. De savantes déductions médicales avançaient l'idée que les miasmes pénétraient la peau au cours du « lavage ». L'hygiène en vogue par le passé était devenue déplorable (les Romains des thermes de Cluny utilisaient quatre fois plus d'eau que les Parisiens à la veille de la Révolution française). Henriette d'Entragues, qui avait les faveurs d'Henri IV, lui disait : *« Tu pues comme charogne. »* Il n'est pas étonnant que les cosmétiques aient enrichi leurs formules en ce temps-là. Ils étaient devenus indispensables. Ce sont surtout les produits immédiatement flatteurs qui étaient prisés. Les parfums, poudres et maquillages (le blanc de Saturne – céruse – à base de plomb était de toxicité sévère) accompagnaient les beaux habillages dont les froufrous masquaient les effluves contrariants.

Nous en savons maintenant assez pour comprendre que les apparences sont parfois trompeuses, et qu'il vaut mieux se tourner vers les spécialistes pour évaluer un ingrédient avant de le qualifier de révolutionnaire. Ce qui ne veut pas dire que de le remettre à l'honneur soit une mauvaise affaire.

L'huile d'argan, un nectar venu d'Afrique

L'*Argania spinosa* est le nom qui a été donné à une curiosité de la nature. Présent depuis plus de 80 millions d'années dans le nord-ouest du continent africain, il s'agit d'un arbre qui pousse aujourd'hui exclusivement à l'état sauvage et en abondance dans les zones plus ou moins arides du sud-ouest marocain, dont il constitue la deuxième essence forestière du royaume (après le chêne vert et juste avant le thuya). Facilement reconnaissable dans le paysage ocre de l'Atlas, avec sa large cime verte arrondie, il peut atteindre 8 à 10 mètres de hauteur. Blotti sur un tronc assez court et tortueux souvent formé de plusieurs branches entrelacées, il semble protéger de la chaleur toutes ses nouures. Très résistant à la sécheresse, défendu par des épines (ce qui se retrouve dans l'adjectif « spinosa »), il s'adapte aux pires situations (à l'exception des sols meubles comme le sable) et peut vivre 200 ans. Ses puissantes racines, pouvant descendre à 30 mètres pour récupérer les eaux profondes, contribuent au maintien de la terre qui le nourrit. Ce qui lui permet de lutter contre l'érosion de ruissellement et du vent qui menace de désertification une bonne partie de la région. (Il est actuellement menacé, malgré son classement au patrimoine universel de l'Unesco.)

Ses fleurs d'un jaune tirant sur le vert, parfois blanches, apparaissent entre mai et juin, et le fruit prend la forme d'une grosse olive. On y revient ! Leur récolte ne se fait pas sur les rameaux épineux parés de petites feuilles lancéolées de couleur vert sombre, mais quand la maturation entraîne leur chute de l'arbre à chèvres. Ce nom lui est donné car on peut les voir grimper dans le feuillage pour grignoter les baies jaunies à même la branche (peut-être une assertion abusive, mais tellement imagée qu'on en accepte l'augure). Les chèvres du Maroc et celles du Mexique, à chacune son arbuste à friandises. En cas de grande sécheresse, l'arganier perd sa parure (qui subsiste si elle est modérée) pour résister à l'évaporation, puis « fait le mort » et reprend vie à la moindre humidité.

Traditionnellement, ses fruits sont mis à sécher plusieurs semaines au soleil. La pulpe charnue est ensuite retirée pour casser la noix très dure et en extraire de petites amandes oléagineuses. Ces amandons (légèrement torréfiés dans le cas d'une destination alimentaire) sont broyés à la meule de pierre. On obtient une pâte qui sera triturée pendant plusieurs heures, en ajoutant au bon moment des petites quantités d'eau tiède. Après un long malaxage, le mélange s'épuise en donnant l'huile d'argan. Tout ce travail est réalisé par les femmes berbères de l'endroit.

Il s'agit d'un produit cosmétique de couleur claire, mais aussi culinaire (de couleur plus foncée due à la torréfaction) au léger goût d'amande et de noisette grillée. La fabrication d'un seul litre d'huile nécessite 100 kilogrammes de fruits frais et douze heures de travail, mais un arbre ne produit en moyenne que 8 kilogrammes de fruits par an ! Ce qui justifie que ce soit l'huile la plus chère du monde.

La chercheuse Zoubida Charrouf, spécialisée en chimie organique à l'université de Rabat, a beaucoup contribué à la connaissance scientifique des sous-produits de l'arganier. Nous lui devons quelques précisions analytiques. Les acides gras de l'huile d'argan sont à plus de 80 % des acides insaturés, dont l'acide linoléique (35 %) qui ne nous est pas étranger. Son rôle de précurseur biologique des prostaglandines régulatrices fondamentales des différents systèmes cellulaires, en particulier des échanges membranaires, lui procure une valeur cosmétique indéniable. La carence en acide gras essentiel cause un vieillissement de la peau qui se traduit par une perte d'élasticité favorisant l'apparition des rides. Sa correction permet de retarder le vieillissement cutané. Elle est utilisée depuis des siècles par les femmes berbères pour ses propriétés cosmétiques jugées exceptionnelles. Elles lui reconnaissent aussi des vertus dans les massages corporels chez les nourrissons, pour aider à la cicatrisation des boutons de la varicelle, dans le traitement de l'acné des adolescents (par la médiation d'un « phytostérol » inhibiteur de la 5 alpha réductase, dont nous avons vu l'action enzymatique de conversion au niveau de la traduction du message hormonal en message glandulaire), et chez la femme enceinte pour lutter contre l'apparition des vergetures.

L'huile d'argan est relativement riche en polyphénols et tocophérols constitués de 69 % d'alpha-tocophérol (vitamine E), 16 % de bêta-tocophérol, 13 % de gamma-tocophérol et 2 % de delta-tocophérol, ce qui lui confère des fonctions antiradicalaires. Rappelons que la vitamine E est connue pour ses propriétés eutrophiques. Elle provoque la stimulation d'une activité enzymatique nécessaire à la défense des cellules, dont on sait l'effet sur le vieillissement.

Le *schotténol*, qui fait partie des *phytostérols* retrouvés, est rendu responsable de l'activité d'une plante à fleurs présente en Afrique tropicale *(Ageratum conyzoides)*, dont le suc est utilisé en Inde pour soigner certaines plaies, brûlures ou maladies de la peau, et se serait révélé anticancéreux sur des modèles animaliers, avec des effets antalgiques conjoints voisins de ceux de la morphine.

L'ARGOUSIER

Encore de la beauté en branche : l'argousier

En fait, beaucoup d'arbres et arbustes, souvent rustiques, semblent présenter des propriétés cosmétiques pour peu qu'on en extraie leurs huiles. Ce qui ne veut pas dire que les produits naturels soient préférables à ceux qui sont issus de la synthèse. Mais comment ne pas être émerveillé par leur répartition géographique équilibrée et troublé par la symétrie étrange des équilibres ? Comme si la nature apportait de façon presque identique des solutions, quelle que soit la situation des terres émergées. Les fruits rouges du « caviar de la Baltique », encore appelé « or orange » ou « ananas de Sibérie », en apportent une preuve nouvelle. La liste ne s'arrêterait pas là si nous continuions les recherches, mais elle le fera pour nous en guise de clôture d'un tour du monde à ce sujet.

L'argousier venu d'Asie (connu dans la pharmacopée tibétaine) est un arbuste sauvage poussant dans le sable la tête au soleil. On le retrouve en Europe sur les dunes côtières de la mer Baltique et dans les Alpes du Sud en France. Son nom scientifique *« hippophae »* (de « cheval » et « briller ») vient de son utilisation par les Grecs dans le fourrage des chevaux pour leur faire prendre du poids et lustrer leur pelage. Ses baies auraient fait partie du régime des cosmonautes soviétiques et de crèmes en guise de protection des effets nocifs des radiations cosmiques (pour leur pouvoir antiradicalaire). L'huile d'argousier aurait également servi à soigner la peau des irradiés de Tchernobyl. Tout ça reste au conditionnel, car l'opacité est de règle dans ce domaine.
Les feuilles, fruits et graines de l'arbuste sont riches en vitamines (A, C, E, B1, B2, B6, F, K, et P), en acides gras poly-insaturés (linoléique et alpha-linolénique), en acides gras saturés (palmitique et palmitoléique), en protéines (globuline et albumine), en acides aminés et en sucres. Citons en outre quelques minéraux libérés (calcium, cuivre, fer, magnésium, phosphore, potassium, silice, sodium et zinc). Son huile de couleur orangée (due à la concentration de bêta-carotène) peut tacher les vêtements ou les draps. Ce qu'elle partage avec celle de la rose musquée du Chili, comme tant d'autres choses utiles à la peau par ailleurs (essentiellement les acides gras poly-insaturés, initiateurs des chaînes oméga-6 et oméga-3).

Parlons de quelques particularités. Le fruit serait trente fois supérieur à l'orange en vitamine C. La pulpe est riche en méga-7, acide gras rare et bénéfique qu'on ne retrouve que dans deux espèces végétales : l'argousier et la noix de macadamia (indications de Cristina Ratti de l'Institut des nutraceutiques et des aliments fonctionnels de l'université de Laval).

Plus de 90 % de ses composants ont une action antioxydante. D'où son classement parmi les substances de référence antiradicalaires d'origine végétale.

À propos des mélanges utiles

Arrivé à ce stade du développement, il serait bon de faire le point sur l'utilité des mélanges en cosmétologie. Il n'est pas toujours facile de les détailler, car les créateurs réalisent souvent des complexes qui masquent parfois la nature précise des molécules actives. Que peut-on en dire ?

D'abord que le produit doit être parfaitement ciblé. Ce n'est pas toujours le cas pour ceux qui « annexent » une kyrielle d'ingrédients. Cette course à l'efficacité prétendue peut aboutir à son contraire. En voici quelques raisons.

Certaines molécules annulent leurs effets : soit parce qu'elles sont d'actions incompatibles, soit parce que leurs propriétés chimiques entrent en réaction pour donner une substance nouvelle sur le site d'application d'intérêt bien moindre. Une étude des compatibilités est donc essentielle au départ d'une formulation.

Le fait qu'un produit soit naturel, par exemple, ne suffit pas pour lui reconnaître des vertus « amicales ». L'amanite phalloïde est un très joli champignon dont je vous déconseille pourtant la consommation. Un trait d'humour, à peine voilé, pour vous mettre en garde contre le rêve de certains produits issus de la tendance du moment, dont la provenance (dite écologique par abus de langage) n'apporte pas plus de crédit à leur innocuité qu'à leur valeur affirmée.

Ensuite, les « *blends* » doivent être appropriés. Le mieux est de rechercher des affinités propres entre les composants, comme celle de l'eau ou de l'huile, au lieu de faire cohabiter des locataires inhomogènes par un usage abusif des tensioactifs pour stabiliser le mélange.

Heureusement, les progrès de la vectorisation permettent de contourner cette difficulté. Mais cette façon d'élaborer un cosmétique est d'un coût économique plus élevé que de s'en passer. C'est là que l'esprit critique doit être en veille permanente.

Enfin, il serait dommage de se priver d'associations potentialisantes. Elles sont le cœur actif des produits de beauté les plus efficaces. C'est là que le cosméticien peut faire preuve d'habileté. Prenons un exemple en analysant quelques éléments déterminants dans le traitement du vieillissement cutané.

La vitamine A acide *(acide rétinoïque)*

La vitamine A *(rétinol)* doit être transformée en *rétinaldéhyde*, puis en *acide rétinoïque* pour devenir active sur la cible. Le problème est que la vitamine A acide est un médicament, par ailleurs souvent irritant (en particulier autour des yeux et des lèvres), donc de valeur cosmétique différée sinon discutable.

Le rétinaldéhyde semble ne pas avoir les inconvénients de son acide, tout en conservant un effet thérapeutique comparable et bien supérieur à celui du rétinol. Il est reconnu pour son action bénéfique dans la lutte contre les dégâts du soleil sur la peau, mais également pour son efficacité à combattre le vieillissement cutané génétiquement déterminé, puisqu'il agit directement sur la synthèse des éléments qui structurent le derme (fibres de collagène et d'élastine).

Pour des raisons de nature complémentaire, parlons du **trio de Kligman** (dermatologiste californien à l'origine). Il se compose d'*acide rétinoïque*, d'*hydrocortisone* et d'*hydroquinone*. C'est un complexe réputé efficace contre les taches mélaniques colonisant l'épiderme, mais également le derme par libération incontinente et désordonnée du pigment (ce qui pose des problèmes de rémanence). Au cours du temps, la peau associe à la baisse de synthèse des acteurs de son architecture, une inflammation séquentielle et une pigmentation modifiée virant à l'assombrissement. D'où l'intérêt de ce trio trouvant sa place logique dans la lutte contre le vieillissement cutané, puisqu'il en cible les composantes majeures.

De formulation et stabilité délicates, il n'est pas commercialisé en France, suite à l'interdiction de l'*hydroquinone* dans les topiques. De toute façon, il serait réservé au domaine du médicament, puisque au moins deux des actifs qui le composent en sont des représentants.

L'hydroquinone incriminée

L'hydroquinone est un agent réducteur apparenté au phénol qui freine la synthèse de la mélanine par inhibition de la formation de l'enzyme (tyrosinase) qui est nécessaire à son aboutissement. Son usage est interdit dans l'Union européenne depuis février 2001, par crainte d'effets cancérogènes et génotoxiques, comme de complications « dites » graves (inflammations et dépigmentations parfois définitives simulant un vitiligo). D'ailleurs, la découverte de son action viendrait du constat d'apparition de taches dépigmentées sur les mains des ouvriers à peau noire dans l'élaboration du caoutchouc en Amérique du Nord, où l'hydroquinone est utilisée comme inhibiteur de la polymérisation. Par souci de prévention, des enquêtes « toxicologiques » en ambiance de contamination ont été réalisées parmi la population exposée dans l'industrie photographique, qui l'emploie au cours du développement (révélateur en photo noir et blanc, en radiologie et en lithographie).

Qu'en est-il réellement ?

En ce qui concerne les effets délétères, l'essentiel de l'étude porte sur la respiration des particules en atmosphère confinée.

Quant à l'effet cancérogène, il a été constaté par ingestion (ce qui nous éloigne des cosmétiques) une induction possible d'adénomes hépatocellulaires chez la souris et rénaux chez le rat. Or une analogie métabolique est établie avec les rongeurs pour ce genre de molécules. (Mais d'autres essais sur le rat et le hamster n'ont décelé aucune activité oncogène.) D'autre part, le Centre international de recherche sur le cancer (CIRC), qui fait partie de l'Organisation mondiale de la santé (OMS) des Nations unies, a classé l'hydroquinone dans le groupe 3 (agents aux preuves insuffisantes pour être désignés comme vecteurs de cancérogénicité humaine et insuffisantes ou limitées en ce qui concerne les animaux de laboratoire).

La dermatologie hérite donc d'une interdiction imméritée, car il reste à démontrer sa nuisance en application cutanée modérée (en dehors des excès de formulations « pirates » destinées aux peaux noires qui ont vraisemblablement emporté, sinon motivé, la décision). En tout cas, toutes les dépigmentations à distance sont le fait des dérivés de la molécule et non de sa forme pure. Elle figure sur la liste établie par la Federal Food, Drug and Cosmetic Act de la Food and Drug Administration des États-Unis, à titre d'additif alimentaire indirect. La même FDA propose depuis 2006 d'interdire la vente libre des agents éclaircissants de la peau contenant de l'hydroquinone. Elle souhaite que ces produits soient délivrés sur ordonnance et utilisés sous surveillance médicale. Toutefois, la communauté scientifique américaine considère que, dosée à 2 % en application locale, la substance ne comporte aucun risque. Cet avis est globalement partagé dans le monde des dermatologistes.

S'il fallait une mise au point à ce sujet, en voici une qui pourrait servir de bréviaire, même s'il y a de quoi en perdre son latin.

Pour suivre ce fil conducteur, rien n'empêche de concevoir une ligne cosmétique impliquée dans ces trois secteurs (l'activation cellulaire, la lutte contre l'inflammation et les désordres pigmentaires). Il suffit d'associer trois actifs d'action voisine, sans faire appel aux substances « réservées » aux médicaments.

Ainsi le *rétinaldéhyde*, comme le *rétinyl palmitate (palmitoyl pentapeptide)*, « roule sur les traces » de l'*acide rétinoïque*. Ces actifs, qui induisent la production de fibres de collagène et d'élastine, sont efficaces pour diminuer les outrages du soleil et du temps.

Certains extraits de plantes agissent comme anti-inflammatoire *(cortisone-like)*, le thé vert en est un bon exemple. Ils ont un intérêt dans la lutte contre les effets induits par les radicaux libres.

D'autres molécules naturelles ou synthétiques agissent comme éclaircissant du teint *(hydroquinone-like)*.

Le trio de Kligman peut donc se réinventer à la demande et même guider un modèle de ligne conceptuelle. Ainsi, les actions revendiquées sont-elles de nature à satisfaire les utilisateurs et la critique, ce qui explique les faveurs médiatiques de certaines crèmes antirides.

Le thé vert mérite un éclairage en poursuite

La légende raconte que l'empereur Shen Nung, assoupi au pied d'un arbre, découvrit au réveil que des feuilles en étaient tombées dans son bol d'eau chaude. Il trouva cette boisson au parfum agréable parfaitement à son goût. C'était en Chine, en 2737 avant notre ère. L'infusion de thé venait de naître.

En Inde, on raconte que, à l'époque des trois royaumes (220-265), le moine Bodhidharma était allé prêcher le bouddhisme en Chine. Il fit le serment de ne pas dormir pendant sept ans. Un jour, se sentant gagné par le sommeil, il mâchonna quelques feuilles de théier sauvage dont les vertus tonifiantes le gardèrent en éveil.

Au Japon, la légende de Bodhidharma diffère radicalement. Endormi malgré lui et honteux de sa faiblesse, il se serait coupé les paupières qu'il aurait jetées à terre.

À cet endroit, de nombreux théiers auraient pris racine, dont les feuilles ont gardé la propriété de maintenir les paupières éveillées.

Il doit bien y avoir une raison pour que cette feuille d'arbre ait suscité de telles légendes au cours du temps. Le thé aurait-il des vertus particulières ?

Le *Camellia sinensis*, c'est de lui qu'il s'agit, est à l'origine de toutes les variétés connues à travers le monde (il en existe environ 3 000). C'est le thé vert qui offre le plus de propriétés, car il ne subit aucune transformation.

Outre la présence de théine (caféine) et de chlorophylle, sa feuille abrite 350 constituants répertoriés, parmi lesquels des polyphénols *(tanins, flavonoïdes...)*, des vitamines (C1 ou acide ascorbique – liée aux échanges cellulaires ; C2 ou citrine – agissant sur la perméabilité des capillaires ; E ou tocophérol – au champ d'action très large ; B1 ou thiamine – nécessaire au métabolisme des sucres et active sur celui des graisses ; B2 ou riboflavine – nécessaire à la « respiration » cellulaire ; B3 ou nicotinamide – intervenant dans le métabolisme des sucres et la « respiration » cellulaire) et la provitamine A sous forme de caroténoïdes. Elle libère également quelques minéraux, dont le manganèse, le potassium, le magnésium et le fluor.

Les antioxydants majeurs que l'on trouve dans le thé vert sont les polyphénols (catéchines polyphénoliques). Les molécules les plus connues sont en ordre croissant d'efficacité : l'épicatéchine (EC), l'épigallocatéchine (EGC), le gallate d'épicatéchine (GEC) et le gallate d'épigallocatéchine (GEGC). Chacune d'entre elles peut neutraliser encore plus d'« assaillants » que la précédente. Des études en laboratoire, présentées à une réunion de l'American Chemical Society en septembre 1997, ont démontré que, lorsqu'il s'agissait de neutraliser les radicaux libres, le GEGC était cent fois plus efficace que la vitamine C et vingt-cinq fois plus efficace que la vitamine E. Le thé vert en contient dix fois plus que le thé noir.

La recherche semble indiquer que cette puissance antioxydante, en dehors de son action spécifique contre les radicaux libres, aurait un rôle potentialisant l'infanterie du système immunitaire. Ce qui s'ajouterait à son efficacité dans les phénomènes inflammatoires, dont on sait qu'ils sont l'un des facteurs dégradants au sein de la peau. Les mentions *« Green tea extract »*, « *Camellia sinensis extract* », *« Tea polyphenols »*, « *Catechins* »... qui signent sa présence deviennent bien sympathiques à lire sur les emballages.

Et si nous parlions de fruits et légumes ?

La recherche sur le vieillissement préconise l'utilisation de produits alimentaires non plus ingérés, mais introduits dans des formules au « parfum » écologique. Il semblerait que les applications locales de composés issus du règne végétal soient suffisamment riches en actifs pour mériter une place en cosmétologie. En fait, les plantes s'offrent dans leur intégralité aux régimes alimentaires, si nous ne demandons pas à la même d'y pourvoir de bout en bout. Ainsi, les racines, les tubercules, les rhizomes, les tiges, les branches, les feuilles, les fleurs, les fruits, les graines... se sont introduits tour à tour dans les cuisines traditionnelles.

Dans le même temps, s'est développée une pharmacopée dédiée à leur égard. Soit par intuition : *« La forme humaine du ginseng n'est peut-être pas fortuite ? »* Soit en constatant une conséquence révélée spontanément : *« Tel champignon produit toujours le même effet lorsqu'il est consommé »*, par exemple. Ou par assimilation heureuse avec une observation symbolique dans la nature : *« Le saule vit les pieds dans l'eau, son écorce (qui contient l'acide salicylique, principal représentant des bêta-hydroxy-acides assimilés aux acides de fruits) serait-elle efficace contre le rhume contracté de la même manière ? »* Hippocrate en conseillait une préparation pour soulager les douleurs et les fièvres. Mais, bien avant, on retrouve l'usage de décoction de feuilles de saule sur des papyrus égyptiens datant de 1550 avant notre ère. Les vents chauds devaient franchir les déserts et emporter les rumeurs au large en ce temps-là.

En 1829, un pharmacien français, Pierre-Joseph Leroux, peut-être influencé par le mémoire d'Edward Stone présenté devant la Royal Medical Society (1763), qui préconisait son utilisation argumentée pour lutter contre la fièvre, porte à ébullition de la poudre d'écorce de saule blanc. Il obtient des cristaux solubles qu'il baptise salicyline (de *salix* qui signifie « saule » en latin) et isole le principe actif qui provoque l'effet pharmacologique. L'aspirine *(acide acétylsalicylique)* en est un dérivé,

qui consiste en l'ajout du groupe fonctionnel acétyle – COCH3 – à la molécule. Ses prouesses sont tellement subtiles et variées que sa découverte actuelle aurait beaucoup de peine à obtenir l'autorisation de mise sur le marché (AMM). (Son nom provient d'Aspirin, marque déposée par le laboratoire Bayer en 1899, pour baptiser la molécule résultant de l'acétylation – d'où provient le « a » – de la spirine issue de la reine-des-prés, *« Spiraea ulmaria »*. Car l'acide spirique et l'acide salicylique furent reconnus par la suite comme étant une seule et même molécule.) Cette digression historique salue chapeau bas une molécule active, qui au vu des règles actuelles de précautions sanitaires serait à coup sûr frappée d'interdit. Il s'en consomme pourtant une centaine de milliards de comprimés par an dans le monde qui l'a échappé belle. Heureusement que cette substance, prévue depuis toujours pour nous venir en aide, nous a révélé ses pouvoirs extraordinaires au temps où la conviction l'emportait sur le savoir. Car la médecine est une science, mais aussi un art presque divinatoire. Ceux qui en sont dépourvus ne feront qu'employer des routines, que prescrire des recettes. L'Homme brille depuis ses origines pour penser librement et sa réflexion aboutit souvent par le fruit du hasard. C'est une question de survie, d'instinct, de nécessité. De là, ouvrir aux aliments la porte des produits de beauté n'a pas résisté au désir de plaire.

Nous citerons quelques exemples réputés acquis, tout en sachant que la liste s'allonge au gré des découvertes, ou des décisions prises dans le cadre de niches nouvelles.

Le raisin

Il est réputé pour sa richesse en polyphénols, formés dans le grain, présents dans la peau et concentrés dans les pépins. On y trouve des flavonoïdes (dont les pigments portent le nom d'*anthocyanes*), des tanins et le resvératrol qui aurait des propriétés régénératrices sur la plante qui l'héberge. Il est récemment apparu que cette substance agissait sur des « protéines de longévité », dont la découverte bouleverse les espoirs de lutte contre le cancer et les outrages liés à l'âge. Nous en reparlerons en fin d'ouvrage. La pulpe contient l'acide férulique, reconnu comme antioxydant puissant du règne végétal. Ces substances sont fragiles, puisqu'elles s'oxydent par nature et demandent beaucoup de raisin pour livrer leur ambroisie (1 tonne de pépins donne 1 kilogramme de polyphénols spécifiques, ce qui limite leur utilisation dans l'industrie des cosmétiques).

Une équipe de recherche vient d'isoler dans la sève des sarments de jeunes pousses d'un cépage sauvignon d'origine sélectionnée (Château-Yquem) un ensemble de molécules antioxydantes et régénérantes, dont l'efficacité semble liée à leur cohérence naturelle. Une façon de trouver des vertus supplémentaires au vignoble français et de nouvelles pistes pour les cosmétiques « biologiques » évolués.

La grenade

Nous en avons parlé au chapitre sur les polyphénols. Son extrait, riche en composés antioxydants (il en comporte plusieurs du même groupe), aurait en outre des vertus dépigmentantes relatives... dans la mesure où aucune molécule n'est vraiment satisfaisante à cet égard, en dehors de l'hydroquinone dont nous avons exposé les raisons de l'absence.

La pomme

Son « actif » le plus revendiqué en cosmétique semble être la « phlorizine », qu'on peut aussi extraire des branches du pommier et d'autres arbres fruitiers. Son rôle contre le jeu des radicaux libres liés au vieillissement en ferait une actrice de référence... mais elles sont déjà pas mal nombreuses à se disputer le devant de la scène.

La tomate

En dehors d'être lancée sur ceux qui jouent mal, justement, ce sont les « lycopènes » qui lui valent sa couleur pigmentaire et cette sélection arbitraire. Salués depuis de nombreuses années pour leurs propriétés antioxydantes remarquables et préconisés en prévention des dégénérescences cellulaires. D'ailleurs, leur effet apaisant sur les coups de soleil était bien connu de nos grands-mères (mon dos s'en souvient).

La carotte

Le macérat huileux de carotte permet d'obtenir un concentré des principes actifs qu'elle contient. Le bêta-carotène s'y retrouve, sans surprise, mais également une grande quantité d'acides gras essentiels et de minéraux utiles à la peau.

Ses propriétés antioxydantes sont reconnues, comme certaines vertus cicatrisantes et adoucissantes qui favorisent la régénération cellulaire. Donc des pouvoirs protecteurs et réparateurs.

Le riz

Il ne vous aura pas échappé qu'il n'est ni un fruit ni un légume, mais il trouve sa place dans ce cadre pour y jouer un rôle semblable. Les vertus de l'amidon contenu dans sa poudre sont connues depuis les temps anciens, mais ce sont ses composants introduits dans des crèmes qui nous intéressent aux temps modernes.

En dehors des minéraux (cuivre, phosphore, magnésium et silicium qui participent à la prévention contre les radicaux libres, comme au développement et au maintien des tissus de soutien), les protéines qu'il contient, la vitamine E, les acides gras essentiels et autre acide glycolique, cibleront les synthèses et le renouvellement cellulaire, tout en jouant un rôle voisin de celui du thé vert pour les actions antiradicalaires (protection des membranes contre les agressions oxydantes).

Son originalité tiendrait peut-être dans le « *gamma-oryzanol* » (huile de riz, contenant l'acide férulique retrouvé dans la pulpe du raisin).

D'autres céréales comme le quinoa (pseudo-céréale dont on peut extraire une huile à valeur cosmétique) offrent à peu de chose près les mêmes avantages.

Le concombre

Il fallait bien qu'un légume viril vienne s'immiscer dans la beauté pour sauver les apparences. Turgescent (gonflé d'eau à 96 %) et champion en sels minéraux dans sa catégorie (le double des autres végétaux), c'est le Don Quichotte justicier des teints brouillés, celui qui abreuve les épidermes assoiffés. Il n'en fallait pas plus pour lui confier la quête de l'inaccessible étoile : l'apaisement après la tourmente.

Appuyons sur le champignon pour rattraper le temps perdu

Le *Cordyceps sinensis* venu d'Orient est utilisé en herboristerie asiatique depuis plus de 1 000 ans. Rare et recherché au Tibet, il était réservé au dalaï-lama et seuls l'empereur et sa cour avaient le droit d'en consommer en Chine. Il faut dire qu'il avait la réputation d'être un puissant tonique sexuel, et que le nombre des favorites était assez élevé dans la Cité interdite. Si bien que l'armée était chargée de sa recherche dans les montagnes où il pousse à des altitudes ingrates (plus de 3 500 mètres). Les Chinois ont mis au point une méthode de culture sur un substrat à base de paille de riz ou de fève de soja, pour pallier la difficulté de sa récolte dans la nature. Les recherches effectuées sur une souche domestique *(Paecilomyces hepiali)* semblent démontrer la même efficacité que le champignon sauvage. Car sauvage, il l'est ! Jusqu'à parasiter des larves d'insectes qu'il tue pour fructifier sur le lieu du crime.

Le *Cordyceps* a attiré l'attention en Occident à la fin du siècle dernier au cours de championnats du monde d'athlétisme, devant le succès des sportifs chinois et surtout chinoises qui remportèrent la quasi-totalité des épreuves d'endurance et battirent plusieurs records dans la foulée. Ces prouesses furent, peut-être un peu naïvement, attribuées à la consommation de ce champignon aux pouvoirs « antifatigue » et « régénérant » dans la lignée du ginseng (à l'allure anthropomorphe troublante) ou du reishi (« élixir de vie » – « champignon de jouvence »). On lui reconnaît des vertus « adaptogènes » permettant de stimuler les fonctions physiques et intellectuelles et de mieux résister aux effets négatifs du stress. Presque un sirop de résilience, nous dirait Boris Cyrulnik. Je crois deviner ce que vous allez acheter lors de votre prochain marché dans les boutiques asiatiques. Sachez quand même que sa version authentique est presque introuvable et que celle issue des cultures biologiques doit assurer l'absence de pollution toxique à l'origine (pas facile à vérifier). Car les champignons ont le défaut de concentrer, entre autres, les métaux lourds. Finalement, ce sont les compléments alimentaires dédiés qui permettront par analyse d'en respecter les meilleurs critères.

Il semble normal que les laboratoires s'y intéressent, car une expérience relatée dans *Life Science*, en septembre 2003, démontre les propriétés antitumorales, antioxydantes et immunostimulantes d'une substance contenue dans le fameux champignon. Elle « doperait » des enzymes que nous avons déjà rencontrées : la *superoxyde dismutase* et la *glutathion peroxydase*. Ce sont de puissants actifs contre les radicaux libres. L'effet protecteur s'étendrait aux membranes cellulaires et favoriserait l'activité cérébrale (notamment la mémoire et la concentration). Le *Cordyceps* est donc équipé pour combattre les causes et les effets délétères du vieillissement.

Un autre de ces végétaux privés de chlorophylle, le shiitake *(Lentinus edodes)*, est un champignon comestible sauvage depuis longtemps cultivé en Chine et au Japon, qui tire son nom de l'arbre « *shii* », voisin du chêne ou du châtaignier, hôte historique qui l'héberge sur son tronc. On peut y ajouter le pleurote qui pousse sur celui de l'orme *(Hypsizygus ulmarius)*, également comestible et cultivable, qu'on retrouve sur notre continent.

Pourquoi cette suite de champignons ?

Parce qu'ils ont des effets « hallucinogènes » sur les concepteurs de cosmétiques d'outre-Atlantique (c'est un bon mot auquel je n'ai pu résister, plus qu'une critique). Ils se révéleraient efficaces contre le stress cellulaire de façon générale, mais aussi sur la texture du derme en prolongeant la durée de ses fibres de maintien, et augmenteraient la résistance de la peau aux agressions. Leur action locale étant comparable à celle qui prévalait dans l'alimentation. À suivre donc.

Un bonbon gardé pour la fin

La réglisse est une plante herbacée qui pousse en buissons (pouvant atteindre 1,50 mètre de haut) dans les pays chauds (actuellement cultivée dans tous les pays tempérés). On utilise sa racine très sucrée, que les Grecs anciens ont justement dénommée « Glycyrrhiza » à partir de *glukos* (« sucre ») et *riza* (« racine »).

Réputée pour masquer l'amertume des remèdes tout en augmentant leur pouvoir d'action, son principe actif (*glycyrrhizine* ou *acide* glycyrrhizique) s'est révélé bénéfique pour la santé. Quoiqu'on l'ait rendu responsable de poussées hypertensives chez les fumeurs qui mastiquaient de la réglisse pour compenser l'arrêt du tabac au cours de leur cure de sevrage. (Par inhibition enzymatique, ce qui prouve un effet pharmacologique établi.)

En 2003, le Comité scientifique de l'alimentation humaine européen (Scientific Committee on Food) a confirmé la limitation de consommation de l'acide glycyrrhizique (établie en 1991) à 100 milligrammes par jour. Considérant que cette limite fournit une protection satisfaisante pour la majorité de la population, le Japon en double la dose sans crainte. Mais le dépassement de 1 gramme dans le même temps (soit à peine cinq fois plus que le seuil japonais) aboutit à une intoxication qui peut déclencher des effets secondaires. Comme quoi, il faut toujours savoir ce qu'il en est avant d'avancer un argument qui porte à conséquence.

Toutefois, on lui reconnaît le pouvoir de freiner les risques carcinologiques encourus par la peau, autant que des bienfaits cosmétiques. Dans ce cadre d'utilisation, il est bien sûr établi que les doses quotidiennes admises en glycyrrhizine ne seront jamais dépassées, même si le produit « vectorisé » lui permet une pénétration cutanée. Il est vrai que la liqueur de réglisse qui serait préconisée contient également des polyphénols (coumarines et flavonoïdes), entre autres glucides et sels minéraux, dont nous connaissons déjà les bénéfices. Dernière remarque et non des moindres : elle procure aussi des « hormones stéroïdes végétales » *(œstrogènes-like)* dont l'opportunité n'aura pas échappé à votre sagacité, puisque nous avons déploré leur absence d'origine animale (justifiée) dans les cosmétiques.

Vous prendrez bien encore un peu de chocolat ?

Pour en comprendre l'intérêt cosmétique, il suffit de s'intéresser à la composition du beurre de cacao. Il contient des protéines (8 acides aminés), des lipides (acides gras), des glucides (plus un chocolat est riche en cacao, moins il contient de sucre). On y trouve des polyphénols, accompagnés dans leur action antioxydante par un cocktail vitaminique associé ou complémentaire (A, D, E, K, B1, B2, B3, B12, C), et des sels minéraux apportant du fer, du magnésium, du potassium, du fluor, du cuivre, du phosphore, du calcium...

Nous trouverons, de façon plus spécifique, du tryptophane libérateur de sérotonine et la phényléthylamine active sur le taux d'endorphines (rencontrés au cours du chapitre sur la vascularisation de la peau), de la théobromine (de *theo*, « dieu » et *broma*, « nourriture »), active sur les vaisseaux, et de la caféine, dont l'action bénéfique sur le tissu graisseux hypodermique est recherchée dans la lutte contre la cellulite (justement augmentée par la consommation de chocolat).

Pour éviter la tentation d'accumuler des mots faciles sur le sujet, essayons d'en dépister les arcanes. Ce qui est déjà assez délicat en dehors des motivations dans un contexte de niche. Les méthodes développées font intervenir l'effet couvrant de sa pâte chaude, qui provoque une élévation de la température cutanée. La pénétration des actifs en sera augmentée et la vasomotricité sollicitée (variation de la dynamique circulatoire). Les sucres procureront un effet immédiat d'hydratation des couches cellulaires superficielles. Au décours des applications, les cellules cornées seront exfoliées par gommage. Le contexte semble plus adapté aux traitements en institut de beauté qu'aux plaisirs solitaires. Il est clair qu'un bien-être sensoriel lui est associé, de même type que celui ressenti lors des enveloppements de boue ou de raisin noir au cours de balnéothérapie ou de vinothérapie. Vous aurez remarqué ma difficulté à trouver des arguments solides pour convaincre. Néanmoins, s'articulent sur cette logique des gammes de produits alignés qui s'affranchissent du doute. Ma foi, si l'utilisation s'accompagne d'une dégustation… pourquoi pas ?

Une mention spéciale pour l'argile active en cosmétologie

Les argiles sont des matières très abondantes dans la nature, constituées en feuillets structurés d'aluminosilicates (d'où l'intérêt des pulvérisations d'eaux silicatées proposées par les laboratoires dermatologiques). Les mailles des argiles renferment d'autres éléments minéraux (calcium, magnésium, fer) et des matières organiques.

Tous ces matériaux ne sont pas inoffensifs. Il existe des structures fibreuses comme les *sépiolites* et la *chrysotile*, du groupe des amiantes, à effet cancérigène en raison de leur action perforante au niveau des poumons.

La propriété la plus remarquable des argiles est une fonction d'imbibition (ou d'imprégnation). Une argile placée en suspension dans l'eau s'en imbibe et gonfle. Une couche interstitielle d'eau se constitue. Ce matériau ajoute à sa capacité d'échanges avec son milieu des propriétés plastiques remarquables. Lors de la pulvérisation d'eau silicatée, il faudra donc laisser le temps d'agir à l'interface, puis essuyer délicatement la peau et renouveler la séquence à plusieurs reprises. En cas de simple évaporation, tout ce qui a été dissous et capté par l'argile se redéposerait et le bénéfice en serait d'autant diminué.

L'argile se retrouve dans de nombreuses compositions cosmétiques, en particulier les formes appelées **smectites** (groupe des argiles fusibles, ce qui les rend fluides au contact de la température de la peau par exemple).

Elle sert comme épaississant et comme liant pour donner de la consistance aux produits de beauté. C'est une alternative aux corps gras. Le succès cosmétique des argiles tient à la conjonction de diverses propriétés : une forte adhésion sur la peau qui facilite la diffusion de l'eau interstitielle et l'échauffement local dû à son pouvoir couvrant qui contribue à l'hydratation.

L'hydratation est certainement l'action la plus spectaculaire des argiles. Des vertus thérapeutiques d'efficacité reconnue de longue date sont attribuées aux bains de boue argileuse. L'effet peut être saisissant au niveau de l'apparence, surtout sur une peau vieillie ou desséchée. Par ailleurs, cette action s'accompagne d'assainissement de la peau par un drainage efficace des impuretés organiques et minérales.

Les masques argileux ou colloïdaux préparés par imbibition d'eau constituent des produits cosmétiques particuliers dont la rhéologie (étude des phénomènes qui conditionnent l'écoulement et la déformation de la matière) autorise l'étalement aisé sans coulage.

Le recours aux masques faciaux et onguents corporels, de destination surtout artistique à l'origine, est de pratique très ancienne. Des masques à base de polymères, contenant une petite fraction argileuse et de l'oxyde de zinc qui améliorent les propriétés d'occlusion et d'étalement, font appel également aux matériaux cellulosiques, aux gommes végétales (acacia, guar, chitosane) en présence d'un fluidifiant *(glycérol)*.

Les placements à risque du capital beauté

Les dangers vont de la simple irritation au risque de potentialisation du cancer (toutes proportions gardées bien évidemment). Il faut différencier les *parabens* des autres substances incriminées. Nous en proposons une liste de référence non exhaustive, étant acquis que les actifs toxiques sont par nature éliminés.

Les premiers sont sous veille scientifique. Ce sont des conservateurs qui empêchent la croissance des champignons et des bactéries (*esters* et *sels de l'acide para-hydroxybenzoïque*). Ils sont utilisés dans l'industrie alimentaire, les produits cosmétiques et dans plus de 1 000 spécialités pharmaceutiques. Bien tolérés (même si l'allergie reste toujours possible), ils présentent une toxicité générale qu'on pourrait presque qualifier d'absente.

Leur concentration dans les cosmétiques est souvent très faible. Ils forment la catégorie des conservateurs actuellement les mieux tolérés en application locale. Même ceux qui leur sont allergiques (il existerait une allergie croisée avec le baume du Pérou) les acceptent en général sur une peau saine sans le moindre dommage. Nous voilà rassurés.

Alors, pourquoi tant de battage médiatique à leur encontre ?

Plusieurs études réalisées (*in vitro* et *in vivo*) ont montré que les *parabens* exerçaient une *activité œstrogénique* décelable. C'est-à-dire qu'ils se comporteraient *a minima* comme le ferait un groupe primaire d'hormones sexuelles féminines, dont la production naturelle est non seulement originaire des ovaires (et du placenta lors de la grossesse), mais en partie des glandes surrénales, du foie, des seins et du tissu adipeux. Voilà donc l'hypoderme identifié comme source d'œstrogènes. On pourrait donc se demander si leur présence dans les crèmes ne serait pas une aubaine, puisque certaines peaux en font défaut.

S'ils ont été accusés de nuire à la fertilité masculine, c'est une étude constatant la présence de parabens dans le tissu mammaire cancéreux qui déclencha la polémique. L'utilisation percutanée de produits en contenant est-elle liée à leur accumulation potentielle dans la glande ? Leur implication éventuelle dans la survenue du cancer du sein est-elle négligeable ?

Autant de questions qui justifient la poursuite d'une veille scientifique dans le cadre des missions de sécurité sanitaire. Mais, pour le cas précis, il semblerait que la présomption d'innocence, d'innocuité en l'occurrence, ne soit pas respectée à la lettre. Un peu de sérénité ne gâterait rien au dénouement de l'affaire.

Le methylparaben, l'ethylparaben, le propylparaben et le butylparaben sont les plus rencontrés des formes actives de la molécule.

Ils existent aussi à l'état naturel dans certains aliments, comme les mûres, les fraises, le cassis, l'orge, la vanille, l'oignon ou les carottes. Eh oui ! les parabens sont aussi parfumés d'écologie. Ils sont rapidement absorbés, métabolisés, puis excrétés par l'organisme où on les retrouve, retenez votre souffle, parmi les précurseurs du coenzyme Q10 ! La source alimentaire d'un adulte en est évaluée à 5 milligrammes par kilogramme de nourriture. Voilà, le gong a frappé !

La mention exclusive dans les cosmétiques semble donc davantage issue d'une opportunité commerciale que d'une réelle crainte à leur égard. Bon nombre de concepteurs et de laboratoires préfèrent se plier aux rumeurs du large. Car, tout bon pêcheur sait que le grondement du tonnerre annonce l'orage. Et lorsque la vague déferle sur une plage écologique, essayer de l'endiguer est une entreprise perdue d'avance. Pour éviter de se noyer, il faut savoir pratiquer la nage. N'oublions pas que derrière les produits de beauté, il y a aussi une économie et des emplois à protéger. Et la seule visite d'un laboratoire de recherche calmerait bon nombre d'esprits chagrins. Il est très judicieux de se soucier des générations futures, mais pas moins généreux de se préoccuper de celles qui sont déjà là. Jouer avec la réputation des uns pour le seul but de paraître plus rusé que les autres aboutit souvent à un mélange d'odeurs de sainteté où même le nez pontifical deviendrait anosmique. Nous pouvons au moins essayer de ne pas tomber dans le puits de l'ignorance en restant vigilants. Et la vigilance n'est pas le privilège des chapelles.

Aussi, en l'absence de confirmation des risques, est arrivée la bénédiction de l'Agence Française de Sécurité Sanitaire des Produits de Santé (AFSSAPS). Elle a déclaré, le 29 septembre 2005, que la commission de cosmétologie s'était prononcée favorablement pour la poursuite de l'utilisation, aux conditions prévues par la réglementation actuelle, de quatre des cinq parabens les plus couramment utilisés : formes *méthylées* (qui se retrouvent en ester E218 et en sel E220), formes *éthylées* (qui se retrouvent en ester E214 et en sel E215), formes *propylées* (qui se retrouvent en ester E216 et en sel E217) et formes *butylées* (sans référence codée). La cinquième forme, *benzylée*, est écartée.

EN GUISE DE SYNTHÈSE

Il faut savoir qu'aucune activité œstrogènique n'a pu être détectée pour le methylparaben, l'ethylparaben et le propylparaben au cours d'essais sur l'utérus animal. Un effet utérotrophe *in vivo* n'a été observé qu'après injection sous-cutanée d'isobutylparaben (qui n'est pas utilisé) et de butylparaben (ce qui pourrait justifier une certaine réserve à son sujet).

La toxicité du propylparaben a quand même été évoquée, sous forme d'altérations de la fonction sexuelle et d'une baisse de la concentration en testostérone observées chez le jeune rat, après introduction de la substance dans son régime alimentaire. Effets non retrouvés pour les autres formes.

Quant au methylparaben, une étude menée par un groupe de chercheurs de l'université de médecine de Tokyo a montré que son application sur la peau (à une concentration telle qu'on le trouve dans les produits cosmétiques) accélérait le vieillissement cutané sous exposition solaire.

Finalement, il ne reste que l'ethylparaben qui n'est pas apostrophé, sauf dans son orthographe.

Leur absence est néanmoins de règle dans les cosmétiques dits « biologiques », où ils ne sont pas toujours remplacés par des méthodes de conservation naturelles. Dans les produits de beauté certifiés par l'organisme de contrôle Ecocert, les conservateurs autorisés sont : le benzoate de sodium (E211), le sorbate de potassium (E202), l'alcool benzylique (E1519) et l'acide déhydroacétique (non référencé dans la codification des additifs alimentaires, qui est incompatible avec les agents antioxydants, donc impropre aux crèmes antiradicalaires).

En revanche, et à son avantage, la cosmétique « bio » exploite également les propriétés antibactériennes des huiles essentielles pour protéger ses produits à base d'huiles végétales. Mais beaucoup sont allergisantes par essence justement. Le conditionnement en ampoules hermétiques, jetables après utilisation, est un autre moyen de se passer de conservateurs.

Les huiles minérales. Les paraffines dérivées du pétrole (comme la *paraffinum liquidum*) sont très avantageuses pour l'industrie cosmétique (à la fois simples à travailler et très bon marché). On peut leur reprocher d'être trop occlusives pour la peau et la perspiration cutanée.

L'OMS a prouvé que les huiles minérales peuvent être stockées dans l'organisme et endommager le foie (leurs chaînes d'hydrocarbures ne pouvant pas y être métabolisées), ou entraîner une inflammation des valvules du cœur (due aux cires de paraffine par exemple). Actuellement, seules quelques huiles minérales et quelques produits pétroliers ont été testés, mais les résultats alarmants devraient d'ores et déjà nous engager à renoncer à leur utilisation qui est loin d'être indispensable.

Les huiles et cires de silicone. Ces substances entièrement synthétiques sont employées dans une multitude de produits. La *diméthicone* est l'une des matières premières les plus utilisées pour les formules de protection de la peau, de soins capillaires et de rouges à lèvres. On trouve aussi la *cétyl diméthicone copolyol*, la *phényl triméthicone*, la *stéaryl diméthicone*.

Les huiles de silicone sont douces et s'étalent bien sur la peau, encore faut-il qu'elles soient de bonne qualité. Elles sont de loin préférables aux huiles minérales, mais ont un inconvénient : elles sont très peu biodégradables et donc nocives pour l'environnement. Leur reproche n'est donc pas directement lié à la peau.

Quelques substances à surveiller

Composés organo-halogénés *:* l'halogénation, qui consiste à introduire dans la molécule formée des halogènes (chlore, brome ou iode), signe un conservateur de synthèse. Ils ont un potentiel allergène et sont hautement réactifs. Ils peuvent se fixer dans les tissus, s'y décomposer et les endommager.

Le polyéthylène glycol *(PEG)* augmenterait les boutons et points noirs. Il ne devrait donc jamais figurer dans une crème qualifiée de non comédogène.

Les polypropylènes glycols *(PPG)* et substances dérivées sont extrêmement réactifs et particulièrement toxiques.

Le sodium-lauryl-sulfate *(SLS)* est rendu responsable d'irritations et d'allergies au niveau de la peau, des yeux et des muqueuses.

Les monoéthanolamine, diéthanolamine et triéthanolamine *(MEA – DEA – TEA)* peuvent déclencher l'apparition de nitrosamines *(cancérigènes)*. Les *nitrosamines* peuvent également résulter de matières premières souillées.

Les formaldéhydes sont des substances cancérigènes. Leur taux ne doit pas dépasser 0,2 % pour la conservation, 0,1 % dans les produits de soins buccaux et 5 % dans les durcisseurs d'ongles.

Les *séparateurs de formaldéhydes*, hydantoïne, bronopol, sont des substances capables de dénaturer des protéines.

Les composés musqués : en dehors du musc d'origine animale (glande à musc de bouquetins dont l'utilisation n'est plus autorisée et le prix exorbitant), ces substances synthétiques qui « dopent » certains parfums sont très stables. Elles se fixent dans les tissus et pourraient être cancérigènes.

Les sels d'aluminium, employés dans les déodorants, peuvent provoquer des réactions inflammatoires et les glandes de la sueur être endommagées par leur utilisation répétée. Les recherches en cours en font un ingrédient polémique car ils pourraient se fixer dans certains organes, dont le cerveau !

Ce qui nous conduit à évoquer la question: les antitranspirants sont-ils impliqués dans la survenue des cancers du sein?
Tout part d'une constatation: la région proche de l'aisselle est plus sujette au risque que le reste de la glande mammaire (quadrant supéro-externe). De là à penser que les produits appliqués pour freiner ou contenir l'activité sudorale puissent s'impliquer dans un processus oncologique il n'y a qu'un pas... et le pas fut vite franchi.
Le professeur G. Larossa du département de biologie cellulaire de la faculté de sciences de la république orientale d'Uruguay, d'où la rumeur semblait provenir, a personnellement démenti en marquer l'origine. Par ailleurs, une étude de grande rigueur méthodologique publiée par le *Journal of the National Cancer Institute* efface le doute en récusant tout lien de causalité. Elle reste sans démenti depuis 2002.
Un groupe d'experts, récemment constitué pour analyser le problème, a conclu sur un rapport très documenté à l'absence de preuves scientifiques en faveur de l'hypothèse et à l'inutilité de poursuivre sur cette voie de recherche. Position courageuse qui tranche avec l'ouverture des parapluies habituelle, même par beau temps. Il faut dire qu'ils peuvent également servir d'ombrelle.
Mais la crainte est tenace, car en cette matière les démentis négatifs sont rarement suffisants, il faut aussi prouver le contraire. Ce qui laisse frileux l'esprit décisionnaire à la vue de la moindre parcelle de responsabilité. Au rythme où s'exposent les exclusions nouvelles, parfois infondées, les accusations pleuvront et les parapluies deviendront nécessaires.

Le triclosan, bactéricide chloré hautement réactif toxique pour le foie, est souvent souillé par la **dioxine**, très dangereuse, même en quantité infime (souvenez-vous du nuage de Seveso).

Les colorants cosmétiques et colorants pour cheveux : des chercheurs américains ont constaté que l'utilisation de colorants pour les cheveux multipliait par cinq le risque de cancer du sein ! Là aussi, rumeur ou réalité ?

Les amines aromatiques : substances toxiques de base des colorants d'oxydation qui peuvent être absorbées par la peau.

Les colorants azoïques : colorants à base de goudron synthétique, particulièrement critiqués sur le plan toxicologique.

Les phtalates : biodégradables, mais un rôle de perturbateurs endocriniens leur est reproché en cas d'accumulation. Ils sont parfois incorporés comme agents fixateurs pour augmenter le pouvoir de pénétration d'un produit sur la peau ou empêcher le vernis de craquer.

Les alkylphénols : tensioactifs (non anioniques) biodégradables, mais révélés comme perturbateurs endocriniens également.

Les quaterniums (plus un chiffre), employés comme antistatiques, peuvent avoir un léger effet irritant sur la peau. Ils sont biodégradables. Mais leurs esters, doux pour les cheveux, sont irritants et pèchent par mauvaise dégradabilité.

Écourtons la liste pour éviter les terreurs nocturnes. Surtout quand vous saurez que de nombreuses substances jusqu'ici considérées inertes, comme certaines matières plastiques, sont encore impliquées dans l'évolution de cancers par simulation d'hormones féminines.

Les réactions d'intolérance à connaître, en dehors d'éruptions sans signification particulière

Dermite d'irritation. Il s'agit d'une sensation désagréable (brûlure, tiraillement, picotement intense), parfois accompagnée de modifications cutanées sur le site d'application (rougeur, sécheresse) liée à des substances agressives. L'*urée* ou le *propylène glycol* en font partie, mais la dermite d'irritation est sans composante allergique. Il n'est pas toujours nécessaire d'en supprimer la cause, car une intolérance peut se résoudre par accoutumance (l'inverse étant également observable : une accoutumance pouvant induire une intolérance). Les meilleurs exemples en sont les dérivés de la *vitamine A* et des *acides de fruits*.

Eczéma de contact. Qu'il soit dû à un contact direct, à un produit utilisé par le conjoint ou aéroporté, l'eczéma de contact fait suite à une période de sensibilisation.

Les sujets atopiques (dont l'eczéma est une « seconde nature » en quelque sorte) n'ont parfois pas besoin d'attendre bien longtemps quand l'allergie ne se déclenche pas dès la première application. Ces sujets ont déjà une telle panoplie de substances sensibilisantes que leur peau est particulièrement susceptible. Le prurit (démangeaisons) est toujours présent dans cette forme d'intolérance.

L'eczéma peut même survenir spontanément au cours de l'utilisation d'un cosmétique parfaitement toléré depuis longtemps. Ce qu'il est difficile de faire admettre à la personne atteinte, qui s'obstine à chercher un autre responsable.

La différence essentielle avec la dermite d'irritation locale est que les signes cutanés débordent en général le site d'application de façon émiettée. Le plus pratique (hormis la consultation en milieu spécialisé, toujours préférable) est de tout supprimer et de pratiquer un test de réintroduction progressive. (Ce qu'il ne faut surtout pas faire selon certains contextes et pour les cas d'allergie spectaculaire, car une réintroduction peut déclencher une réaction cataclysmique de type anaphylactique. Quoique cette éventualité au niveau cutané, en dehors des venins, soit assez théorique.)

Le dépistage s'avère encore plus délicat si la raison en est une association.

Urticaire de contact. C'est une réaction de la peau sous forme d'« élevures », comme une piqûre d'ortie ou d'insecte. La plaque indurée est en général bien limitée et accompagnée de prurit intense, parfois douloureux. Autant de raisons de ne pas s'en tenir à ce diagnostic « spartiate ». Gardons à l'esprit que ce mode réactif de contact reste l'exception (mais le *poison ivy* est là pour nous prouver qu'il existe) et qu'il vaut mieux rechercher une autre origine que les cosmétiques. Une consultation en milieu dermatologique est indispensable, car il peut s'agir d'un signe précurseur de maladie générale. Surtout quand il survient au niveau du visage après exposition solaire.

Pour l'avoir parfois constaté, les *huiles d'arachide* ou de *sésame* peuvent en être responsables dans des produits dits « naturels », qui n'ont rien de rassurant d'ailleurs quand ils sont issus de rêves nostalgiques d'artisans improvisés (peut-être même bien au contraire).

Quels sont les allergènes le plus souvent rencontrés ?

Une réaction bruyante à un cosmétique nécessite au moins deux belligérants : le produit et la peau. Quel est le pôle dominant de l'agression ? C'est bien souvent celui de l'utilisateur ! Pourquoi ? Tout simplement parce que les allergènes prévisibles sont écartés à l'origine (dans la mesure où la provenance des produits de beauté est surveillée) et que la réaction de défense est disproportionnée par rapport à l'attaque. C'est même une définition de l'allergie. L'agaçant est un constat : le tube de cosmétique ne subira aucun préjudice, alors que le terrain de bataille va souffrir des dégâts. Voilà le problème clairement posé. Il reste l'impondérable, qui ne peut qu'être cerné au sein des actifs ayant déjà révélé d'éventuelles nuisances. S'énerver contre le fabricant est donc souvent aussi incongru que de critiquer les prévisionnistes météorologiques lorsque le temps est à la pluie. S'il y avait des responsables à désigner, ce seraient les organisateurs de la loterie génétique.

Essayons quand même de proposer un modèle d'analyse des substances parfois coupables. Au seul motif qu'une simple alerte doit vous inciter à abandonner le produit qui en contient, même s'il était parfaitement toléré par le passé. Car, répétons-le, c'est la peau qui a le dernier mot et, comme il s'agit d'un organe, elle se comporte de façon évolutive au cours de la vie. N'espérez pas le soleil d'Austerlitz, choisissez le repli stratégique. C'est dit.

Les parfums sont les premiers responsables, mais pas les seuls coupables. La victime ignore trop souvent qu'elle est complice de sa propre infortune.

Le fragrance-mix est un test contenant un mélange de 8 substances parfumantes (naturelles et synthétiques), qui permet de dépister 80 % des personnes susceptibles de développer une allergie à leur contact.

Sont reconnus sensibilisants le baume du Pérou (résine stabilisante végétale), la colophane (résine stabilisante minérale), certaines huiles essentielles (huile de cananga, d'ylang-ylang, de rose de Bulgarie, de lavande, de jasmin, de vanille, d'amande douce, de santal...), le lyral (heureusement peu utilisé), les deux isomères du citral ou lémonal (le géranial ou citral A, d'odeur citronnée forte, et le néral, ou citral B, d'odeur plus délicate) qu'on retrouvera dans les huiles essentielles de citronnelle, de verveine, d'orange ou de citron.

Les conservateurs sont aussi souvent incriminés : *Kathon CG*, *formaldéhyde* et *libérateurs de formol*, *bronopol*, *triclosan*, *chloracétamide*, *chlorhexidine*...

Les excipients sont également en cause : *lanoline*, *amerchol*, *propylène glycol*, *antioxydants*, *colorants capillaires (paraphénylène diamine : PPD)*, *résines des vernis* et *filtres solaires*...

Des tests épicutanés ciblés (en dehors d'examens sanguins de dépistage spécifique qui peuvent avoir une utilité présomptive) seront nécessaires pour identifier clairement la substance en cause. Ils seront répétés et à lecture échelonnée dans le temps. Leur interprétation n'est pas toujours facile et la seule solution reste l'absence définitive de mise en contact. Il n'existe pas de traitement de désensibilisation.

Comment conclure sur la dynamique des cosmétiques ?

Que de chemin parcouru depuis le cérat de Galien ! Pourtant, sa cire d'abeille, augmentée d'huile d'amande douce additionnée de borate de sodium et d'eau de rose, n'a pas beaucoup vieilli en presque 2 000 ans. Elle contenait les germes d'un produit de beauté moderne qui se destine à la peau sous ses deux aspects : statique, c'est-à-dire sa façon de paraître, et dynamique, c'est-à-dire sa façon d'être.

Le but est atteint par l'apport d'actifs. Ce sont des constituants qui revendiquent une action propre ou conjointe. Parfois, leur association est dopante, ce sera le cas pour les complexes antiradicalaires, ou les substances convergeant vers un même dessein tout en ciblant un facteur différent du processus visé. Rappelons dans ce sens le trio actif à la fois sur la synthèse des constituants du derme et le renouvellement cellulaire, l'inflammation induite et la pigmentation anarchique au cours du vieillissement.

Mais il ne faut pas sous-estimer la vectorisation.

La première façon de « véhiculer » des actifs est de pouvoir les contenir, c'est-à-dire les dissoudre ou les émulsionner par introduction en phase plus ou moins aqueuse, ou plus ou moins grasse, de type huile dans eau ou eau dans l'huile. Les tensioactifs et les polymères sont au premier rang des substances qui le permettent. Mais c'est le « cheval de Troie » des membranes qui se taille la part du lion en les véhiculant où bon nous semble, quelles qu'en soient leurs affinités essentielles.

Il existe deux formes de vectorisation membranaire selon que la substance contenue affectionne l'eau *(hydrophile)* ou l'huile *(lipophile)*.

Pour réaliser le transport et la diffusion au niveau de la peau d'actifs liposolubles, il est possible d'utiliser l'espace réservé entre les feuillets des membranes. D'où le succès rencontré dans l'apport de substances actives comme la vitamine E (action antiradicalaire), la dihydroxyacétone (action bronzante) ou encore la caféine (hydrolyse profonde des graisses au niveau de l'hypoderme).

L'autre capacité de transport découle de la perméabilité d'une vésicule vis-à-vis de l'eau encapsulée dans la cavité intérieure du sac membranaire. En dehors de la faveur faite aux actifs hydrosolubles, de l'excellente tolérance cutanée, des propriétés de rémanence de l'eau et d'innocuité, y sont alliées de remarquables caractéristiques cosmétiques : l'onctuosité, la douceur, la sensation de fraîcheur due à une évaporation contrôlée. Autant de critères pour des formulations cosmétiques de qualité.

le mythe de Janus :
la cosmétique, un miroir à deux faces

La beauté a deux visages, celui dont le masque s'efforce de figer un passé qui s'éloigne et celui qui se modifie au cours du temps.

Les cosmétiques empruntent deux directions également, celle de la parure qui suspend la durée et celle qui lutte contre le vieillissement.

À l'image de Janus, ils sont les garants de la sagesse des passages.

À l'origine, la règle était simple : il ne devait pas y avoir pénétration au-delà de l'épiderme des composés appliqués sur la peau pour revendiquer l'appellation de produit de beauté. Le but était donc de trouver des formules efficaces, en profitant du bouclier de la couche cornée associé au *film hydrolipidique* de surface. Les cosmétiques étaient bien cadrés.

LA LÉGISLATION

Ils furent habillés d'une définition officielle étriquée : « Un produit, une substance ou une préparation destinée à être mise en contact avec la peau (épiderme, poils, cheveux, ongles, lèvres et organes génitaux externes), les dents et l'intérieur de la bouche, dans le but exclusif ou principal de les nettoyer, de les parfumer, d'en modifier l'aspect, de corriger les odeurs corporelles, de les protéger ou de les maintenir en bon état. » Voilà ce qu'en disaient naguère les textes européens.

S'y oppose le médicament, qui est une « substance ou une composition ayant des propriétés curatives ou préventives à l'égard de maladies humaines ou animales, ainsi que tout produit pouvant être administré à l'homme ou à l'animal, en vue de restaurer, corriger, ou modifier leurs fonctions organiques » (article L. 5111-1 du code de la santé publique).

En quelque sorte, un médicament agirait sur le fonctionnement de l'organisme, alors que le produit de beauté ne le ferait que sur l'aspect extérieur du revêtement cutané.

Si l'Europe identifie deux catégories de topiques (les médicaments et les cosmétiques), les États-Unis d'Amérique en reconnaissent trois (médicaments, cosmétiques et produits OTC – *over the counter* – c'est-à-dire « sur le comptoir », dans le sens de produits « en marge » vendus sans ordonnance).

Le Japon en reconnaît également trois (médicaments, cosmétiques et « quasi-drogues », ce dernier type recouvrant des agents actifs ayant un statut intermédiaire entre le médicament et le cosmétique). C'est finalement vers cette « démarcation » que se tourne notre réglementation actuelle, en séparant avec logique les cosmétiques en deux groupes distincts.

Cette « musique » ne pouvait pas ignorer longtemps les « opus » joués sur des gammes majeures, et devait s'accorder sur les tonalités récentes en résonance avec les parties profondes de la peau. (Phrase volontairement obscure, comme l'est la situation, mais la relire ne semble pas inutile.) Il semblait urgent de concilier la réalité avec le mythe, puisqu'il n'est pas rare de voir des molécules franchir l'épiderme, alors qu'elles en présentent une incapacité théorique. À l'aspect statique reconnu, il fallait bien admettre une dynamique nouvelle. Le mieux était de faire évoluer la barrière sémantique, puisque la réalité avait déjà franchi la sienne.

Dès que les actifs jugés nécessaires ont agi directement sur les tissus, pour en améliorer la nature ou le comportement, il parut opportun de séparer les cosmétiques en deux « populations ». Pour différencier les produits de beauté d'action superficielle de ceux aux actions plus profondes et ciblées des formules élaborées, les termes de *« cosmesthétique »* et de *« cosméceutique »* ont été proposés. Une image hybride était née d'un miroir à deux faces. Comme le masque de Janus, son reflet brille sur deux directions différentes.

REACH

Après huit années de débat, le règlement européen sur l'enregistrement, l'évaluation, l'autorisation et les restrictions des produits chimiques est entré en vigueur le 1er juin 2007. Baptisé *Reach* (acronyme anglais pour *Registration, Evaluation, Authorisation and restriction of CHemicals*), il stipule que les industriels sont obligés de prouver l'innocuité de leurs produits avant de pouvoir les commercialiser.

L'information exigée concernant l'impact sur la santé et l'environnement des substances s'accompagne d'une obligation de remplacer les plus dangereuses (dites « persistantes » et « bioaccumulables ») et d'indiquer leur présence dans les produits de consommation. La substitution n'est pas obligatoire pour les risques limités en dessous d'un seuil revu au fur et à mesure de la progression des connaissances scientifiques. La législation reste donc ouverte, ce qui en rassure certains et en inquiète d'autres. Les uns se félicitant que des présomptions puissent être levées, les autres craignant que le principe de précaution ne soit plus respecté. Mais il faut bien qu'une logique s'impose.

les cosmesthétiques

(aspect statique des cosmétiques)

Les cosmesthétiques ont longtemps représenté l'ensemble des produits de beauté. Cette appellation nouvelle est issue d'un néologisme redondant voulant dire deux fois la même chose, cosmétique (qui, en grec, peut s'assimiler à l'art de la parure) et esthétique (qui évoque la sensation de beauté, quand elle ne résume pas son chapitre philosophique). Ils représentent la majeure partie de l'offre actuelle.

En dehors des effets protecteurs et hydratants incontestables, leurs composants sont disponibles immédiatement pour donner aux produits un pouvoir axé sur le contenu, dans la mesure où c'est le cosmétique lui-même qui est doux, satiné, matifiant, coloré, tenseur ou lisse et non la peau. Leur fonction vise l'amélioration des critères choisis par action externe.

Qu'en est-il au juste ?

Il s'agit d'une cosmétique statique, on pourrait dire passive. S'il n'existe pas de définition officielle de « cosmesthétique », on peut s'entendre sur l'essentiel : c'est un produit qui se borne aux vertus topiques des produits appliqués (on entend par le terme « topique », non le rôle protecteur dévolu aux dieux de l'Antiquité romaine, dont il est peut-être à l'origine, mais celui obtenu par la simple application locale d'un remède). Ils sont généralement conçus par des créateurs et élaborés par des façonniers spécialisés dans ce domaine.

En quoi les cosmesthétiques sont-ils différents des cosméceutiques ?

Le principal argument est que leurs ingrédients ciblent l'apparence plus que le soin. Ils sont réputés ne pas dépasser la barrière épidermique et se bornent à une

action de parure. On cherche à satisfaire par le contenant la consistance, l'aspect, l'odeur ou la couleur : le but est de plaire. Tout ce qui entre dans la composition du produit doit servir ou soutenir l'objectif prioritaire. Ce qui ne veut pas dire que l'on néglige ses actifs pour autant.

De là ce mérite qu'on lui reconnaît : il est toujours flatteur en première intention. Un corollaire s'ensuit : la cosmétique de parure domine le marché. La toilette, le maquillage, les soins de la coiffure et des ongles en sont de beaux exemples.

À qui s'adressent-ils ?

Tous les cosmesthétiques sont des produits de beauté au sens propre du terme, donc des alliés de choix dès qu'on entre en âge de paraître. Ils visent des résultats à court terme, ce qui les rend faciles à comprendre par la clientèle qui recherche un effet immédiat.

Quant à leur valeur réelle, elle est objective et sans appel. Une ampoule destinée à procurer un effet de lissage pour une soirée sera jugée dès sa première utilisation par exemple. L'argumentation sera donc sensible aux effets de mode et au goût de chacun, surtout en ce qui concerne les produits de maquillage.

Cette cosmétique statique vient récemment de redorer son blason, qui n'était pas terni de toute façon. C'est l'avènement de l'image numérisée qui lui en a donné l'occasion. La haute définition s'est révélée cruelle pour le grain et le teint de la peau. Des particules photoréceptives, photoréflectives ou photo-émettrices ont intégré de nouveaux produits. Destinées à jouer avec la lumière qu'il faut parfois corriger, tamiser ou amplifier, elles captent du rayonnement, le réfléchissent à leur façon ou en modifient la coloration. Une notion moderne d'actifs statiques est donc en train de naître. Elle a de l'avenir et saura nous convaincre.

les cosméceutiques

(aspect dynamique des cosmétiques)

Les cosméceutiques évoluent dans un monde qui leur est propre. Il s'agit d'un néologisme cavalier, chevauchant entre le produit pharmaceutique et le produit de beauté. On peut aussi le voir comme celui qui mène la danse au bal des nouveautés.

Ils sont issus de l'ambition des laboratoires désireux de créer des complexes de plus en plus performants, différents des cosmétiques courants.

Cette appellation n'est pas admise par la FDA américaine, qui ne sait pas à quelles règles l'assujettir. Peu importe, les cosméceutiques font un malheur. Ils ont comme synonymes « cosmétique active » et « dermato-beauté », termes qui semblent avoir moins de succès. Dans le monde des ventes, ils atteignent des records sans cesse dépassés.

Cette nouvelle classe de produits de beauté est définitivement reconnue par la directive 76/768 de la Communauté européenne, mais avec obligation pour le fabricant d'évaluer la sécurité pour la santé humaine et l'efficacité des produits avant leur commercialisation. Néanmoins, les méthodes sont laissées au libre arbitre des concepteurs, en attente d'une réglementation propre qui mériterait d'être mieux définie.

Qu'en est-il au juste ?

Il s'agit d'une cosmétique dynamique. S'il n'existe pas de définition officielle de « cosméceutique », on peut s'entendre sur l'essentiel : c'est un produit qui apporte des bienfaits thérapeutiques additionnels aux vertus topiques habituelles. En faisant le grand écart entre les produits cosmétiques et pharmaceutiques, ils marient les ingrédients naturels réputés actifs à la haute technologie et aux substances de synthèse issues de la recherche. Les produits sont souvent conçus dans des laboratoires scientifiques et obéissent aux règles de sérieux et d'efficacité démontrées par des tests d'évaluation calqués sur ceux des médicaments.

En quoi les cosméceutiques sont-ils différents des cosmesthétiques ?

Le principal argument est que leurs ingrédients actifs ont une cible sélective et souvent une action en profondeur. Logiquement, ils devraient échapper à la définition des cosmétiques, mais les temps ont changé et personne ne semble pressé d'en découdre. Pourtant, certains actifs peuvent être éliminés par les voies naturelles. Ce qui prouve leur pénétration et leur présence à divers niveaux de l'organisme. Il est donc probable qu'il y aura un jour ou l'autre une réglementation plus étoffée à leur encontre et que leur expertise reste souhaitable.

Ils sont réputés passer la barrière épidermique lorsque leur but le nécessite, et donc souvent agir au niveau d'une cible dermique ou hypodermique (comme les crèmes actives sur le capiton par exemple). Contrairement à ce qui se passe pour la plupart des produits de beauté du domaine cosmesthétique, dans le monde des cosméceutiques on ne cherche pas à plaire par l'aspect, l'odeur ou la couleur : le but est d'agir. Tout ce qui entre dans la composition du produit doit servir ou soutenir l'objectif thérapeutique. Ce qui ne veut pas dire que l'on néglige l'apparence pour autant.

De là cet écueil qu'on peut lui reprocher : il n'est pas toujours flatteur en première intention. Un corollaire s'ensuit : la cosmétique de parure reste nécessaire.

Pourquoi alors ne pas cumuler les deux objectifs ?

Tout simplement parce qu'il est très difficile de prévoir le devenir ou les modalités d'action d'un produit dès qu'on mélange trois ingrédients de nature et de fonction différentes. Les « blends » ne devraient pas revendiquer autant d'actifs qu'ils comportent, car c'est affaiblir d'une manière maladroite l'action de chacun d'eux pris isolément. Il est peu probable en outre qu'une action nouvelle soit issue de leur mélange. Ainsi, les cosméceutiques vont s'efforcer de rester simples pour optimiser au mieux une certaine bio-activité. D'où l'idée de lignes conceptuelles.

À qui s'adressent-ils ?

La plupart des cosméceutiques sont des produits antivieillissement, donc des alliés de choix dès qu'on entre en âge adulte et parfois plus tôt. Ils visent des résultats à moyen et long terme, ce qui les rend parfois difficiles à comprendre par la clientèle qui recherche un effet immédiat.

Quant à leur valeur réelle, il faut faire la part entre les affirmations du fabricant, l'analyse des consultants et les retours de la clientèle. Certains circuits de distribution s'entourent des meilleurs experts dans le dessein d'harmoniser ce que le marché propose. Voilà leur force.

la cosmétique en évolution

de l'actualité au devenir

Nous avons rencontré, tout au long d'un voyage guidé, la peau dans son contexte et les cosmétiques dans leur conception. Les deux peuplent un monde pacifique, où l'entraide et la bonification sont les règles de conduite. Nous allons explorer quelques contrées nouvelles selon un mode plus ou moins invasif. Il s'agit d'un choix personnel de méthodes de traitement esthétique qui n'a pas la prétention d'éliminer les autres. Simplement, leur présentation nous apparaît essentielle : soit pour en commenter l'effet de mode, soit pour en réveiller la mémoire, soit pour en évoquer les techniques incontournables.

En fin de chapitre, il s'agira de saluer de belles découvertes et d'en espérer de nouvelles. Comme si nous quittions l'Ancien et le Nouveau Monde pour défricher des terres inconnues.

Parler de niveaux d'invasion de la peau, c'est en évaluer le degré de pénétration et la cible plus ou moins profonde de l'action.

Les méthodes non ou peu invasives ne pratiquent pas ou peu de coupures et n'agissent pas ou peu sur les tissus profonds de manière physique ou chimique. C'est-à-dire que l'effraction est en général évitée. Selon la puissance des moyens utilisés (les peelings en sont l'exemple d'école), la même méthode peut étaler ses effets et chevaucher cette classification de principe.

Pour être schématique jusqu'au bout, disons que les procédés invasifs utiliseront des outils pénétrants, destructifs ou constructifs, et se limiteront ici à la pratique des gestes essentiels de la chirurgie esthétique.

les méthodes non invasives

l'action sur la fonction

En fait, si nous voulions être rigoureux, les méthodes non invasives se résumeraient aux cosmétiques et autres techniques externes, comme la pratique des soins en cabine d'esthétique. Mais quand les moyens utilisés sont peu agressifs, il vaut mieux insister sur leur faible pénétration et relativiser leur mode d'action en les classant sous cette rubrique. Pour être schématique à l'extrême, il n'y a pas d'acte invasif sans goutte de sang.

La toxine botulique nécessite une *micro-invasion,* puisqu'il s'agit de percer la peau au moyen d'une aiguille, mais il ne faut pas confondre ce geste avec les injections de comblement. De plus, la façon dont cette substance agit est parfaitement ciblée et très particulière, sans intervenir sur une quelconque modification à long terme. Autrement dit, jamais il ne pourra lui être reproché d'avoir occasionné une quelconque séquelle. Tout au plus, des effets parasites temporaires qui seront mal vécus, mais de fréquence rare et même absents entre des mains expertes. De toute manière, bon nombre de méthodes de stimulation en viendront rapidement à bout. Elle aura donc sa place dans le contexte des substances actives sur la fonction, sans le moindre désagrément.

Quant aux peelings, la grande variété des modèles va de l'absence d'invasion à l'invasion conséquente (dans la mesure où elle entraîne des conséquences et où elles peuvent s'avérer importantes). Mais leur application externe incite tout de même à les maintenir dans ce chapitre.

Comme nous le voyons, tout est affaire de vocabulaire et rien n'est absolument anodin en cette matière. Si une seule devise doit animer la démarche esthétique, retenons celle d'Hippocrate : « *Primum non nocere.* »

les soins en cabine

la cosmétique de geste

Les pincements du docteur Jacquet

Les pincements du docteur Jacquet semblent, de tous les actes manuels exercés en cabine d'esthétique, les plus utiles qui soient. L'action bénéfique qu'ils induisent sur la synthèse des fibres dermiques, la circulation et la tonicité de la peau est remarquable. Une technique pour la jeunesse… et déjà centenaire. Il est dommage de voir progressivement des méthodes éprouvées déserter leur champ d'application. Voilà un domaine où une remise à niveau serait bien nécessaire. Heureusement, certaines machines intègrent le principe dans leur technologie.

De quoi s'agit-il ?

Cette technique a été proposée par un précurseur d'idées novatrices en esthétique, le docteur Jacquet. Il prétendait que son « massage » constituait *« la méthode la plus puissante de la dermothérapie contemporaine »*. Cette contemporanéité d'un autre siècle se trouve parfaitement à l'aise aujourd'hui, surtout que le terme de *« dermothérapie »* n'a rien à envier aux formules modernes.

Il s'agit d'un pétrissage à sec (indispensable pour optimiser *« l'effet »*, disait-il) de la peau du visage, entre la pulpe des doigts. Le terme de « pincement » qui s'est imposé au cours du temps est parfaitement approprié, même si celui de « massage plastique » était préféré par son créateur et que « massage dermoplastique » nous semble le plus approprié. Toute l'épaisseur des tissus du visage est pincée rapidement et en tous sens, du centre vers la périphérie. Certaines zones peuvent être « stimulées » séparément (paupières, nez, front).

Autant que possible, il faut faire agir ensemble la pointe de tous les doigts des deux mains. (Ce qui n'est pas toujours pratique. Beaucoup oublieront cette recommandation et pinceront entre le pouce et l'index sans qu'il leur soit fait ombrage.) Au cours des séances, la durée, comme la force même des manœuvres, doit être progressive. On doit évoluer graduellement de quelques minutes à un quart d'heure.

L'idée semblait acquise que le massage procédait par un fort entraînement musculaire des peauciers du visage. Même s'il n'y est pas étranger, les connaissances actuelles pencheraient plutôt vers un pouvoir stimulant des processus de synthèse dermiques (et peut-être épidermiques). Le pincement répété multiplierait des microtraumatismes, qui agiraient comme autant de signaux d'alerte impulsifs provoquant une réponse défensive adaptée de la peau.

Quels sont les effets du massage plastique ?

Chaque séance a comme résultat immédiat une congestion (augmentation de l'irrigation sanguine) et une élévation de température provoquant une impression de chaleur, de picotements, de cuisson, en association relative. Une sensation de détente et de bien-être s'ensuit. Ce qui est habituel au cours d'un massage, mais s'exprime de façon assez particulière au niveau de la face. (Est-elle liée aux sécrétions d'endorphines ?)

En dehors du coup d'éclat immédiat, c'est sur le vieillissement traditionnel du visage qu'il aura le plus d'impact. Ce qui ne veut pas dire qu'il est exclu des pratiques destinées aux peaux jeunes. Bien au contraire, il semblerait que la méthode soit utile à la prévention des rides.

Le docteur Jacquet considérait sa méthode comme un geste cosmétique de premier ordre. Rendons-lui justice, car ce genre d'affirmation du haut de sa stature médicale était courageux pour l'époque. Il préconisait des cures d'attaque (plusieurs par semaine) et d'entretien (une à deux fois par mois). Mais les pratiquer à la demande peut aussi être une solution actualisée, puisque les cosmétiques sont venus modifier radicalement le paysage moderne.

Les pulvérisations à la machine de Lucas-Championnière

Dans le même ordre d'idée, les pulvérisations à la machine de Lucas-Championnière ont un intérêt cosmétique incontestable.

Le docteur Just Lucas-Championnière, chirurgien du siècle dernier (et même du précédent), avait conçu un pulvérisateur à chaudière sphérique alimenté par un système emprunté à celui des lampes à pétrole, pour vaporiser des médicaments et désinfecter les chambres hospitalières. Plus tard, le principe fut annexé au domaine esthétique.

De quoi s'agit-il ?

Le principe est une pulvérisation micronisée puissante à pression et température constantes. S'ensuivent des effets apaisants adaptés à tous les types de peau.

L'eau minérale pure est bien souvent suffisante pour obtenir un résultat, mais rien n'empêche de pulvériser des solutions élaborées de façon précise.

L'appareil transforme en gouttelettes toute préparation soluble utilisée. En fonction de leur composition, elles peuvent avoir plusieurs rôles : assurer une bonne hydratation de l'épiderme ; calmer certaines irritations ; régulariser les sécrétions du sébum ; apporter des éléments « revitalisants » aux peaux abîmées... la liste serait longue.

Selon la distance, la vaporisation sera chaude, tiède ou fraîche, et plus ou moins émolliente selon la durée. Les propriétés physiques ne sont pas à négliger et représentent peut-être même l'un des facteurs les plus déterminants du bénéfice. On peut les assimiler à un micromassage par projection, additionné d'un pouvoir d'échange avec la peau décuplé par l'interface micronisée (une multitude de sphères offrant plus de surface de contact qu'un film en nappe).

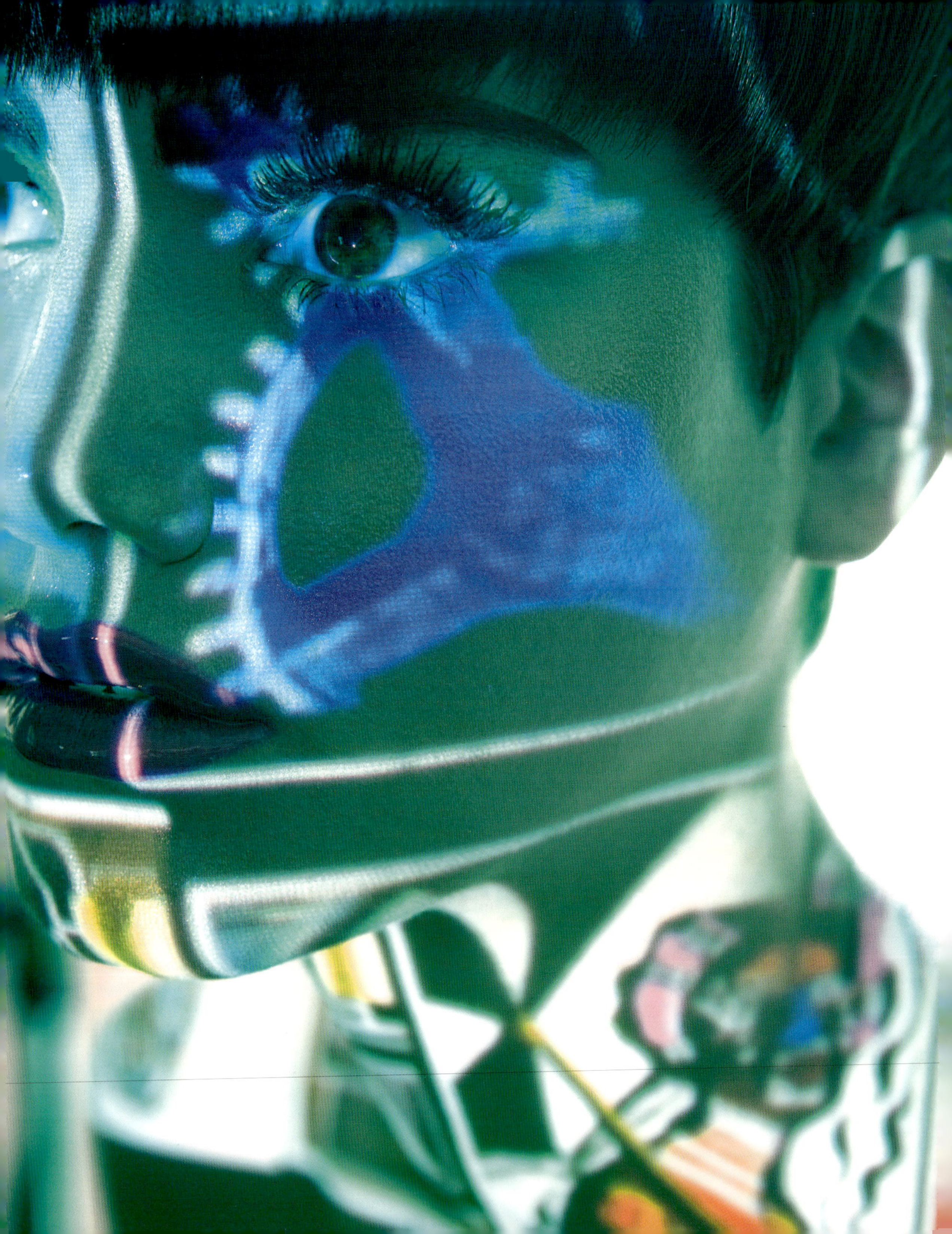

Les massages traditionnels

Plus faciles à comprendre sont les massages traditionnels, dont les bienfaits sur le collagène s'additionnent au bien-être qu'ils procurent, et les drainages lymphatiques qui les accompagnent. Ces derniers trouvent leur logique par le fait que les lymphatiques ne sont pas en réseau continu, mais débutent en cul-de-sac. Ils peuvent peiner au moment de drainer les liquides interstitiels qu'ils « épurent ». Les aider dans ce sens offre non seulement un certain bénéfice, mais un bénéfice certain.

La lymphe récupère les molécules trop volumineuses pour passer la barrière *capillaro-veineuse* et transiter par le système sanguin. On y retrouve des toxines et agents pathogènes, ce qui fait que le système lymphatique est un réseau spécialisé dans les défenses immunitaires et que ses ganglions en sont les sentinelles. Ils constituent des filtres spécialisés qui « inspectent » la lymphe avant qu'elle n'aille rejoindre la circulation sanguine. Lorsque les citernes ou les ganglions lymphatiques sont engorgés, on assiste à une rétention d'eau en amont. Ce phénomène est évident lorsque les jambes ou les doigts enflent. C'est encore facile à remarquer au niveau des paupières et des œdèmes malaires (infiltrations flaccides des pommettes).

De quoi s'agit-il ?

La pratique manuelle du drainage lymphatique est issue de la méthode du docteur Emil Vodder, physiothérapeute danois, qui prétendait qu'aucun appareil ne pouvait remplacer des mains exercées. La paroi des vaisseaux lymphatiques est capable de se contracter pour drainer la lymphe vers le cœur, mais sujette à quelque paresse (le rythme circulatoire du système est très lent – 4 millimètres par seconde). Les muscles peauciers y contribuent, puisqu'il suffit d'en diminuer le tonus en certains endroits pour déclencher une stase. Ce qui oblige à considérer la mimique sous un aspect positif et non seulement générateur des rides d'expression. L'objectif du drainage est de restaurer un fonctionnement normal du système engorgé ou d'en optimiser la dynamique.

La technique demande beaucoup de douceur. L'ouverture des points collecteurs passe par des pressions circulaires, lentes et régulières. L'idéal serait de commencer par la citerne de Peke, située au niveau de la clavicule à la base du cou, avant de s'intéresser au visage. Par des mouvements alternant pression et dépression, s'amorce le pompage. Selon un rythme régulier, s'alternent des cycles de « lissage » en spirale dans le sens du drainage vers les relais ganglionnaires, qui stimulent et décongestionnent en même temps. Le reste du corps peut en bénéficier largement et le contexte cellulitique également.

En fait, les médecins, kinésithérapeutes et esthéticiennes ont apporté des modifications à la méthode en fonction du but recherché et de leur propre expérience, ce qui fit dire à Emil Vodder : « *Certains ont voulu améliorer ma méthode avant de l'avoir comprise. Ils l'ont tellement améliorée que je ne la reconnais plus.* » En fait, les zones de basse pression veineuse, décrites récemment en chirurgie plastique au niveau de la face, éclairent d'un jour nouveau cette méthode empirique fondée sur la mécanique des fluides. Mais l'anatomie « erratique » des vaisseaux lymphatiques ne permet pas de proclamer un protocole indéfectible. Il faut garder un sens pratique, sans être iconoclaste, mais sans non plus céder aveuglément à la gestuelle fidélisée des chapelles liturgiques.

Souvent, ces soins en cabine sont suivis de l'application d'un masque. L'idée est bonne car on peut imaginer le principe comme la création d'une couche superficielle de peau supplémentaire, dont on maîtrise parfaitement l'effet réservoir et le caractère occlusif. Il faut privilégier les masques apaisants ou détenant un pouvoir adapté à la situation (hydratants, astringents, antiradicalaires, éclaircissants…). Cela pour dire que les masques nettoyants et surtout désincrustants n'ont pas notre préférence (en dehors des méthodes médicalisées dont l'efficacité se double de bienfaits incontestables – les nettoyages de peau sous forme de peelings doux fonctionnels en sont le plus bel exemple).

les peelings
de la surface à la profondeur

Assurément, une étoile devrait occuper le devant de la scène : le peeling de Unna. Ce dermatologiste autrichien a imaginé une pâte qui porte son nom. D'une efficacité remarquable, elle reste difficilement égalée dans ses résultats à long terme, sinon en prenant des risques en manipulant des produits qui s'attaquent aux protéines de façon agressive, ce qui n'est pas son cas. Cette pâte ne supporte pas la moindre modification de formule initiale. Le problème est qu'elle date de 1882 ! Il semble que ce soit la même année que le docteur Jacquet proposa son massage plastique. Coïncidence curieuse qui va dans le sens souvent constaté de la contemporanéité des avances techniques. Entre-temps, les ingrédients se sont raréfiés et semblent devoir disparaître pour certains. Nous devons au professeur Aron-Brunetière la résurrection de cette préparation dans les « *seventies* ». Les seuls dermatologistes pouvant en poursuivre la pratique sont ceux qui ont pensé à mettre en réserve les produits essentiels à sa conception, dont la ceyssatite qui est en voie de disparition. Cette « terre d'infusoires » n'intéresse plus les décisionnaires dans le monde des fixateurs, ce qui a occasionné l'abandon de ses sites d'exploitation. La pâte de Unna a souffert d'une impossibilité d'industrialisation, parce que sa conservation est problématique et que toute adjonction de produit dans cette optique déséquilibre sa formule, en la rendant pour le moins d'utilisation délicate ou totalement inefficace. En gros, elle fait peur à beaucoup de spécialistes, qui se rassurent avec des produits plus modernes dont les risques masqués me paraissent bien plus élevés et les résultats escomptés souvent plus aléatoires. Mais il y a de belles exceptions.

Donc, l'ensemble des peelings en vedette américaine se partage le marché, en l'absence de ce modèle regretté, auquel les visages dévorés par les crises d'acné doivent des rétablissements spectaculaires.

Les peelings, comment ça marche ?

Ils seront dits superficiels, moyens ou profonds, selon qu'ils se limitent à l'épiderme granuleux, plongent à peine dans les crêtes épidermiques ou entament le derme papillaire. Au-delà, les cellules basales disparaissent et le peeling devient équivalent à une plaie qui ne peut plus cicatriser de façon élégante (privée notamment des bulbes pileux indispensables à son aspect soyeux). À ce stade, on se rapproche d'une brûlure, mais il ne faut pas les confondre : alors que la brûlure détruit les protéines « vivantes » des premières couches cutanées par un phénomène thermique (ou chimique), les peelings (en dehors de ceux qui procèdent du même principe et que nous éliminons par définition) s'attaquent aux protéines « kératinisées » de la couche épidermique. Il y a une évolution qui permet d'étayer la différence entre les deux méthodes : la brûlure entraîne une *plasmorragie* (écoulement de lymphe), alors que le peeling reste sec. S'ensuit une conséquence de taille : quand la brûlure provoque des croûtes (dont la chute peut laisser des cicatrices), le peeling entraîne des squames (qui se détachent sans la moindre trace).

C'est là que le suivi devient important. Car rien n'est plus facile que de transformer une squame en croûte, notamment en appliquant un corps gras. Souvent, les prétendus accidents présentés au cours d'émissions à sensation semblent relever d'une erreur de la plaignante et non du médecin. Il s'agit la plupart du temps de réactions impressionnantes (mais dans le cadre de la normalité) saupoudrées d'un manque de communication et d'une dilution de la confiance. Rien n'est plus hasardeux que de faire suivre par un autre une évolution où la crainte accompagne le doute.

Quand l'inquiétude nous joue des tours

Certains peelings peuvent passer par des stades où l'angoisse domine la situation, sans qu'il y ait le moindre risque à courir. Surtout quand les services compétents appelés en renfort sont affolés par ce qu'ils constatent. L'œdème peut augmenter le volume du visage et gonfler les paupières au point de ne plus pouvoir ouvrir les yeux, la couleur de la peau peut passer par toutes celles de l'hématome en évoquant un traumatisme grave... Enfin, le tableau peut simuler un cas de brûlure sévère. Et pourtant...

La meilleure personne apte à poursuivre une séquence problématique de cet ordre sera celle qui l'a initiée, car l'inquiétude débouche sur une dérive où personne n'ose plus engager sa responsabilité. La meilleure parade du « nouvel intervenant » sera de constater un état d'urgence, pour éviter le piège et se mettre à l'abri de la moindre critique. (Il se peut que ce soit de bonne foi, car le jugement est altéré par la crainte de mal faire et le manque de pratique en la matière. Ce qui pousse à assimiler inconsciemment une analyse incertaine avec une certaine analyse, mieux maîtrisée.) En d'autres termes, au lieu de privilégier l'urgence de l'essentiel, on sacrifie l'essentiel à l'urgence.

– *Vous êtes dans de beaux draps, nous allons essayer d'arranger ça !*

Si tout se passe bien, le dernier en sera chaudement remercié (alors qu'il n'y sera probablement pour rien) et si la suite se complique, il n'en sera pas accusé pour autant (alors qu'il peut en induire la cause). Il faut garder en mémoire qu'un épiderme est totalement reconstitué en moins d'un mois (et plus rapidement sous effet lépismatique, c'est-à-dire décorticant, ce qui est le cas). Donc, toute restauration obtenue dans ce délai est automatique. Une heure de temps sera toujours une heure de temps, que vous ayez ou non mis un pansement sur la montre. Il me vient en mémoire une phrase entendue au cours de mes études universitaires, qu'il n'est pas inutile de méditer : *« Une brûlure superficielle guérit toujours, même si elle est soignée. »*

Loin d'être un luxe, l'entretien préalable est une étape à ne pas négliger. Il faudrait bien souvent abandonner l'idée d'intervenir, plutôt que d'essayer de convaincre. Surtout si la tendance est à la labilité et si les mêmes questions se renouvellent trop souvent. En une seule phrase : *« Il y a des gens qu'il vaudrait mieux ne pas toucher. »*

De l'effet au résultat

La plupart des peelings efficaces procèdent par coagulation des protéines, qui sollicite une rénovation réparatrice. S'y ajoute une synthèse de *collagène*, d'*acide hyaluronique* et des constituants de la *matrice intercellulaire de structure (protéoglycanes)*. C'est de cette régénération que nous attendons l'effet « rajeunissant ». Ce n'est pas une coquetterie de langage d'ailleurs, puisqu'il s'agit bien d'une « nouvelle » peau qui va naître. En ce sens, nous pouvons les qualifier de « méthode fonctionnelle », puisqu'ils agissent de façon biologique et, finalement, naturelle sur les tissus.

Évidemment, ce sont les peelings profonds qui obtiendront les plus beaux résultats. Il peut même y avoir disparition complète des rides du visage et une mise en tension des téguments. Un véritable « lifting chimique ». Le minimum étant un « coup d'éclat » dont il serait malhonnête de mépriser le bénéfice. La seule inquiétude à leur égard est que les accidents potentiels qu'ils font craindre semblent à la hauteur des succès escomptés (bien moins nombreux, cela s'entend, pour ce qui est des mésaventures, tout de même). Si le pari des préparations à base de phénol est gagné, le résultat est bluffant. Pas seulement dans l'acception moderne du terme d'ailleurs, mais aussi dans celle qu'il avait par le passé (il y a un peu de malice dans la nuance).

UN RÉSULTAT INATTENDU

Notre pratique oblige à rapporter un effet supplémentaire non dénué d'intérêt (au moins en ce qui concerne le peeling de Unna) : c'est celui de l'évacuation d'un certain « stress cellulaire ». Voici l'histoire.

Nous avons constaté par hasard, puis de façon systématique, l'élimination d'un eczéma majeur du visage datant de plusieurs années (dix-sept ans dans un cas). C'était pour « décortiquer » une peau recouverte d'écailles que nous avions tenté l'expérience la première fois. Le but était de l'examiner à nu pour adapter un traitement classique par la suite. La manœuvre s'est révélée magique à un tel point que nous avons poursuivi l'expérience. Le plus incroyable est que les résultats ont abouti de façon inespérée… puisque l'eczéma a disparu et n'est jamais plus revenu, ni chez les uns ni chez les autres. Au cours des vingt dernières années, les preuves se sont accumulées.

C'est à la lueur des connaissances actuelles sur la « mémoire » cellulaire épidermique que nous tentons d'y voir plus clair. Il doit y avoir au cours des peelings (par « emballement » des cellules nouvelles et « nettoyage » de toutes les substances intercellulaires) un « assainissement » de la peau malade qui en oublie de l'être. En tout cas, la chose est tellement surprenante qu'il était bon de la communiquer. Si c'est aussi efficace pour une pathologie de réputation chronique, alors, que penser des effets sur le stress oxydatif et

les dégâts induits par les phénomènes inflammatoires, dont on sait l'action inductive sur le vieillissement enzymatique et photo-induit ? Je ne connais pas la méthode exacte utilisée par Jean-Hilaire Saurat (professeur à l'hôpital cantonal de Genève), dont je reste nostalgique de l'enseignement reçu, pour traiter de façon aussi spectaculaire les séquelles cutanées de l'intoxication massive à la dioxine de Viktor Iouchtchenko, mais les peelings chirurgicaux répétés de ce type auraient probablement obtenu un résultat similaire.

La demande sera parfois motivée par un désir de dépigmentation. Elle peut être ethnique (nous en connaissons jusqu'aux limites du raisonnable) mais le plus souvent en raison des « autotatouages » de mélanocytes incontinents (inondant le derme de pigments où ils ne sont pas en mesure d'être éliminés). Ces taches sont physiologiques ou accidentelles (*mélasma*, *chloasma de la grossesse*, *dermite des parfums*, *dermite des prés*, brûlures, applications anarchiques de protections solaires, suites laborieuses de certains traitements lasers ou d'autres encore plus agressifs...).

À ce titre, nous emprunterons une phrase de Jean-Pierre Vidal-Michel qui semble résumer la situation : *« Le mélanocyte est une cellule qui se révèle résistante quand on veut s'en prendre à elle et fragile quand on voudrait l'épargner. »*

La sagesse sera d'être prudent et de savoir convaincre. Le malheur est que la clientèle cherche désespérément l'intervenant qui va accéder à sa requête... et elle le trouvera, puisque c'est l'occasion qui crée le larron. Mais comment éviter un comportement désespéré souvent légitime ?

En dehors de la pâte de Unna, de confection artisanale, presque impossible à obtenir de nos jours... mais ça peut changer, ce sont les formes « commerciales » qui sont les plus sécurisées. La communauté passionnée des utilisateurs habiles les a fait progresser de belle manière.

Pour garder un esprit critique jusqu'au bout, citons les classes génériques des peelings selon leur base de façon lapidaire.

Les peelings au phénol, d'une efficacité à couper le souffle et d'un cortège de risques à ne jamais le retrouver.

Ceux à l'acide acétique, qui prennent en chasse les premiers sans jamais les rattraper ni éviter les pièges qu'ils ont rencontrés.

Quant aux peelings aux acides de fruits, en embuscade, c'est un rendez-vous manqué. Ils ont provoqué plus de désagréments qu'ils n'ont introduit de bénéfices.

Nous passerons sous silence les autres, dont les modes sont aussi éphémères que leur fantaisie.

Pourquoi cet engouement pour les peelings ?

Tout simplement parce qu'ils représentent ce qu'il y a de plus abouti dans les gestes peu ou pas invasifs pour obtenir un effet de rajeunissement cutané indéniable. Leur mécanisme procède par relance de l'activité cellulaire et entraînement à renforcer les défenses naturelles. Les meilleurs agissant par répétition et sur le long terme, ils ne sont pas toujours compris par les bénéficiaires qui interprètent les effets immédiats comme une agression qui les inquiète. De plus, le refus d'y recourir par la suite les prive des bonnes surprises et les conforte dans leur argumentation négative. Il en serait de même de quelqu'un qui jugerait l'effet d'une séance de gymnastique. Débutée avec une difficulté à respirer et une douleur articulaire, par exemple, il est probable qu'en fin d'exercice, lors des premières séances, l'essoufflement se soit amplifié et que les douleurs aient augmenté d'importance. Alors que la persévérance dans la confiance aurait assuré de la récompense.

Quel peeling faire ? Il vaut mieux s'en remettre à la technique de l'intervenant, plutôt que de lui imposer la pratique de la dernière mode. Souvent, il y aura des formes et associations combinées où chacun trouvera son compte. Le tout étant de renouveler le capital cellulaire pour lui donner des capacités d'« oubli » du stress oxydatif et augmenter les pouvoirs plastiques du derme par synthèse nouvelle de sa substance fondamentale et de son maillage fibrillaire.

Après plusieurs années d'observation et d'utilisation de ces pratiques, il est forcé d'admettre qu'un peeling adapté est le roi des gestes de la quête cosmétique.

la toxine botulique

la grande révélation

S'il y avait un oscar de la meilleure innovation cosmétique à attribuer au cours du XXe siècle, ce serait à l'utilisation de la toxine botulique qu'il faudrait le décerner. (Certains s'acharnent à vouloir imposer le terme botulinique. Ma foi ! si la terminaison leur semble plus appropriée, ne les fâchons pas.)

UNE HISTOIRE DE SÉMANTIQUE

Cette guéguerre terminologique vient de l'étymologie latine. Elle fut primitivement utilisée par un médecin allemand (Müller – 1870), pour appeler botulisme la « maladie de Kerner ». Le mot est issu de *botulus* (désignant, en latin, le boyau animal farci dans la fabrication des saucisses et du boudin construit sur la même racine). La raison en est que les premières contaminations « épidémiques » furent attribuées au manque d'hygiène dans la charcuterie artisanale après l'appauvrissement des campagnes consécutif aux guerres napoléoniennes. La bactérie responsable du botulisme a été identifiée plus tard par un biologiste belge (Van Ermengem – 1895) sous le nom de *bacillus botulinus*, puis classée dans le groupe *clostridium* (Berger – 1923) et renommée *clostridium botulinum*.

Donc, certains accréditent le nom de la toxine en référence à son « agent sécrétant » et penchent pour « botulinique » (c'est le cas de l'Académie française). D'autres lui préfèrent une dérivation directe de *botulus* et parlent de « botulique » (c'est l'appellation entérinée par certains spécialistes, qui serait d'acception plus moderne, semble-t-il). Non sans raison d'ailleurs, puisque la bactérie porte en fait plusieurs noms de baptême au sein du même groupe (*clostridium botulinum*, *clostridium argentinense*, *clostridium baratii*, *clostridium butyricum*) et que favoriser

une racine plutôt qu'une autre est empreint de parti pris. En tout cas, les deux dénominations veulent dire exactement la même chose. Mais les références historiques sont toujours un rafraîchissement pour la curiosité de l'esprit.

Pour bien comprendre son action, il vaut mieux s'intéresser aux peauciers du visage que de s'étendre davantage sur ses origines et les raisons de sa sémantique. Au cours de l'évolution, un grand muscle en nappe tissant sous la peau une « cagoule » de la tête aux épaules (comme sur l'ensemble du corps chez les mammifères supérieurs) s'est subtilement différencié, pour se spécialiser chez l'Homme de façon très diversifiée. En gros, il faut séparer la partie haute de la partie basse du visage.

En bas, un rayonnement musculaire centré sur le *« modiolus »* (un axe ressemblant à un moyeu de roue de charrette, d'où son nom), grossièrement situé à l'endroit de la fossette au coin des lèvres, se répartit en allant se fixer profondément sur le squelette de la face. Son rôle est absolument indispensable à la parole, pour assurer l'« oralité » de l'alimentation et de la boisson, pour permettre l'appui de la déglutition correcte (surtout pendant le sommeil où l'erreur d'aiguillage est responsable de fausse route), comme au maintien dynamique de la bouche et des joues. En dehors de quelques endroits sélectionnés pour jouer sur le déplacement des commissures, y injecter de-ci de-là de la toxine botulique au gré de la présence des rides relève du non-sens, sinon d'une preuve d'incompétence. Il serait trop long d'en détailler les conséquences, mais elles convaincraient les plus récalcitrants.

Essayez seulement d'imaginer ce que peuvent représenter des joues alourdies par un manque de soutien, et l'effet probable à terme sur le fragile rideau de la paupière inférieure attirée vers le bas ! Car les muscles peauciers du visage restent toniques, même au repos. C'est ce tonus qu'il s'agit de moduler lorsqu'on vise le traitement des rides qu'ils orientent.

Quant au muscle du cou, reliquat du plastisma des origines, il s'insère à la peau à peu près tous les millimètres. Il faudrait donc l'inonder de toxine pour éviter les « vaguelettes », je vous laisse le loisir d'en goûter les charmes.

En haut, la mimique n'a plus de fonction très utile (en dehors d'une aide au drainage lymphatique, parfois responsable d'œdèmes des pommettes si on y touche). En revanche, elle s'exprime quotidiennement, ce qui entraîne les rides d'expression du regard (pattes-d'oie), de la glabelle (rides du lion) et du front. Si nous agissons sur le tonus des peauciers responsables (il ne faut surtout pas les paralyser, erreur fréquente de quelques maladroits malheureusement poussés dans ce sens par une clientèle avide d'une peau absolument lisse), nous diminuons de fait les rides conséquentes.

Les muscles ne sont pas sous tension uniquement lorsqu'ils sont en action. Pour être prêts à se contracter à la moindre sollicitation, ils gardent un état tonique de base conservé au cours du sommeil et accusé pendant les rêves. Tout se passe comme s'il y avait une stimulation permanente. Pour illustrer le propos, prenons le cas métaphorique du violon. Pour qu'il vibre sous les crins de l'archet (assimilés aux fibres nerveuses), il faut qu'il soit accordé. C'est-à-dire que ses cordes soient maintenues sous tension de manière harmonieuse (ici l'assimilation sera celle des fibres musculaires prétendues sous tonus de repos). La toxine botulique agirait alors comme génératrice d'un nouvel accord, permettant de jouer une mélodie différente. Et comme il est utile de réaccorder un violon, il sera nécessaire de renouveler les injections. Effectivement, le procédé s'est révélé parfait dès ses premières utilisations. Certains l'imaginent de découverte récente, alors qu'il est connu depuis le dernier quart du XXe siècle. Mais ce n'est qu'au début de celui-ci que la méthode a acquis en France ses quartiers de noblesse. Depuis, la musique cosmétique n'a cessé de composer sur des gammes nouvelles.

HISTOIRE D'UNE DÉCOUVERTE

Un petit jeu de piste pour s'aventurer sur le terrain des informations et suivre les méandres de communications parfois contradictoires.

Il existe en fait plusieurs toxines botuliques qui se divisent selon leurs propriétés antigéniques (c'est-à-dire leur propension à provoquer des défenses de l'organisme par anticorps). Ce qui justifie la limite des doses et le rythme des injections pour éviter une vaccination qui les rendrait inactives. On en dénombre 7 sérotypes, classés de A à G qui en est le point final. Le premier est de loin le plus utilisé, le deuxième peut l'être également. Leur évaluation médicale remonte à 1968. Il s'agissait d'étudier l'intérêt de ces substances dans le blocage de la jonction neuromusculaire, en empêchant la libération du neurotransmetteur. Le théâtre des opérations est une zone de rencontre entre

une terminaison nerveuse et la fibre du muscle. Dans cet espace privilégié (synapse) circule un influx, par l'intermédiaire d'une substance messagère (acétylcholine), qui se traduit par une contraction ou une mise en tension musculaire. Voilà ce qu'il fallait bloquer. L'expérience démontra deux caractéristiques essentielles : une efficacité locale rapide, telle qu'on l'espérait, et une action rassurante puisqu'elle s'épuise progressivement (garantissant l'absence de craintes évolutives).

Le docteur Alan B. Scott, du *Smith-Kettlewell Eye Research Institute* de San Francisco, fut le premier à utiliser la toxine botulique comme alternative chirurgicale dans le traitement du strabisme de l'enfant. Dès 1973, lui vient l'idée d'utiliser les propriétés paralysantes temporaires du sérotype A. D'abord expérimenté sur le singe, il en débute l'application chez l'homme cinq années plus tard. Deux domaines d'action privilégiés, où les résultats thérapeutiques étaient insatisfaisants, sont pressentis en ophtalmologie : les blépharospasmes (contractions répétées involontaires des paupières très invalidantes), aux traitements peu efficaces pour les uns et inopérants pour les autres ; les strabismes et paralysies oculomotrices, dont on connaissait les aléas de la chirurgie correctrice.

L'utilisation de la toxine pour l'effacement des rides fut ensuite découverte par hasard dans les années quatre-vingt. La doctoresse Jean Carruthers, professeur au *Department of Ophthalmology University of British Columbia* de Vancouver, constata en traitant une patiente pour blépharospasme une atténuation des plis de la glabelle (partie qui fronce au milieu du front entre la racine des sourcils). Elle poursuivit des recherches avec son époux dermatologiste, le professeur Alastair Carruthers. Leur première présentation à un congrès scientifique de l'usage du produit à des fins esthétiques fut mal accueillie. Mais l'efficacité de la méthode et son protocole d'utilisation sécurisé l'ont promue rapidement au premier rang mondial en matière d'intervention en médecine cosmétique.

Le fait que la toxine botulique soit active à très petites concentrations vient de la puissance de son action (40 000 000 de fois plus forte que le cyanure). Tout reste dans la souplesse de sa pratique, et rien n'est plus désastreux que d'en confier la tâche à une population d'intervenants mal formés, donc dangereux.

Dans le cadre du terrorisme, de vives inquiétudes naissent du fait de son utilisation potentielle comme arme biologique. Ce qui lui vaut une surveillance particulière et son contingentement restrictif en matière d'utilisation médicale étendue à l'esthétique.

Les injections en groupe organisées hors du milieu spécialisé, relatées dans la presse sans trop d'état d'âme, sont désespérantes. En dehors de l'inconscience des protagonistes, elles laissent le goût amer de comportements identiques dans d'autres circonstances, qui développèrent des contaminations virales dont nous connaissons les conséquences. De telles pratiques sont criminelles, au sens juridique large du terme… du moins pour l'instant. Le souci de médicaliser le geste, avec une parfaite maîtrise des connaissances et de l'anatomie fonctionnelle du visage, est un minimum nécessaire.

Contrairement à ce qui se laisse croire, il ne suffit pas de « savoir le faire » et la logique ne se borne pas à l'obtention du résultat. L'habileté vient après la pose de l'indication qui nécessite une somme de connaissances. Malheureusement, vu les sottises qui se disent et s'écrivent parfois sur le sujet, la chose est loin d'être avérée.

Que peut-on en espérer ?

La cible privilégiée des injections de toxine botulique est la glabelle. C'est d'ailleurs cette localisation qui fait l'objet d'une autorisation donnée aux dermatologistes, aux plasticiens et aux chirurgiens de la tête et du cou de l'utiliser dans le traitement des rides du visage. En fait, toucher à cette région sous-entend jouer sur des équilibres fragiles. C'est donc la « balance glabellaire » qui doit être prise globalement en compte (petite liberté avec la dénomination officielle, beaucoup trop limitative et finalement sous-évaluée).

Imaginons le tir à la corde. Si nous modifions les forces d'un seul côté, le milieu se déplace. C'est le but du jeu. Ici le souhait est inverse : toute action doit être justement compensée. L'art de la technique est de favoriser la détente en conservant un équilibre. Relâcher la tension des muscles entre les sourcils provoque un abaissement de leur partie caudale au niveau de la *tempe*. Or, il n'y a aucun releveur de la queue du sourcil (chaque chef frontal n'agit que sur les deux tiers internes de son arcade). Affaiblir de façon compensatoire l'orbiculaire des paupières dans la région externe de l'œil est donc *presque toujours* nécessaire. Ce qui aura pour avantage de lisser la patte-d'oie. Mais alors, c'est la ligne d'implantation des sourcils qui s'élève, augmentant les plis du front ! Il faut donc aussi s'intéresser au muscle frontal. Il se divise en deux chefs peauciers, légèrement obliques, dont l'injection engage un déridement… mais également la chute des sourcils ! Voilà donc posé le problème dans sa complexité. Car si leur implantation est située trop bas sur l'arcade osseuse de l'orbite, ils risquent de basculer et d'alourdir le regard.

Il serait beaucoup trop difficile d'exposer les finesses pour y remédier et surtout ne pas figer la mimique ou éviter de retentir sur le relèvement de la paupière supérieure. Mais sachez qu'une méthode bien rodée donne toujours satisfaction et souvent même des résultats absolument spectaculaires, sans faire courir le moindre risque. Le tout est de maîtriser la situation, ce qui revient à renouveler les alertes émises en cours de rédaction.

les méthodes peu invasives

les outils au service de la beauté

Nous choisirons de parler des procédés visant un effet de rénovation du tissu cutané, par la stimulation (qui peut nécessiter la voie destructive) ou le comblement, sans qu'il y ait réellement d'invasion manifeste.

L'action peut se faire par l'intermédiaire d'une pénétration ondulatoire, c'est le plus souvent de la lumière qu'il s'agit, ou par le biais d'une aiguille d'injection pour ce qui est des méthodes d'implants résorbables.

les comblements

une manière d'effacer les rides

Dans un océan sans bornes ni limites, quelques corps flottants biodégradables sont des planches de salut : le collagène et l'acide hyaluronique.

Les autres – récifs où l'accostage risque le fracas, embarcations aux destinations louches et bouées de sauvetage surgonflées – masquent une partie du paysage de la sérénité.

Le terme anglais « *dermal filler* », qui fait référence au remplissage du derme, est assez heureux mais limitatif. Ces produits de comblement se proposent de restaurer le tissu affaissé, appauvri ou cassé, en s'opposant par mécanique passive à la genèse des plis ou constitution des rides. Le but est de retrouver la consistance d'une peau plus jeune en améliorant ses propriétés plastiques. Une autre de leurs vertus est d'augmenter certaines proportions du visage en jouant sur les volumes, pour compenser une forme de vieillissement squelettique (front, queue des sourcils, fosses temporales, pommettes, menton...). L'arête et la pointe nasale peuvent également être améliorées, ce qui fait dire qu'il s'agit de rhinoplasties sans chirurgie, car entre des mains expertes l'effet peut être saisissant.

Gardons pour la fin l'indication majeure : la correction des *sillons nasogéniens* et du liseré vermillon des lèvres (*limbe* ou *arc de Cupidon*).

Le premier, présent sur le marché depuis les années quatre-vingt, n'a plus rien à prouver. C'est une petite merveille. Son utilisation n'a jamais posé le moindre problème : il s'agit du collagène. Sa précision comme son comportement sont parfaits.

Son origine animale (bovine) demande deux tests préalables espacés pour éviter les allergies possibles (plus récente, une origine porcine peut s'en passer). De toute façon, une réaction d'intolérance à son encontre est sans la moindre conséquence, puisque le produit est rapidement biodégradé.

Ce sont les *collagénases* qui se chargent de son élimination. Des réinjections seront donc nécessaires.

Il existe un collagène d'origine humaine qui ne nécessite pas de test. Il est synthétisé à partir d'une culture cellulaire *(fibroblaste)* programmée pour en fournir de manière industrielle. Il s'agit de cellules sélectionnées une bonne fois pour toutes, ayant obtenu tous les blancs-seings d'innocuité nécessaires et multipliées à l'infini. Elles sont issues de la peau d'un prépuce retiré lors d'une circoncision en Amérique. Voilà un détail que j'aurais pu taire, mais l'anecdote méritait d'être contée.

Mais tout arrive à qui sait attendre, même les mauvaises nouvelles. Aussi, ne soyons pas étonnés que ce produit de référence, faute de rentabilité suffisante, ait annoncé sa disparition qui sera effective au moment de la parution du livre. L'absence de soutien de ceux qui se laissent bercer par la mouvance médiatique, dont on peut comprendre l'essoufflement face à un *« dermal filler »* sans modification au cours des vingt-cinq dernières années (ce qui est pourtant un gage d'aboutissement parfait), lui aura brisé les ailes en plein vol.

Quant au collagène marin issu des méduses, son utilisation en injection de comblement n'a pas rejoint les pratiques dermatologiques. En revanche, il s'adapte parfaitement à la formulation des cosmétiques et à l'étude de la peau artificielle destinée aux grands brûlés. Ce collagène est identique à la forme V de la peau humaine, où les variétés I (90 % du total), III et IV sont majoritaires. Dommage, car sa source est inépuisable.

Le second, nous devrions dire les seconds, a une valeur au moins égale et parfois même dépassant celle des collagènes quand il s'agit d'obtenir d'importantes augmentations de volume. Ils circulent sous tellement de marques, que beaucoup les imaginent différents. En fait, ce sont tous des acides hyaluroniques d'origine synthétique (ceux d'origine animale – crête de coq – ont rapidement été abandonnés malgré un comportement excellent par ailleurs). Dispersés ou polymérisés, ils répondent avec bonheur à beaucoup d'objectifs.

La forme dispersée est l'actif dominant du « *mesolift* » (qui court sous des appellations plus alléchantes les unes que les autres, avec une prédominance accusée pour les « injections de vitamines »). La grande *hydrophilie* de l'*acide hyaluronique* est pour beaucoup, sinon pour tout, dans le résultat obtenu. Il s'agit d'un gonflement tissulaire, qui transforme progressivement les visages en ballon, car la dépendance de la tension se fait vite ressentir et oblige aux injections de plus en plus fréquentes. On peut y voir une responsabilité dans ces belles joues tracées au compas, dont on ne se lasse pas d'admirer les chefs-d'œuvre sur les tabloïds, quoiqu'il y règne aussi la reine des cosmétiques : la retouche photographique. Bien sûr, rien n'empêche de penser que les composants *antiradicalaires* et autres actifs revendiqués aient leur mot à dire dans le mélange. Nous sommes alors en présence d'une « cosmétique invasive », pourquoi pas. Là aussi, tout dépend du protocole de l'intervenant.

Ce sont les formes polymérisées qui offrent des quartiers de noblesse. Elles trouvent tout naturellement leur place entre les fibres d'élastine et de collagène, apportant le fort potentiel d'hydratation qui les caractérise. Sillons, rides et ridules, lèvres et pommettes, en feront leur destination de choix. Bien utilisées, il faut leur reconnaître une évidente efficacité dans la structure, qu'elles partagent avec les collagènes.

L'acide hyaluronique est également utilisé pour réaliser l'expansion du point « G », geste très spécialisé destiné à optimiser sa sensibilité. Sa dégradation passe par les *hyaluronidases* et il demande donc des injections d'entretien.

Nous remarquons que le processus de dégradation est spécifique (*collagénases* d'un côté et *hyaluronidases* de l'autre). Il y aura donc une mémoire dans la peau au cours du temps et, finalement, les utilisations alternées sont une solution pour en augmenter la durée du bénéfice. On peut même les injecter de façon conjointe, ce qui fut décrié au départ et préconisé par la suite. Les vertus d'encadrement et de précision du *collagène* en feront l'armature de la correction, et l'affinité particulière de l'*acide hyaluronique* pour l'eau un comblement central de référence.

Il existe des polymérisations particulières et des concentrations élevées, qui permettent des injections en profondeur et des comblements à la fois plus durables et plus importants.

Un produit hydro-alcoolique d'origine transalpine s'était révélé novateur mais d'utilisation délicate, car il produisait des réactions d'intolérance immédiates ou différées inexpliquées (donc inquiétantes). Elles affolèrent les utilisateurs par leur ampleur, pourtant spontanément résolutive. C'est bien dommage. Il s'agissait de *biopolymères* à dégradation lente qui échappent aux processus mémorisables (utilisant la voie métabolique de la respiration cellulaire, sans mémoire spécifique). Le produit se comportait comme un fluide à vitesse lente (donc injectable par de fines aiguilles) et comme une matière élastique à sollicitation rapide (donc au cours du mouvement). Il jouissait d'une plastique exceptionnelle, puisqu'il suivait à la perfection les mouvements de la mimique. Son injection au cathéter optimisait la correction en évitant de rompre la continuité de l'implant. Cette particularité lui valut le mépris de ceux qui trouvèrent difficile d'utiliser un geste technique trop élaboré, préférant se replier sur des actes basiques plus faciles à réaliser. Souhaitons que ces difficultés soient un jour levées, et que ce produit au comportement exceptionnel retrouve la place de choix qui lui reste acquise.

Nous ne parlerons pas des produits non résorbables ou fibrosants, pour en être dégoûté à jamais (même si leur dégradation est programmée à moyen ou long terme et leur réputation avérée). Surtout de ceux contenant du carbone (c'est-à-dire tous, à quelques exceptions près que nous allons développer), car ils peuvent être perçus comme des molécules perturbatrices et engendrer des phénomènes de défense immunitaire. Se méfier donc de cette tendance à vouloir durer pour coiffer le concurrent, en introduisant des *méthacrylates (billes acryliques)* dans des vecteurs biodégradables. C'est aussi le cas de l'*hydroxyapatite (phosphate calcique)*, sans carbone (en dehors des *carbonates d'apatite*), qui est le principal composant minéral de l'émail dentaire, de la dentine et de l'os. On parlera de « biocéramiques » pour appâter ou mieux épater. Leur étude sur l'implantation osseuse ne date pas d'hier. Elle révèle l'induction possible de production des médiateurs de l'inflammation et une certaine toxicité cellulaire. Mais l'os n'est pas la peau, nous dira-t-on… alors ? Il s'en est pourtant déjà révélé quelques effets pervers.

Quant à la silicone extrêmement fluide, issue de l'industrie des isolants électriques nécessaires à la conquête spatiale (où toute impureté est intolérable), « médicalisée » en son temps, sa nature mérite un développement pour les points de détails dont elle était la reine. Sa « bénédiction » récente touchera les prothèses mammaires, mais pas les formes injectables directement dans la peau.

Le silicium (son dioxyde n'est autre que la silice, base de l'argile) est exclu du cœur de la chimie organique. C'est le carbone qui en occupe la place centrale, comme molécule à bras ouverts pour l'architecture de ses mailles.
Le gaz carbonique (CO_2) est une équivalence morphologique de la silice (SiO_2). Donc, si le silicium avait remplacé le carbone, nous expirerions du sable ! On imagine difficilement un paysage encombré d'une immense plage qu'il faudrait recycler en permanence. Finalement, la nature a fait un choix judicieux, en nous offrant un souffle léger, discret et gazeux.

À ce stade, il est important de faire une digression. Nous entrons dans un domaine d'hypothèses, mais qui ne manquent pas de charme. Au moment où la décision d'orienter l'évolution vers la matière vivante se fait jour sur la Terre, l'argile vient d'apprendre sa mise à l'écart, mais brûle du désir de participer à l'aventure. Elle n'a pas cheminé tant de temps pour rester muette. Sans la moindre rancune, elle va façonner le moule du vivant.

La vie se crée à partir d'un peu de terre glaise. Sa porosité recueille des molécules codées qui s'assemblent spontanément à son contact, sous l'effet d'orientations électromagnétiques, en de multiples chaînes d'acides nucléiques, ceux qu'on retrouvera dans le noyau de la cellule vivante. Les propriétés de l'argile sont donc beaucoup plus importantes qu'il n'y paraît et beaucoup moins statiques qu'on pourrait le penser. Son rôle sur l'organisation « aimante » des protéines (à la fois au sens d'amour, mais aussi des forces d'orientation magnétiques d'un aimant) peut expliquer ses vertus remarquables dans la purification et la cicatrisation des plaies, comme celui de l'amélioration des peaux « fatiguées ».

Il s'ensuit une conséquence souvent méconnue en ce qui concerne la silicone pure : la peau ne « la perçoit pas » en ennemie. À l'inverse d'autres corps étrangers qui induiraient de façon réactive une défense et sa fibrose problématique, elle reste silencieuse. (Bien qu'il soit fait état de réactions inflammatoires retardées plus de trente ans après – mais difficile de savoir s'il ne s'agissait pas de pollution d'huiles organiques ou minérales associées, la source purifiée de la silicone étant l'un de ses critères « sensibles ».) Malheureusement, elle souffre d'une mauvaise réputation (c'est le moins qu'on puisse dire) venant de l'utilisation écervelée de certains et de l'origine douteuse des autres. Mais son reproche majeur tient à la qualité qui l'avait justement promue lauréate des corrections permanentes : elle est inerte et non biodégradable. Sans vouloir pour autant la réhabiliter et conscient des griefs qui lui sont reprochés, disons qu'un parfum de nostalgie plane depuis son interdiction définitive. Elle nous prive malgré tout d'un outil subtil de finition exceptionnel. Surtout quand son extraction en cas de nécessité ne pose aucun problème (ne serait-ce qu'en matière de corrections cicatricielles). Il est dommage que la méthode des traces ou microponctions (nous avions proposé l'appellation « *fly legs* » au moment du vide juridique) n'ait pas convaincu les utilisateurs qui ont péché par excès de zèle et jeté l'opprobre sur le produit. La silicone se retrouve pourtant sur la paroi des aiguilles d'injection, l'enrobement de particules pénétrantes et fait partie de matériaux réputés utiles pour certains organes. D'un autre côté, sa légalisation entraînerait des abus probables, avec le risque de migration incontrôlable d'injections cutanées massives. La sagesse rejoint donc le principe de précaution en la maquillant d'oubli.

Restent les implants et greffes de graisse autologue, que nous verrons au chapitre des pratiques chirurgicales.

les ondes stimulées

la lumière au service de la splendeur

Lorsque la troupe traversait un pont autrefois, il était d'usage de rompre le pas, car la résonance entretenue par la cadence peut entraîner des phénomènes de rupture. Il en est exactement de même pour la lumière au service de la beauté. C'est sa « mise au pas » qui nous permet de canaliser une énergie ordonnée et de l'utiliser comme instrument de « rupture ». Elle devient cohérente et amplifiée, par opposition à la lumière naturelle incohérente et désordonnée. L'acronyme anglo-saxon « laser » *(light amplification by stimulated emission of radiation)* résume en clair ce phénomène : une amplification de la lumière par émission stimulée de rayonnement.

Pour rester simple, disons que les lasers sont nés de la lumière naturelle « modifiée » par l'Homme. Ils n'existent pas dans la nature, ils sont issus de la recherche. Leur spectre s'étend des infrarouges aux ultraviolets en passant par le rayonnement visible.

Le pouvoir énergétique d'un laser est tellement surdimensionné que, lors de sa découverte, on parla du rayon de la mort… et il peut l'être.

Le tir se fait en continu ou par impulsions, cette façon d'émettre module le registre des indications.

Il y a deux sortes de cohérences : spatiale et temporelle.

La *cohérence spatiale* agit sur la propagation de l'onde. On peut s'en servir pour couper de façon ultra-précise par exemple.

La *cohérence temporelle* agit sur la longueur de l'onde qui vise une cible déterminée. C'est cette prérogative qui est utilisée pour la peau, car le but est de provoquer une absorption d'énergie ciblée.

L'histoire des lasers, pour l'avoir vécue, mérite un commentaire personnel. Ce rayon avait acquis une réputation miraculeuse, qu'il méritait, en ophtalmologie. L'excitation d'un gaz rare, l'argon, permettait l'émission d'une onde énergétique qui était absorbée par le rouge et « méprisait » tout ce qu'elle croisait sur sa route. C'est-à-dire qu'elle passait à travers les tissus translucides, sans laisser la moindre trace ni provoquer le moindre accident. Tout à coup, les taches de sang au fond de

l'œil (hémorragies et décollements de rétine) pouvaient être traitées en passant à travers la cornée, l'humeur aqueuse, le cristallin et le corps vitré sans dommage pour le globe oculaire. Immédiatement d'autres spécialités se sont ruées sur l'outil magnifique, quoi de plus logique ?

La dermatologie ne fut pas en reste pour partir à l'assaut des angiomes plans dans un premier temps. Rapidement se fit connaître un compagnon de route. Il excitait une molécule beaucoup moins rare mais plus redoutable, le gaz carbonique. À l'inverse du précédent, son rayon pulvérisait tout sur son passage, puisque l'eau est prépondérante dans les tissus vivants et qu'il en faisait sa cible privilégiée. Restait à lui proposer des choses à pulvériser. Quelle affaire !

Mais il se trouve que la peau s'offre en ingénue, sans demander de pirouettes fantastiques pour l'atteindre au sein de sa structure intime. Du coup, les résultats furent assez décevants par rapport aux outils déjà présents, dont l'efficacité exceptionnelle datait parfois du temps des pyramides dans les pratiques égyptiennes (la *dermabrasion* en est un bel exemple). Ce qui fit dire à certains dermatologistes, dont l'humour circulait à fleur de peau : *« Le laser, laser à rien. »* L'argon est d'ailleurs passé aux oubliettes depuis, ce qui semble leur rendre justice, au moins en ce qui le concerne. De plus, parmi les premiers utilisateurs, se comptaient certains spécialistes en mal de « vertus particulières », qui trouvaient là un moyen d'en acquérir une par le simple achat d'un matériel qui s'accompagnait de documentation technique. Puis, le temps est passé sur ces débuts laborieux, et la technologie a développé des machines de plus en plus nombreuses, de plus en plus performantes.

Le problème est de connaître les risques de leur utilisation en esthétique, puisque les bénéfices sont largement exploités dans la littérature. C'est face aux complications que le jugement s'aiguise à leur encontre et que viendra se greffer la demande cosmétique.

Aucune machine ne peut délivrer l'étendue des longueurs d'onde nécessaire à couvrir toutes les indications. Y voir clair dans ce domaine est d'une grande difficulté, même pour les spécialistes. Surtout que le plus souvent le nom de la machine se confond avec un principe « présenté » comme modèle unique, alors qu'il n'est que la dénomination commerciale d'un procédé générique avec ou sans spécificité propre. Le tout est de savoir distinguer les principales catégories de lasers et de lampes présents sur le marché. Un choix forcément arbitraire, qui oblige à rédiger la suite de façon très spécialisée et donc rébarbative. S'y ajoute une difficulté supplémentaire : le chevauchement inévitable des procédés selon le but recherché et les méthodes disponibles. Bref, en éviter les redondances est une entreprise impossible.

Les lasers à prétention antirides

Le laser CO_2 de resurfacing

Bien connu pour traiter les rides du visage, il est très énergétique et possède un fort pouvoir de pénétration. Il agit par échauffement brutal de l'eau contenue dans les tissus et autorise une pulvérisation ciblée. Il provoque donc une brûlure. Même si elle est contrôlée, elle reste une brûlure ! On peut le rapprocher ou l'assimiler à la « laser-abrasion ». Les cicatrices résiduelles peuvent être invalidantes.

Concernant ce laser de « resurfacing », les principaux reproches des patients sont les retards de cicatrisation et les troubles de la repigmentation parfois définitifs, souvent plus affichants que les ridules de départ !

Le traitement d'une zone limitée autour de la bouche ou autour des yeux sera souvent responsable d'une différence de couleur perceptible inesthétique *(dyschromie)*. Les lèvres paient parfois un lourd tribut de séquelles, par installation de cicatrices hypertrophiques et même chéloïdiennes. Il est indispensable de bien respecter les sous-unités anatomiques, voire préférable de traiter le visage en entier, pour préserver une certaine harmonie (dans le malheur en quelque sorte).

On doit également rapporter des *« full face »* sans aucun résultat, du fait d'un tégument relâché relevant plus de la chirurgie que du laser.

Rappelons que l'épiderme contient des *cellules de Langerhans* spécialisées dans les phénomènes d'immunité qui seront aveuglément éliminées. Ce qui peut expliquer que les poussées d'herpès soient bien plus importantes après une laser-abrasion qu'elles ne l'étaient avant.

Le laser erbium yag de resurfacing

L'erbium est un métal du groupe des terres rares, comme l'yttrium, et YAG l'acronyme anglophone du grenat d'yttrium-aluminium *(Yttrium Aluminium Garnet)*. Leur excitation produira un rayon laser qui leur est propre.

On l'a souvent comparé ou opposé au laser CO_2. En fait, il possède un effet thermique bien moindre, pénètre moins profondément à chaque passage et n'entraîne pas de coagulation des vaisseaux, ni de brûlure profonde. Cette absence d'« agressivité relative » autorise un grand nombre de passages mais, s'il peut traiter des ridules superficielles, tout traitement en profondeur risque quand même d'entraîner des cicatrices.

Les fabricants l'ont proposé en son temps comme la « star » du laser antirides indolore au cabinet. Aujourd'hui, en raison de ces problèmes de brûlures, cicatrices et dyschromies, l'engouement aveugle pour ces lasers en esthétique est retombé. Une nouvelle technologie limitant ces risques a fait récemment son apparition avec les lasers fractionnés.

Les lasers de fractionnement

À la suite d'un précurseur *(le laser « Fraxel »)*, s'est développée une nouvelle technique de fractionnement du faisceau laser à sa sortie. Il réalise un véritable criblage de la peau laissant entre chaque impact un espace sain autorisant une cicatrisation accélérée, sans séquelle cicatricielle ni pigmentaire. C'est donc un procédé qui traite la surface par « fractions » (par exemple, des tirs en quarts de cercle alternés), qui opère par espacement des impacts.

Cette technologie dite de *« fractionnement ablatif »* (adaptée au rayonnement CO_2 et erbium) pourrait ouvrir une voie intéressante en raison de la simplicité des suites. Reste son coût élevé pour le médecin et le patient en regard des résultats encore limités.

Les lasers dits vasculaires

Les lasers ktp

Leur acronyme vient de K (potassium) Titanyl Phosphate. Ils ont pour cible l'hémoglobine des globules rouges qui circulent dans les vaisseaux.

Ce sont certainement les lasers les plus nombreux et les plus utilisés en pratique dermatologique. La couperose représente leur principale indication, les résultats sont rapides et les complications rares.

En ce qui concerne le traitement des cous abîmés *(erythrosis interfollicularis colli)*, les hypochromies résiduelles y sont parfois plus inesthétiques que la pathologie de départ. On y revient !

Les fabricants, lors de leur sortie, présentaient des résultats miraculeux dans le traitement des varicosités. Encore et toujours des promesses qui arrivent à lasser la patience de ceux qu'il reste à convaincre. La pratique ne fut pas aussi satisfaisante et tout le monde s'en accorde aujourd'hui : les séances sont longues, contraignantes et les résultats médiocres. Ce laser ne remplace pas la sclérose. Tout au plus peut-on constater quelques résultats sur les fins capillaires rouges en « chaussette » au niveau des pieds et des chevilles sur une peau claire, justement là où la sclérose présente un danger en raison des connexions intimes *(anastomoses)* entre les systèmes artériel et veineux. Les taches dépigmentées *(dyschromies)* ponctuées secondaires y sont aussi fréquentes et parfois irréversibles.

En dehors de l'*érythro-couperose*, ce laser reste une excellente indication dans les angiomes en relief *(tubéreux)*, les angiomes en « chevelu étoilé » *(stellaires)* et les taches « rubis ». Mais l'*électrocoagulation* ne démérite pas dans ces indications et semble même préférable chez les sujets jeunes.

Sa place dans le traitement des angiomes plans reste à définir. Tout traitement par laser KTP risque d'amputer les chances de guérison chez l'enfant, où le laser à colorants reste la référence. Mais il n'aura pas les mêmes possibilités s'il intervient sur une lésion « cicatricielle » plus ou moins remaniée.

Chez l'adulte, les résultats sont différents et il est possible de proposer un traitement par laser KTP de première intention.

Le traitement des lésions pigmentaires y sera plus difficile, il est préférable d'utiliser ceux qui leur sont dédiés.

Les lasers à colorants

Ce sont les lasers de référence pour le traitement des angiomes plans. Il faut prévenir le patient des effets secondaires. Leur grande efficacité en limite les indications, elles ne doivent pas être fantaisistes. Il est étonnant de voir des patients traités pour couperose où les effets secondaires immédiats seront plus lourds comparés à un traitement par laser KTP ou simple électrocoagulation.

Le traitement des varicosités n'est pas facile. Des dépigmentations par disparition de mélanocytes, souvent irréversibles, peuvent remplacer les réseaux « filamenteux » sur les zones traitées !

Le laser yag vasculaire

C'est une raie d'émission spécifique de son grenat qui le classe dans cette catégorie. Il représente une alternative à la sclérose « chimique » des varicosités et veinules peu profondes. Un examen précis de la circulation veineuse est recommandé, en suivant la même exigence que pour la sclérose à laquelle il est souvent associé.

Si dans l'ensemble ses résultats sont satisfaisants, il n'est pas indolore et dans des mains inexpérimentées risque de provoquer des brûlures et des troubles pigmentaires finalement récurrents quels que soient les modèles utilisés.

Les lasers à visée pigmentaire

La cible est le pigment naturel de la peau et l'encre des tatouages.

Il s'agit essentiellement du laser Nd YAG. Ce terme est l'acronyme du nom anglais : *Neodymium-doped Yttrium Aluminium Garnet*. Le néodyme et l'yttrium étant des métaux du groupe des terres rares. C'est l'excitation de ce grenat dopé qui produira un rayon laser spécifique pulsé fonctionnant dans le mode appelé *« Q-switching »* (l'onde lumineuse – *Q* – est émise après une inversion – *switching* – de population des ions néodyme).

Si nous proposions aux victimes des tatouages de ne pas se lancer dans cette aventure au moment de les décider, les discussions déraperaient vite sur la dispute. Pourtant, ce seront les mêmes qui viendront réclamer notre aide pour les retirer, avec une insulte toujours prête à fuser si nous n'arrivons pas à les satisfaire. Elle redoublera si d'aventure l'assurance-maladie ne remboursait pas l'acte opératoire. Je cherche encore à comprendre la pirouette !

Les tatouages amateurs représentent l'indication optimale de ce type de laser, quand ils sont superficiels. Le nombre de séances est variable selon la densité d'encre et la peau du patient. Il faut prévenir du fait que c'est un traitement long, mais qui laissera peu ou pas de cicatrices. Néanmoins, il ne faudrait pas laisser croire que l'ablation d'un tatouage est facile. Céder à cette mode, c'est bien souvent obérer l'avenir. On ne peut pas traiter en une seule séance un tatouage circulaire et de grande taille sur un membre par exemple (risque d'entraîner un effet de garrot problématique).

La destruction des tatouages professionnels à l'encre noire est également une bonne indication, mais il faut davantage de séances. La présence de couleurs (surtout bleu, vert...) rend plus aléatoire le résultat. Il est préférable, si elles priment, de refuser le traitement. Concernant le rouge, il faut utiliser (du moins essayer) une longueur d'onde adaptée.

Ces traitements seront réalisés en période hivernale. L'éviction solaire est impérative. (Certains trouvent pourtant qu'un bon coup de soleil par-dessus améliore le résultat !)

Les tatouages cosmétiques réalisés par les esthéticiennes, avec des pigments naturels, ne doivent pas être traités par lasers pigmentaires : les pigments d'oxyde ferreux virent en oxyde ferrique et noircissent immédiatement, ce qui peut rendre la marque définitive. Le laser erbium est une alternative avec les restrictions précitées.

Il serait abusif de qualifier ces tatouages dits « esthétiques » (lèvres, sourcils, paupières) d'innocuité absolue. J'ai personnellement constaté une réaction immunitaire sur un maquillage permanent des lèvres, ayant induit une pathologie de même nature sur le système respiratoire et l'appareil digestif. Peut-être s'agit-il d'une simple coïncidence, mais tout est parti de là et s'y est limité un certain temps, avant d'être envahissant. Et puis, un coup de crayon est si vite fait ! et refait si la mode change... alors, prudence.

La lumière épilatoire

Beaucoup d'articles sont écrits pour vanter les mérites de l'« épilation laser ». En miroir, pas mal de bourses sont déliées par de nombreux « hirsutes » abusés. Car il ne s'agit pas d'épilations définitives, mais d'épilations à durée prolongée. La nuance a fini par s'imposer dans les offres longtemps mensongères.

Si les débords du « maillot » ou le creux des aisselles demandent rarement plus de cinq séances pour un résultat complet et durable, l'épilation des jambes, du thorax, du dos ou du visage demande parfois de dix à quinze séances, espacées de six à huit semaines, pour obtenir un résultat satisfaisant.

Certaines zones, comme le visage (particulièrement la branche montante de la mâchoire), le cou ou encore les épaules, peuvent être le siège de « repousses paradoxales » au bout d'un certain nombre de séances, anéantissant tout le bénéfice obtenu (mais il existe des protocoles de parade, selon le nombre de passages et l'énergie libérée). Enfin, il est plus sage de ne pas épiler ces zones chez une jeune fille encore instable sur le plan hormonal.

On ne peut pas nier l'efficacité de la méthode par rapport à l'épilation électrique (rapidité, caractère presque indolore, risque cicatriciel quasi nul). La lèvre supérieure en est le meilleur exemple, mais il ne faut pas mélanger tous les hirsutismes.

Les résultats seront plus rapides sur une hyperpilosité simple plus ou moins ethnique d'une jeune patiente brune à la peau claire que pour un dérèglement hormonal responsable d'une pousse de poils.

Il n'y a toujours pas de solution d'épilation par laser pour les poils blancs ou blonds, il faut se tourner vers d'autres méthodes au succès hypothétique, quand il n'est pas un fantasme de l'opérateur (lampes flash par exemple, plus ou moins associées à la radiofréquence).

L'épilation par l'action de la lumière, ou *photo-épilation*, est fondée sur le principe de son absorption par la cible (la racine du poil et sa mélanine), qui va se convertir en chaleur et détruire le poil avec son bulbe (cas le plus fréquent). Il faut donc choisir les appareils dont la lumière est émise dans les longueurs d'onde qui détruisent la mélanine du poil, sans atteindre les autres cibles (vaisseaux...), ni la mélanine de la peau (plus difficile). Dans ce choix, se trouvent principalement : les lumières intenses pulsées *(IPL)* – les lasers alexandrite – les lasers YAG long pulse – les lasers YAG Q-switché – les lasers à diode.

Comment la lumière pulsée intense permet-elle d'épiler ?

La lumière diffuse pulsée comporte toutes les longueurs d'onde pouvant être absorbées par la mélanine (qui colore le poil) mais aussi par l'hémoglobine (qui colore le sang). D'où l'importance de la qualité des filtres utilisés pour épiler et empêcher la repousse des poils sans abîmer les vaisseaux ni les mélanocytes de la peau.

Par la multiplicité de ses longueurs d'onde, le système *(lampe flash)* offre un traitement personnalisé selon la couleur des poils et leur texture. L'épilation des poils noirs, châtains et clairs est possible (pas les blonds ou blancs) sur toutes les parties du corps.

Une petite partie des poils tombe dès l'ablation du gel nécessaire au tir des lampes, l'essentiel chute secondairement, surtout en cas d'épilation du visage.

Pour être efficace et permettre une épilation quasi définitive, ces lampes doivent délivrer une très forte puissance pour pénétrer suffisamment et apporter une grande quantité de chaleur au poil, chaleur qui va diffuser jusqu'au fond de la racine et détruire les cellules du bulbe à l'origine de sa fabrication.

Toutefois, commencent à apparaître sur le marché des appareils de poche qui échauffent le poil (No-No, Tria-Diode) pour quelques centaines d'euros, qui seraient efficaces et sans danger ! C'est un constat de pratique culturelle qui a donné l'idée de se diriger vers cette méthodologie simplifiée. Certaines femmes orientales ont la peau des avant-bras dépourvue de duvet. Cette particularité ethnique est associée au fait qu'elles cuisinent en entrant les bras dans le four de façon répétitive. Et voilà comment l'idée a fait son chemin, jusqu'aux linéaires de nos magasins. À suivre...

Le laser alexandrite long pulse

L'alexandrite est une pierre dure qui change de couleur selon l'éclairage. Son nom lui a été donné en l'honneur du tsar Alexandre II, car la mine la plus importante (actuellement épuisée) se trouvait en Russie. Son rayon cible spécifiquement la mélanine contenue dans le poil, entraînant une destruction sélective du bulbe pileux sans risque pour l'épiderme. Tous les poils disparaissent en fin de séance et toutes les zones du corps peuvent être traitées.

La rapidité de l'acte est son point fort, car les tirs laser se succèdent toutes les secondes ou fractions de seconde, permettant de traiter de grandes zones en peu de temps.

Mais son mode d'action lié à l'absorption de la mélanine lui interdit d'épiler les peaux qui en contiennent trop, et le fait réserver aux poils noirs ou foncés sur peaux blanches ou légèrement mates.

Le laser yag long pulse

La spécificité de ce laser (d'utilisation douloureuse) est liée à son mode d'action, qui n'est pas centré sur l'absorption de la mélanine mais sur un effet thermique particulier lui permettant d'épiler les peaux difficiles. Ce laser autorise toutes les couleurs de peau, notamment noires, à bénéficier de la *photo-épilation*.

Le laser yag très court pulse

Il agit comme le précédent, mais la durée extrêmement brève de son tir va réaliser un effet mécanique sur le bulbe (le pulvérisant sans le détruire) aboutissant à un poil extrêmement fin mais persistant. Ce laser dit « Q-switché » étant le seul auparavant utilisable pour les peaux noires, par son procédé non basé sur l'absorption unique de mélanine, lui a fait connaître de beaux jours. Il est aujourd'hui avantageusement remplacé par le YAG long pulse qui permet la destruction du poil par échauffement.

Le laser à diode

La spécificité de ce laser est de s'adapter aux peaux mates (mais pas aux peaux noires) car sa longueur d'onde est située entre celle de l'alexandrite et celle du YAG long pulse. Assez efficace sur certains duvets, il épile les peaux blanches et mates, mais se révèle douloureux et coûteux.

La lumière de « réjuvénation » ou de restructuration

D'abord quelques questions légitimes : comment un rayonnement lumineux, du type de celui dans lequel nous baignons en plein jour sans ressentir son action (en dehors de la chaleur et du coup de soleil, suffisants par ailleurs pour aiguiser notre curiosité), pourrait-il avoir un effet sur ce qui se passe dans notre peau ? Et pourquoi serait-il maléfique dans un sens (destruction), et bénéfique dans l'autre (réparations) ?

Ces questions, magiques en elles-mêmes, sont enceintes de leur réponse (*pregnant question* des Anglo-Saxons). Car justement, si nous voyons clair en plein jour, c'est bien qu'il y a une action physiologique du rayonnement sur l'œil. Nos cônes et nos bâtonnets *(cellules de la rétine)* sont des récepteurs sensibles *(chromophores)* qui détectent la plage du rayonnement visible. Bien mieux encore, nous pouvons distinguer les couleurs. Quand l'un des récepteurs est absent (daltonisme), il en est de même pour sa part du rayonnement. Il faut donc un émetteur et un récepteur. Les couleurs nous accompagnent dans la vie en utilisant en permanence une complicité entre les cellules de l'œil et la lumière, qu'elles convertissent en messages « électriques » subtilement analysés par le cerveau. Et qui s'en étonnerait ? Comme M. Jourdain, nous faisons de la prose sans le savoir.

Encore plus évident, chacun sait que la fonction chlorophyllienne utilise l'énergie de la lumière pour fabriquer de la matière nouvelle. Tout un processus de synthèse est déclenché par l'exposition solaire. Or, rien n'est plus voisin de la chlorophylle que l'hémoglobine. De là, l'effet de la lumière sur les angiomes livre une part de son mystère, car nous pouvons imaginer les globules rouges comme une cible potentielle. En dehors d'une « excitation », qui déclenche une réponse adaptée à la transmission simple du signal, l'interaction avec la vie cellulaire peut induire des réactions d'élaboration complexes *(synthèses)*, mais aussi procéder par destruction (*« sunburn cells »* du coup de soleil).

Enfin, et pour insister sur la réalité d'échanges énergétiques entre le rayonnement et les processus de synthèse à l'intérieur de la peau, quoi de plus simple que de constater le bronzage lors de l'ensoleillement. Maintenant, mieux armés pour se laisser convaincre, entrons dans le vif du sujet.

En dehors des actions directes sur les cellules de l'épiderme (renouvellement), l'un des objectifs est de faire échec aux taches pigmentées, aux dilatations vasculaires affichées et aux rougeurs diffuses qui apparaissent au cours du vieillissement.

L'autre est plus ambitieux. Il s'agit d'intervenir au niveau du derme, par un effet thermique de relance des synthèses du fibroblaste. Le but est son épaississement harmonieux, le raffermissement au pincement et le comblement des ridules superficielles.

Quant à l'hypoderme, ce sera surtout le pannicule adipeux qui orientera la recherche.

Lasers et lampes flash se sont adaptés pour améliorer l'aspect et la texture cutanée.

LONGUEUR D'ONDE

Pour cela, les appareils doivent délivrer des longueurs d'onde absorbées par la mélanine (lumière bleu violet de 430 à 550 nanomètres, l'absorption étant réduite au-delà) et le rouge des vaisseaux (lumière de 500 à 600 nanomètres et 1 064 nanomètres). Les lampes flash offrant des spectres larges (allant de 475 à 900 nanomètres) permettent de traiter les deux cibles *(chromophores)*.

Les longueurs d'onde doivent être plus pénétrantes pour agir sur les mécanismes de synthèse dermiques (dépasser les 1 000 nanomètres). Ce n'est plus le domaine des lampes mais des lasers YAG qui pénètrent plus profondément.

Au niveau de l'hypoderme, ce n'est plus du domaine de la lumière visible, mais des longueurs d'onde situées dans les infrarouges longs (1 400 à 1 800 nanomètres) et d'un rayonnement électromagnétique de longueur d'onde encore plus importante (radiofréquence – développée plus loin), qui ont pour but la chauffe des tissus pour initier leur « restructuration ».

La lumière de « réjuvénation » trouve son origine dans deux types de machines :

Les lasers à longueur d'onde unique, qui ont été modifiés pour ne pas entraîner de brûlures de l'épiderme. Ils ne ciblent qu'un seul récepteur coloré *(chromophore)* et ont une action liée à cette cible particulière qui est en général la synthèse du collagène.

Les appareils à longueurs d'onde multiples (ou parfois sélectives). Ce ne sont pas des lasers. Nous y trouvons les *lampes flash* et les *lampes LED*, qui ciblent des effets dévolus à leur spectre d'action plus large sur le moyen et le long terme.

Il est fait état d'amélioration des vergetures !

Bien que personne ne puisse s'expliquer sur cette possibilité de l'ordre de la foi plus que de la science, le fait que des utilisateurs persistent à le prétendre nous oblige à le mentionner. Dès l'apparition des premiers lasers, les spécialistes ont cherché à étendre leurs applications à ces disgrâces cicatricielles.

Mais qu'en est-il de leur nature ?

Il s'agit d'une fracture dans « l'épaisseur » de la peau, avec rupture des fibres du derme (*élastine* et *collagène*) entraînant une inflammation (*vergeture rouge*) suivie d'une atrophie *dermo-épidermique (vergeture blanche)* avec perte de *fibroblastes (cellules du derme)*. La couleur blanche persiste des années avant de recouvrer plus ou moins celle de la peau saine, sous l'effet d'une recolonisation aléatoire des mélanocytes environnants. Elles apparaissent essentiellement sur le ventre, les seins, les hanches, les cuisses et les fesses.

Il est faux de penser que seule la prise de poids ou la rapidité de la croissance suffit à les déclencher. Certes l'action y est le plus souvent conjointe, mais une « ambiance » hormonale semble indispensable. Elle est parfois même la seule cause responsable (vergetures dues aux maladies des glandes surrénales par exemple, ou aux traitements de cortisone). Le fait que cette « note » hormonale soit aussi présente dans les cas de fortes prises de poids (grossesse et obésité) ou dans les poussées de croissance (orage de la puberté) entretient un certain degré de confusion, surtout que le modèle « accompli » de leur survenue reste à définir. Lorsque les alternances de prises et de pertes de poids répétées arrivent à les provoquer, c'est qu'il s'instaure un désordre implicite de nature endocrinienne associé.

Une peau tendue diminue l'aspect flétri de sa surface. De la même manière, une « contraction » du derme peut réduire l'aspect de sa cassure et de l'« étirement épidermique » (car il accompagne la rupture du derme qui le soutient). Mais aucune action de quelque nature que ce soit (excepté une ablation chirurgicale, qui remplacerait une cicatrice par une autre) ne rendra ses follicules pileux à une peau qui en est dépourvue. La « fracture dermique » les éloigne des berges de la vergeture et les duvets disparus, qui en diminuent la porosité et le velouté naturel, donnent à l'épiderme de surface l'aspect définitif d'une peau modifiée.

Alors, n'est-il pas prétentieux de vouloir les faire disparaître ? Que peut-on obtenir au juste ?

Un lissage de la surface fripée des vergetures anciennes blanches et **une harmonisation visuelle des bords** : par l'utilisation des lasers ablatifs autrefois (CO_2 et erbium), avec des retards de cicatrisation sans fin et des résultats médiocres ; des lasers ablatifs fractionnés aujourd'hui, qui pourraient être associés à des techniques de *greffes autologues* type Recell *(autogreffe mélano-kératinocytaire)* ? Mais quelle entreprise !

Une coagulation des vaisseaux dans les vergetures inflammatoires : autrefois, colorant pulsé et autres lasers vasculaires avec un purpura suivi de pigmentations pour un résultat quasi nul. Aujourd'hui, lampe flash de haute énergie. Mais que d'espoirs déçus !

Une relance de la fabrication du collagène *(néocollagénèse)* par les lasers, les infrarouges ou la radiofréquence, qui viendront « réchauffer » le derme profond. Mais comment stimuler des fibroblastes qui ont disparu ? Tout au plus pourrait-on augmenter la fibrose qui viendrait rapprocher les bords, mais alors il faudrait agir sur les fibres élastiques pour lesquelles cette faculté est reconnue !

Finalement, c'est une combinaison de toutes ces méthodes à d'autres techniques, allant de la *vitamine A acide* à la chirurgie corrective, en passant par les peelings, les abrasions et micro-abrasions... qui peuvent certes apporter quelques résultats de surface, mais « le traitement » des vergetures reste encore du domaine de la recherche et peut-être de l'illusion...

Que peut-on rajouter sur les lampes flash ?

Ce sont des lampes de lumière incohérente à décharge de haute intensité qui produisent une radiation optique brutale. Elles fonctionnent sur un mode pulsé, en convertissant l'énergie électrique stockée en salves intenses d'énergie rayonnante couvrant le spectre de la lumière de l'ultraviolet à l'infrarouge. À la différence des lasers, les lampes flash sont *polychromatiques* (leur lumière est absorbée par plusieurs *chromophores*).

Cette large bande de longueurs d'onde leur permet d'agir simultanément sur différents types de lésions en s'attaquant à des cibles variées. Elles semblent rattraper les lasers dans leurs indications cosmétiques du fait d'une plus grande innocuité, mais leur pénétration est réduite et elles doivent se limiter aux disgrâces superficielles.

Ces lampes sont « à la mode » en institut de beauté pour leur réputation d'efficacité dans le domaine « esthétique ». Mais, en dehors de plates-formes médicalisées, elles n'offrent que des puissances très modérées et, en conséquence, du fait de leur spectre limité à la surface de la peau, il ne faut pas en espérer des résultats sur les rougeurs, la couperose ou les rides. Tout au plus un effet de rajeunissement « sympathique » (peau plus claire, plus ferme, plus tonique), au prix de nombreuses séances, peut être obtenu. Il faudra bien être attentif au langage des « intervenants » et rester vigilant sur les promesses...

Que peut-on dire de la lumière émise par diodes ?

Une diode électroluminescente (abrégée en DEL), plus souvent appelée *LED* pour *Light Emitting Diode*, est un composant électronique capable d'émettre de la lumière lorsqu'il est parcouru par un courant électrique.

Une DEL produit un rayonnement quasiment monochromatique (une seule couleur) mais incohérent (contrairement au laser, les ondes sont émises en désordre). Il s'agit donc en fait d'un pinceau de lumière colorée d'émission continue (mais elle peut aussi être séquentielle ou incolore quand elle émet en dehors du spectre visible), correspondant à une longueur d'onde ciblée qui permet une propagation sélective. Les infrarouges, qui pénètrent profondément, sont utilisés en « endermologie » (encore un néologisme qui tente sa chance) pour agir sur le derme et l'hypoderme. En remontant les couches, la lumière rouge serait favorable aux divisions cellulaires, la jaune aux synthèses résultant de l'activité des kératinocytes et des fibroblastes, la verte freinerait la mélanogénèse et la bleue, d'action superficielle, ferait la chasse aux agents pathogènes de surface. Les promesses (qui ne semblent pas vaines) vont dans le sens d'un coup d'éclat, d'une diminution des ridules et d'une amélioration de la « cellulite ».

Leur protocole d'application est en développement et les premiers résultats sont encourageants. Il existe maintenant des diodes en lumière blanche, donc polychromatiques, qui augmenteraient le nombre des cibles. Un nouveau discours devra s'élaborer pour en faire admettre la nécessité, puisque la valeur de la photothérapie passait justement par un ajustement restreint des longueurs d'onde disponibles.

Leur pouvoir d'agir sur des substances par affinités (qui peuvent être appliquées de façon conjointe), comme de stimulation des synthèses au niveau des cellules du derme et leur action résolutive sur l'inflammation (retrouvée au cours du vieillissement et lors des suites de peelings par exemple), leur promet un bel avenir dans la panoplie des outils cosmétiques.

La radiofréquence

En dehors de son utilisation couplée aux lampes destinées à l'épilation, la radiofréquence (parfois appelée *thermomodulation*) est une exploitation détournée de la force électromagnétique. C'est une radiation dont la fréquence est inférieure à 3 000 gigahertz, soit d'une longueur d'onde supérieure à 0,1 millimètre (puisqu'en ce domaine la fréquence et la longueur sont forcément liées). On se trouve donc à l'extrême droite de l'échelle ouverte du spectre électromagnétique (au-dessous des infrarouges), si nous plaçons à l'extrême gauche les ondes gamma (bien au-dessus des ultraviolets). On les qualifie par rapport à leur fréquence, plus facile à « saisir » que leurs longueurs d'onde qui s'étendent au-delà de centaines de milliers de kilomètres !

À la différence des autres méthodes, il ne s'agit plus de l'absorption ciblée des photons qui véhiculent l'énergie ondulatoire de la lumière, mais de la résistance naturelle des tissus au déplacement des électrons qui véhiculent celle de l'électricité. Car la propagation de l'onde s'assimile à un signal électrique. Ce serait l'opposition relative au mouvement qui induirait des réactions thermiques et déclencherait des processus biologiques. (Conjuguer au conditionnel est une aubaine en matière scientifique.)

J'avoue ne pas y retrouver tout à fait de bons repères, car il y a beaucoup de confusion dans les publications sur le sujet. Se questionner sur la valeur des arguments fondés est une chose, en mesurer les résultats en est une autre. Et là, il faut se rendre à l'évidence : il se passe quelque chose.

D'ailleurs, pour en donner immédiatement une image incontestable, prenons le cas des hyperfréquences (entre 400 mégahertz et 30 gigahertz). Pourquoi ? Tout simplement parce qu'elles représentent la bande technique du four à micro-ondes. Là, on a compris !

Comment fonctionne-t-il ? Par échauffement dû à l'agitation de l'eau, qui résulte de l'oscillation de sa molécule (dont le dipôle s'oriente passivement dans le champ électrique alternant de l'onde). La nature a cette particularité vis-à-vis de l'énergie, c'est qu'elle sait très facilement la transformer en chaleur. Et l'agitation échauffe, même les esprits, c'est bien connu. Ce rayonnement peut-il avoir des conséquences électriques directes ? Les éclairs observés lors du fonctionnement à vide d'un four dédié (ou en présence de métal impropre à son utilisation) sont un moyen de s'en rendre compte, mais qui n'est pas à conseiller.

La radiofréquence se bornerait-elle à échauffer les structures de la peau par phénomène ondulatoire ou provoquerait-elle des échanges énergétiques par induction (action directe du champ magnétique sur les électrons libres), ou les deux, ou encore autre chose ? Ce sont probablement des questions illégitimes, puisqu'elles semblent éloignées des soucis de ceux qui proposent les machines. Sachons que la plupart de celles qui utilisent l'onde électromagnétique proviennent de la recherche sur l'armement de guerre. Elles sont ensuite adaptées à la médecine et à la beauté pour des raisons diverses. La seule que nous retiendrons est leur bénéfice (ceux qui verront une duplicité dans le terme n'auront pas tout à fait tort). En tout cas, comment rester indifférent à l'agression thermique de la peau, même si la brûlure est contrôlée, compensée ou simulée ? Surtout quand les concepteurs improvisés ou les experts autoproclamés des outils responsables n'ont pas le bagage suffisant à la réflexion dermatologique sur le long terme. Il suffit parfois de lire la documentation technique ou les rapports d'expertise pour, en bon Gaulois, lever les yeux vers le ciel afin d'éviter qu'il nous tombe sur la tête. Et encore davantage quand les arguments, éloignés du contexte, sont repris et noyés dans le langage élégant de la vulgarisation scientifique ou des communications spécialisées.

Lorsque les radiologues ont découvert la possibilité d'éliminer les verrues rebelles à l'aide des rayons X (situés en amont des ultraviolets), la clientèle se bousculait à leur porte. (Il existait même certains chausseurs, au siècle dernier, qui utilisaient un appareil de radiographie permettant de voir les pieds à travers la chaussure pour mieux l'ajuster à leur taille.) Ce n'est qu'une trentaine d'années plus tard que les mêmes révélaient des cancers sur les zones irradiées. Bien sûr, nous ne sommes pas en présence de radiations ionisantes (qui débutent avec les rayons X et s'étendent au-delà). Mais, dans le même ordre d'idées, les effets néfastes des ultraviolets sont parfaitement admis, pourtant il y a toujours des adeptes de lampes à bronzer ! Le bénéfice escompté efface trop souvent la prise de risque.

Les « radiations ionisantes » correspondent à des rayonnements électromagnétiques (liés à la cinétique, donc au mouvement) ou particulaires (liés à la masse) possédant une énergie capable d'arracher des électrons aux principaux constituants de la matière vivante. Réaction diabolique qui se propage en chaîne aboutissant à des mutations ou à des morts cellulaires. En dessous de ce seuil énergétique, convenu pour une valeur moyenne de 13,6 électronvolts (l'électronvolt mesure en physique des particules l'énergie cinétique acquise par un électron accéléré depuis le repos sous une différence de potentiel électrique de 1 volt), les radiations sont dites « non ionisantes » (c'est-à-dire incapables de faire courir ce risque). La lumière ultraviolette, visible et infrarouge en fait partie, comme les ondes radioélectriques, qui ne sont pas pour autant dépourvues d'effets pathologiques chez l'homme.

RADIATIONS IONISANTES

Quant à la radiofréquence qui nous intéresse, elle délivrait dans la première génération d'appareils une énergie de 330 watts à 6 mégahertz (ce qui signifie que la polarité change six millions de fois par seconde, soit une « crise épileptique » locale qui fait monter la température à 65 degrés sur 4 à 7 millimètres de profondeur pour une durée inférieure à 2 secondes par impulsion). En fait, la propagation du phénomène est contrôlée en intensité et en profondeur dans les couches de la peau pour obtenir l'effet recherché : une stimulation de la synthèse des collagènes dans les trois à six mois qui suivent la séance de traitement. Une action immédiate est aussi constatée sur le réseau en place, car les fibres de l'armature du derme et les lobules du capiton d'adipocytes se contractent en « temps réel », ce qui provoque un effet qualifié de *« lifting subdermal »*, dans la mesure où une traction (plutôt une rétraction) cutanée s'effectue en profondeur. En fait, il s'agit d'une sorte de « cuisson » de la peau, qui investit sur un processus de réparation dont nous espérons les plus-values. Tout se passe comme si une « mise en alerte » avait informé le capital cellulaire par délit d'initié. Effectivement, les cellules sont bien secouées, à elles de montrer leur savoir-faire au décours d'une petite semonce.

Contrairement aux lasers, ce rayonnement est utilisable sur tout type de peaux, quelle qu'en soit la couleur. Le traitement doit être répété par espacements plus ou moins éloignés, selon la méthode et le matériel proposés.

Info ou intox ? Il semblerait que, une fois les inconvénients dépassés de la première génération instrumentale (douleur provoquée, fonte inopinée du tissu graisseux, inhomogénéité des résultats, absence d'effet sur les volumes en dehors d'une tension immédiate mais éphémère), l'avenir semble ouvrir les bras à ce type de traitement destiné essentiellement aux peaux flétries et distendues.

D'ailleurs, la deuxième génération de ce principe est déjà là. Le protocole est simplifié et l'outil optimisé (la fréquence émise et l'énergie délivrée ont été diminuées par six pendant que les électrodes devenaient tripolaires) : pas d'éviction sociale et plus de douleur associée. Au contraire, une sensation de chaleur bienfaisante est des plus agréables.

En outre, les instruments qui émettent des ultrasons sont maintenant miniaturisés et potentialisent la thermomodulation. Leur association nous propose des résultats remarquables, avec des effets bénéfiques là où seule la chirurgie avait droit de cité. La peau du cou, des bajoues, celle de l'intérieur des bras et des cuisses, comme le modelé du visage et des fesses, sont améliorés de façon assez significative et parfois même spectaculaire. Les surcharges graisseuses, qui ont la mauvaise réputation de migrer vers le bas du ventre dès un certain âge et bien avant un âge certain, sont combattues. La bouée de sauvetage s'amenuise, mais qui oserait s'en plaindre quand elle nous embarrasse hors de l'eau. Même si les séances sont nombreuses et l'entretien nécessaire, le résultat est déjà bien au-delà de l'escompte, inespéré.

Une nouvelle approche cosmétique, qui vient de faire son entrée en beauté.

En conclusion, bien que différentes, toutes ces méthodes utilisent une même entité physique, celle qui se partage la cohérence de l'Univers avec les forces nucléaire forte, nucléaire faible et gravitationnelle. C'est la force électromagnétique. Sans elle, point de salut, tout serait imperturbablement uniforme et stérile. Non seulement il fallut que la lumière soit, mais qu'elle éclaire ce qui fut. Et pour éclairer il faut qu'elle soit interceptée (c'est le cas de notre rétine, mais aussi des pigments ciblés, comme l'hémoglobine ou la mélanine). Sans cela, son onde est ignorée. C'est son interception qui dévoile sa nature corpusculaire et délivre l'énergie. Ce qui explique son passage à travers des structures sans le moindre dommage. Sans l'atmosphère, qui lui permet de se révéler en plein jour, le ciel serait noir d'encre constellé d'étoiles, ce qui peut donner une idée simple de sa manière d'être. Sa durée est insensible au temps, puisque nous recevons d'elle des messages venus de nos origines. Un autre de ses mystères : sa vitesse est toujours là, sans qu'il y ait besoin de la moindre énergie pour la lui donner. La lumière n'accélère jamais. Elle ne varie que par sa fréquence qui conditionne sa longueur d'onde et inversement.

Sachons nous en faire une alliée sans trop la triturer tout de même... qui sait ?

Il était difficile de cerner l'ampleur du sujet, mais nécessaire car il ne se passe pas un seul jour sans qu'il soit évoqué. Sachez que ce n'est rien par rapport à la réalité, car le chapitre est énorme et en perpétuelle mutation.

L'obsolète d'hier revient à la mode du jour (exemple les CO_2 *scannérisés*). À l'heure actuelle, les « associations de longueurs d'onde » prennent l'envol et le « fractionnement » a déjà du plomb dans l'aile. Puis voici que les CO_2 *fractionnés* quittent leur nid d'aigle et repartent à l'assaut... pendant que les vieilles machines à balayage ressortent des placards avec des résultats qui n'ont pas à rougir (à part pour ce qu'il en est des suites opératoires) de la comparaison.

Les pays asiatiques (Coréens et Chinois) arrivent bientôt sur le marché et tout se miniaturise. Les prix vont fatalement baisser avec les lasers grand public et ceux de poche « médicalisés ». Bref, on passe de la préhistoire au Moyen Âge, mais la route est encore longue pour atteindre les temps modernes... Il y a du chemin de la citrouille au carrosse.

les méthodes invasives
quand le chirurgien s'en mêle

Le propos n'est pas de passer en revue l'ensemble des méthodes mises à notre disposition. Il s'agit d'un choix motivé par un encadrement situé dans le temps.

La dermabrasion était connue bien avant que l'écriture ait pu en marquer la trace. Les liftings brillent par leur nécessité et leur modernité qui dure. Quant à la liposculpture, elle a vécu des heures de gloire, puis s'est fait oublier, pour trouver une nouvelle jeunesse en changeant de nom de baptême.

la dermabrasion

une amie qui nous vient de loin

Si une méthode de « rajeunissement » cutané est performante sans le moindre doute, c'est bien la dermabrasion. Mais elle est totalement opérateur dépendante. C'est-à-dire que sa réussite tient beaucoup à l'habileté et à la pratique de l'opérateur. Qui plus est, cette expérience professionnelle est très difficilement communicable. Un peu comme si vous vouliez expliquer comment faire du vélo. Il faudra bien un jour se lancer et les chutes seront probables. On ne peut donc acquérir sa maîtrise que par la pratique, et la pratique souffre d'un manque d'apprentissage. Le problème tourne en rond : il faut bien commencer un jour ou l'autre !

Entre des mains expertes, les résultats sont époustouflants sur les taches et les cicatrices du visage comme sur la restauration de rides péri-buccales par exemple, et fantastiques sur les peaux héliodermiques (vieillies essentiellement par les fortes expositions solaires au cours de la vie).

L'effet, obtenu par élimination mécanique des couches superficielles allant jusqu'aux papilles du derme (et parfois plus profondément en raison de la richesse des bulbes folliculaires, pourvus d'un réservoir cellulaire très performant qu'il ne faut surtout pas abîmer), est la relance d'une synthèse de fibres de maintien et de cellules neuves.

Cette *néo-genèse (naissance nouvelle)* cutanée, obtenue sans la moindre croûte (les protocoles utilisant leur production n'offrent pas les mêmes avantages), ne peut être que bénéfique et aura l'âge de sa création. D'où le rajeunissement et l'effacement des disgrâces sur les zones qui seront abrasées.

Les lasers ont tenté un « hold-up » sur ces vertus. Peine perdue. Malheureusement, leurs effets néfastes dus au principe fondamental de leur action, fondée sur la brûlure contrôlée (lésions des zones bulbaires pratiquement inévitables et processus de cicatrisation laborieux), se sont ajoutés à leur impossibilité de réaliser la même chose et ont abouti à un retour de bâton pervers déplorable : le discrédit sur la dermabrasion, grande sœur pourtant irresponsable.

Il ne faut donc pas confondre dermabrasion mécanique (technique ancienne qui se pratiquait au temps des pharaons, réalisée de façon moderne avec des lentilles abrasives revêtues de diamant) et laser-abrasion qui est une ablation superficielle par pulvérisation thermique des tissus. Procédé et résultats sont tout bonnement incomparables, comme le sont les suites opératoires. Une dermabrasion bien conduite se résout intégralement en six jours. Ce n'est pas un abus de langage, il s'agit de six jours fermes et nets. Au dixième, la peau est parfaitement restituée et le maquillage autorisé. Jamais aucune autre technique ne pourra proposer une séquence aussi brève des événements… jamais.

Il ne faut surtout pas confondre ce procédé quasi magique, avec la micro-abrasion réalisée à l'aide d'une machine par pulvérisation de microcristaux d'alumine (ou autres). Ce procédé ne sert à rien d'autre qu'à éliminer la couche cornée superficielle, ce qui entraîne une réaction automatique de défense par augmentation des couches de kératine en retour. D'où une peau rapidement grisâtre qui nécessite d'y revenir. Ainsi, la dépendance inverse l'effet escompté en induisant à terme une peau d'aspect plus âgé.

les liftings

la grâce sans la pesanteur

« Le beau est ce qu'on ne peut pas vouloir changer », écrit Simone Weil. Ses intuitions relatives aux forces qui nous dirigent, dans le contexte d'une extase mystique, sont soulignées à plusieurs reprises dans *La Pesanteur et la Grâce*. Certaines ont une résonance étrangement esthétique : *« La beauté, c'est l'harmonie du hasard et du bien. »* Ailleurs : *« La beauté séduit la chair pour obtenir la permission de passer jusqu'à l'âme. »*

Mais la pesanteur, c'est aussi une accélération vers le chagrin et beaucoup y préfèrent l'ascension vers l'ascèse. Il suffira parfois de changer si peu de choses, de s'opposer à peine aux forces qui nous attirent vers le bas, pour se retrouver réconcilié face au miroir de l'âme où l'on ne se reconnaissait pas.

Voici que les techniques non invasives sont dépassées pour traiter le vieillissement du visage. L'excès de peau *(ptose des téguments)* domine. Une intervention adaptée à la correction de son affaissement constitue la solution de choix.

De façon simple, le lifting consiste à décoller les tissus pour les réduire et les mobiliser vers le haut. Il y aura donc des méthodes différentes selon le niveau du décollement, l'importance du sacrifice de peau, la manière de réaliser les déplacements, les modalités des processus de suspension et les parties anatomiques qui seront intéressées par le mouvement. S'ensuivent des tensions résiduelles qui donnent parfois au visage, jointes au placement des cicatrices, cet aspect de faciès lifté qui ne trompe personne, sauf la crédulité de ceux qui en affichent le résultat. L'étalement des lobes d'oreilles en est un critère redouté. Ici plus qu'ailleurs, l'entretien préalable sera une étape à ne pas négliger.

L'opérateur est pour beaucoup dans la réussite du projet, mais l'insistance de la clientèle en pousse bon nombre dans les cordes du ring où le K-O technique est à craindre.

Le mieux est parfois l'ennemi du bien. Vouloir cacher les cicatrices à tout prix, en leur faisant emprunter un trajet judicieux à l'intérieur de l'oreille, aboutit parfois au résultat inverse pour un œil exercé (en général celui des meilleurs amis). Le tragus (partie « crénelée » qui sépare le pavillon de l'oreille de la joue) est couvert d'une peau très fine pratiquement sans duvet. Le fait de le recouvrir d'une peau duveteuse plus épaisse (celle de la joue liftée qui contient même de la barbe chez l'homme) lui donne un aspect artificiel en même temps qu'un risque de bascule provoquant une légère éversion (d'aspect esthétique discutable). Mais les cicatrices placées en avant de ce repère anatomique, qui utilisent pourtant un pli naturel souvent présent (prétragien), sont refusées par la majorité des sujets considérant que c'est une méthode désuète. Grand bien leur fasse, mais qu'ils en soient avertis.

Les autres cicatrices se dissimulent dans les parties pileuses du cuir chevelu, c'est pour ça que l'œil critique se pose si souvent sur la nuque de celles qui arborent un chignon décoiffant. Y aurait-il la trace de quelque chose qui justifierait le rajeunissement, ou la traction du chignon se suffit-elle en elle-même ? Allez savoir ! Surtout qu'il existe des formes centrales de lifting, où les cicatrices disparaissent des sites habituels d'exposition, pour devenir réellement invisibles en occupant la base de l'implantation des cils de la paupière inférieure. Alors là, bravo ! essayez donc d'y voir quelque chose. Ces liftings dits « modernes » ne réalisent pas tout à fait la même chose et les visages changent d'aspect, quand ils ne sont pas radicalement transformés. D'où le questionnement qui se poursuit en aparté :

– *Mais elle n'avait pourtant pas cette tête ?*

Quant aux liftings endoscopiques (outils et caméras sont passés par de petites boutonnières dissimulées, parfois même dans la bouche), ils se passent plus ou moins de cicatrices visibles, mais leur champ d'action reste limité à des cas ciblés.

C'est le relâchement musculo-cutané (peau et muscles peauciers) qui constitue l'indication majeure du lifting. Trois formes sont les plus représentatives de la méthode : le lifting cervicofacial, le lifting frontal et le lifting temporal.

Le lifting cervicofacial

C'est la forme la plus aboutie. Il domine les indications lorsqu'il existe des bajoues et une saillie des bords antérieurs des muscles peauciers du cou (responsables de l'aspect en « fanons » si mal dissimulés avec un ruban).

C'est une intervention chirurgicale à part entière, qui peut réclamer une anesthésie générale (même si souvent une locale ou loco-régionale assistée peuvent se révéler suffisantes).

En général, l'incision débute à la tempe chevelue, passe dans ou devant l'oreille, puis la contourne en passant sous le lobe, suit le pli rétro-auriculaire où elle se dissimule, pour finir en se perdant de façon variable dans les cheveux de la nuque.

La peau est décollée d'arrière en avant, puis mise en tension avant d'en décider l'ablation d'une quantité plus ou moins importante.

Les muscles situés en profondeur peuvent subir la même punition, ou être simplement plicaturés avant leur mise en suspension. Le plus souvent, un troisième geste intervient : une résection ou lipo-aspiration conjointe de la graisse sous-cutanée excédentaire. La peau est ensuite redrapée, c'est à ce moment que sera décidée la découpe de son excédent. Certains parlent alors de « simple », « double » ou « triple face-lift ».

Les résultats sont souvent remarquables. Si parfois décevants, l'opérateur n'en est pas toujours directement responsable. Il propose, mais la peau dispose. Les tabagiques doivent s'attendre à des déboires de taille, à un tel point que certains plasticiens refusent l'opération sur ces terrains « minés ». La durée moyenne de l'effet bénéfique, si la méthode est bien conduite, dépasse dix ans (un bémol pour les « fanons » qui jouissent d'un caractère rebelle et d'une propension à la récidive avancée).

Le lifting frontal

Comme son nom l'indique, il s'intéresse à l'aspect vieilli du front. Actuellement, sa pratique est en net recul depuis les succès incontestables du traitement par la toxine botulique. Il est donc réservé à des cas qui ne relèvent pas de cette solution non invasive.

La cicatrice dissimulée dans les cheveux (mais alors leur implantation recule !) ou située à la lisière du cuir chevelu (mais alors elle s'expose aux regards) fait suite au lift de la peau frontale et de son peaucier. En général, un geste sur les muscles qui créent la ride du lion *(corrugators)* est associé. Ce n'est pas toujours du meilleur effet. S'ensuivent parfois un déséquilibre à la naissance des sourcils et presque toujours une fonte de l'insertion musculaire à ce niveau, créant une dépression qu'il faudra corriger. Le résultat sur la partie du front située à la racine du nez, qui se plisse sous l'action des corrugators *(glabelle)*, est moins élégant que celui obtenu par la toxine botulique.

La durée de ce lifting, de moins en moins proposé, est légèrement inférieure à celle du cervico-facial (auquel il peut être associé).

Le lifting temporal

Il se propose d'agir sur l'angle externe de l'œil (rides de la patte-d'oie et pommettes). L'incision est réalisée dans la tempe chevelue (ou pré-chevelue, pour éviter son recul si elle est dégarnie), voire en boutonnière décalée plus haut dans la tête. La peau est ensuite décollée, redrapée, parfois suspendue, puis suturée après avoir procédé à sa découpe excédentaire.

Là encore, l'arrivée de la toxine botulique a diminué le nombre des indications de cette méthode. En revanche, elle s'associe de façon heureuse au lifting de la partie centrale de la face, qui procède par décollement de la membrane qui protège l'os *(périoste)*, pour déplacer les parties molles du milieu du visage. L'excès cutané induit se retrouve accumulé au niveau des paupières inférieures (qu'on réduira) et des tempes, où le lifting temporal à distance reste la solution.

Le lifting des paupières

Il mérite une place à part. Les paupières inférieures peuvent être liftées, mais ce sont les supérieures qui en récolteront le meilleur bénéfice. Le terme spécialisé est *blépharoplastie*. L'opération se pratique sous anesthésie locale, ce qui en limite le danger au minimum.

Il s'agit de retirer l'excès de peau, et parfois du muscle peaucier qui lui est adhérent *(orbiculaire palpébral)*, pour dégager le regard du trop de peau qui le vieillit. L'ablation de graisse associée est moins indiquée qu'auparavant. Il s'agit d'un effet de mode. Seul l'angle interne sera « ponctionné » à la demande.

La cicatrice est parfaitement dissimulée dans un pli naturel de structure anatomiquement accentué par la fonction. Il correspond à l'insertion, sur un arceau fibreux rigide qui arme la paupière *(tarse)*, du muscle releveur (celui qui permet de garder l'œil ouvert et joue un rôle essentiel de rappel dans les battements de paupière nécessaires à la lubrification de l'œil).

C'est l'opération esthétique la plus appréciée de la clientèle, le résultat est toujours magnifique. Quant à la rançon cicatricielle, elle est pratiquement indécelable. Ce qui compte dans la réussite est l'adresse de l'opérateur, son aptitude au dessin et son goût artistique. Jamais autant qu'en cette matière ne seront associés les trois critères du bon chirurgien : le savoir, la technique et le bon sens.

Quant aux blépharoplasties inférieures, elles gardent leur intérêt pour les poches graisseuses ou un grand excès de peau palpébrale. La cicatrice sera alors dissimulée au ras des cils. (Il s'agit aussi de la voie d'abord du lifting centro-facial dont nous venons de parler.)

Dans le cas où la peau ne serait pas en excès (ou pas assez), un abord par l'intérieur de la paupière *(trans-conjonctival)* sera proposé pour éviter une éventuelle rétraction. Elle produirait au pire la bascule d'une paupière larmoyante *(ectropion)*, au minimum un œil rond ou sa version anglo-saxonne « *scleral show* » (trop de blanc visible sous l'iris), dont l'aspect était bien exposé chez un chanteur américain dont les effets cosmétiques ne s'arrêtaient pas là, mais dont le génie et l'énorme talent feront regretter l'absence.

Et si nous parlions de tact et mesure ?

Il ne serait pas charitable de s'en tenir à l'aspect technique du problème en donnant l'impression que tout se passe dans le meilleur des mondes. Une mise en alerte est nécessaire en évoquant l'errance qui accompagne le mécontentement.

En dehors des dysmorphophobes (qui s'imaginent d'une laideur irraisonnée) pour qui la solution est d'un autre ordre, il s'agit d'évoquer le dédale qu'impliquent les effets jugés nuls ou à peine favorables pendant une année (et parfois moins). Le résultat, inférieur à celui qui est espéré (souvent issu de ceux qui sont médiatisés), entraîne une quête de l'inaccessible.

Ce qui me rappelle une anecdote qui peut aider à saisir les affres de la comparaison sauvage. Les amateurs de jazz connaissent la virtuosité de Michel Petrucciani. Il se trouve que son père vendait des instruments de musique et que les clients avaient droit aux démonstrations du fils au génie précoce. Fiers de leur achat, ils ne tardaient pas à revenir au magasin, furieux de constater que leur progéniture n'en tirait pas le même bénéfice. Assurément, c'était le piano qui était coupable. Dans le même esprit, l'insatisfaction permanente pousse à des actes en série, suivis dans cette course folle par des intervenants complices ou illuminés.

– *Surtout ne faites rien d'important, le pire serait qu'on remarque quelque chose.*

Et voilà le piège ! Ces mots veulent exactement dire le contraire. Il faut savoir entendre la demande chargée d'angoisse derrière le masque de la sérénité. Même si le chirurgien, profitant d'une expérience bien rodée, met toute la tension nécessaire aux téguments, le résultat sera jugé insuffisant quel que soit le cas de figure. S'ensuit un circuit alambiqué à la recherche du « rayon vert » sans jamais le trouver.

Le risque est de se lancer dans un tourisme chirurgical, où la physionomie change au gré du couchant. Le visage se déforme ; la mimique se fige ; la tête enraidie entraîne les épaules à la moindre rotation par crainte que tout craque ; les foulards s'amoncellent autour du cou ; la coiffure s'improvise un nouvel ordonnancement qui rassure, alors que chacun y remarque un désir de dissimuler les cicatrices ; les paupières s'étirent vers le haut jusqu'à donner l'impression que la prunelle a perdu sa place ; la bouche s'étale vers les oreilles dont les lobes s'étirent vers le bas ; les lèvres sont prêtes à exploser et les consonnes occlusives n'ont plus le même son ; les décollements successifs entravent la vascularisation qui s'offre un réseau de couperose en compensation ; les muscles peauciers, trop souvent maltraités, s'inventent de belles plicatures ondulantes sur les joues abusées par un excès de soleil à grand renfort de lampes; la peau plisse de façon oblique à l'ébauche d'un sourire mal assuré, alors que le naturel s'y oppose. Le nez (s'il est épargné du carnage) témoigne encore d'une harmonie passée à jamais disparue.

Il ne reste plus que les yeux pour pleurer (le plus souvent cachés derrière des lunettes noires), car ils en conservent le privilège et en abusent encore davantage en creusant une nouvelle « vallée des larmes ». S'il y avait un seul conseil à donner, ce serait celui de choisir son chirurgien après une mise en confiance, d'éviter d'en changer à tout bout de champ et de suivre son avis surtout s'il est assuré (le malheur est que les discours séduisants ne sont pas toujours les plus sages). Lorsqu'une méthode nouvelle vous est proposée en exclusivité, demandez-vous d'abord pourquoi elle est si peu pratiquée. Croyez vous que le premier souci d'un spécialiste soit d'être en retard sur une évolution technique ?

« Quoi de neuf? – Molière! » Cette réplique devrait nous rester en tête. Une « percée » se fait jour en ce domaine à peu près tous les dix ans. À écouter les nouvelles et leur écho, il y en aurait une par semaine (au rythme des magazines hebdomadaires sur le sujet). Cherchez l'erreur !

Tout cela contribue à discréditer la procédure en faisant passer les interventions pour des gestes maladroits, alors qu'une technique bien conduite réalise de pures merveilles dont les exemples sont là pour nous inciter à y rester fidèles. Surtout si on lui associe les méthodes douces éprouvées en dermatologie esthétique, comme le bénéfice apporté par la cosmétologie moderne mise à notre service.

la liposculpture

la graisse dans tous ses états

Pourquoi parler de *liposculpture* au lieu de *liposuccion* ou de *lipofilling* ? Tout simplement parce que ce terme assez judicieux recouvre les deux.

Il s'agit de considérer le tissu graisseux sous-cutané comme une surcharge à diminuer ou un produit naturel de comblement des pertes de volume, donc un moyen de sculpter les formes.

D'abord, nous parlerons des injections de graisse autologue (c'est à dire propre à l'individu). Puis nous verrons les moyens de l'extraire et les alternatives modernes non invasives qui tendent à les détrôner.

Les injections de graisse autologue *(lipofilling)*

L'injection de graisse autologue suppose que le receveur soit aussi le donneur. Cette manœuvre, appelée « *lipofilling* », s'assimile à une greffe. Il ne viendrait à l'esprit de personne de prendre le risque irraisonné d'utiliser un tissu graisseux compatible d'origine « exotique ». Il ne peut s'agir que de celui d'un même individu.

En dehors de corrections imposées dans un contexte médical (cicatrices dépressives ou fonte hypodermique consécutive à la trithérapie du syndrome d'immunodéficience acquise), le prélèvement et l'implantation d'adipocytes sont généralement décidés dans le contexte de la beauté. Le but étant de corriger des baisses de niveau ou des pertes de volume (l'hypercorrection n'étant pas la règle). En fait, la raison esthétique est présente dans tous les cas, puisque la revendication est portée par le désir d'éviter un « rejet » social.

Comme souvent, la méthode résurgente vers le dernier quart du XXe siècle était connue depuis le XIXe siècle. Les Français, dont le nom est affilié à certains protocoles, y ont beaucoup travaillé, mais c'est un dermatologiste new-yorkais (Sydney R. Coleman) qui a codifié un principe fédérateur : celui d'éviter le traumatisme des cellules en prélevant en « douceur », de séparer les phases par centrifugation (ou sédimentation), de laver, puis de réinjecter finement le concentré obtenu en augmentant les chances de prise du greffon. Dans le même temps, il modifiait la manière de voir les niveaux d'injection et la façon d'en isoler la position, considérant que les amas graisseux avaient moins de chances de « vivre » (par risque implicite de nécrose) que de toutes petites quantités ciblées. Il donna à cette « greffe libre d'adipocytes » le nom de « lipostructure ». Il semblerait d'ailleurs que la sécurité de la méthode vienne de la présence des pré-adipocytes dans le greffon (qui ont conservé intact leur pouvoir de division) et non des cellules graisseuses adultes (qui poursuivent une vie commencée, sans espoir de se renouveler).

C'était la première fois que des communications scientifiques montraient l'absence de résorption de l'implant de façon significative, même en situation où ce « capital cellulaire » est normalement absent (muscles du visage par exemple, avec observation objective de graisse native, c'est-à-dire vivante, identique à celle que la peau fabrique de façon habituelle). Tout à coup, les arguments des sceptiques furent foudroyés.

Voilà pour la mise au point historique.

Une forme de vieillissement est dite squelettique. C'est-à-dire que le visage subit une fonte du tissu graisseux (il s'oppose à son contraire, où la graisse modifie son volume sans le diminuer, en glissant sur le toboggan des contraintes subies au niveau de la face). Ce sera l'une des cibles du *lipofilling*.

En fait, les sites d'injection sont multiples et parfois inattendus (comme le dos des mains amaigri, où l'implantation de graisse provoque un « rajeunissement » incontestable). Parmi les zones ciblées au niveau du visage, citons de haut en bas : le front et ses frontières (creux des tempes et glabelle) ; les paupières creuses (surtout l'inférieure, manœuvre très délicate) ; les pommettes (site de prédilection) ; les joues (attention aux irrégularités, car cette région est mobile par excellence) ; le pourtour de la bouche (sillon nasogénien et lèvres, où les comblements résorbables semblent donner des résultats plus harmonieux et moins sujets aux suites laborieuses) ; projection du menton et comblement des rides naturelles d'encadrement, dont l'appellation italienne reprise par les Anglo-Saxons « rides de la marionnette » nous semble plus évocatrice et moins péjorative que « plis d'amertume ».

Ce ne sont que des choix arbitraires, puisque la graisse peut s'injecter partout, à la demande. Le seul problème est que son potentiel « vivant » (dans le sens où elle démarre une nouvelle vie) est certes un avantage sur le plan de la durée, mais également un souci, car rien ne dit qu'elle le fera dans l'harmonie.

Le fait que tous les niveaux d'injection puissent être utilisés est encore un acquis moderne. Certains ont même parlé de « collagène autologue », quand de fines quantités sont implantées de façon très superficielle. Est-ce une bonne appellation ? Elle semble insinuer que seules les membranes et structures de soutien sont apportées, alors que le but logique est de greffer des cellules vivantes. La technique a subi des allées et venues, depuis l'injection d'un tissu global mal identifié jusqu'aux cellules nobles purifiées, en passant par toutes les autres options possibles. Qui plus est, ce qui était préconisé au tout début et dénié par la suite revient à la mode actuelle ! Les choses peuvent encore changer et ne manqueront pas de le faire, car il en est de ces méthodes comme de la cuisine : chacun y apporte son grain de sel.

La liposuccion et ses alternatives non invasives

Voilà que la graisse entre en désamour. Après lui avoir emprunté son pouvoir de séduction le temps est venu de la fuir, de la faire disparaître.

Pratiquée depuis des lustres, la « lipectomie » (ablation du pannicule graisseux excédentaire) a vécu des gloires et des défaites. Il fallait trouver une artillerie plus légère pour engager une nouvelle guerre.

L'utilisation du vide

L'idée d'aspirer la graisse, par l'introduction d'aiguilles de gros calibre *(trocarts)* ou de canules soumises à dépression, ne manquait pas de logique. La liposuccion venait de naître.

La difficulté fut de se mettre d'accord sur le matériel adapté, les protocoles aboutis et les indications judicieuses. Mais la réputation non consensuelle des goûts et des couleurs semble couvrir également ce domaine. Aussi, il serait bien difficile de satisfaire les idées de chacun ; nous allons en survoler simplement les modalités d'application.

Le principe est de corriger la silhouette

Il s'agit d'un des actes de chirurgie esthétique les plus demandés et les plus réalisés dans le monde, qui consiste à corriger de manière importante la silhouette en aspirant des cellules graisseuses mal localisées à divers endroits du corps. Les outils de prélèvement sont introduits sous la peau par des incisions minimes, ce qui signe le caractère invasif de la manœuvre. La culotte de cheval, les hanches, les fesses, les cuisses et l'abdomen en sont des sites réservés.

Un mouvement de va-et-vient sous dépression dans le tissu adipeux va créer des microtunnels. C'est surtout leur affaissement fibreux intervenant par la suite, plus que l'aspiration de la graisse, qui rétracte la zone traitée, diminue le volume et fixe la situation. Plusieurs orifices d'entrée sont pratiqués afin d'obtenir une correction homogène par croisement de la direction des tunnels d'extraction. Il se crée un maillage en filet au sein d'un espace vide. C'est justement cette absence de matière qui implique la rétraction (alors qu'on pourrait penser qu'elle provoque une poche).

L'aspiration peut être mécanique (avec un aspirateur) ou manuelle (avec une simple seringue sous vide). Contrairement aux apparences, la dépression obtenue à la seringue est de valeur égale à celle d'un aspirateur (puisque c'est la pression atmosphérique qui en règle la puissance et qu'elle ne se vend pas au plus offrant).

Tout est question d'importance, de localisation, de préférence et d'expérience de l'opérateur. De plus, des méthodes adjuvantes sont venues enrichir les canules (vibrations, radiofréquence et même lasers).

Si les résultats sont souvent spectaculaires, il vaut mieux préciser que ce traitement chirurgical n'agit pas sur tous les types de surcharge. Sans parler des résultats aléatoires, il y a déjà des risques de voir réapparaître une peau d'orange après l'intervention qui sont inhérents à la peau elle-même. Les bonnes indications seront les « cellulites adipeuses » bien localisées, avec une peau encore ferme et élastique. Peu d'effet est à espérer sur une « cellulite infiltrée ou fibreuse » en peau plutôt relâchée. Même en cas de bonne cible, seulement deux tiers des patientes reconnaissent une amélioration visible. Ce sont les mesures qui objectivent le résultat plutôt que l'aspect à l'œil nu.

Il ne faut pas confondre esthétique et innocuité

Comme toute opération chirurgicale, l'acte n'est pas anodin. Il demande de la motivation (nous verrons que c'est peu de le dire), de la patience et surtout un bon état de santé.

Au cours d'un bilan préopératoire, l'obésité devrait être refusée (alors qu'il s'agit des plus fortes demandes). Par prudence, il ne faudrait pas prendre en charge les tabagiques (aux risques redoutables), ni les patientes sous contraception orale (pilule), ni les terrains pulmonaires difficiles, ni les cas de phlébite antérieure. Surtout lorsqu'il est fait appel à une anesthésie générale.

Méfions-nous des effets secondaires

Heureusement rarissimes, les complications majeures ne doivent pas être négligées au stade de l'information préalable.

En dehors des actes manqués par perforation de l'intestin (il en fut), les accidents de la coagulation du sang (thrombo-emboliques : phlébite, embolie pulmonaire) sont les plus graves et peuvent être mortels. Leur risque de survenue est augmenté en cas d'antécédents préalables de même nature (mais ils ne sont pas toujours avoués, par peur du refus d'être pris en charge). L'arrêt de la pilule un mois avant l'opération (mais difficile à vérifier), le lever précoce et le traitement anticoagulant contribuent à réduire ce risque.

Des collections de sang (hématomes) peuvent imposer une réintervention sous anesthésie générale.

Un épanchement lymphatique peut venir compliquer des suites bien débutées et n'apparaître que quelques semaines après. Il peut conduire à des ponctions répétées ou à un acte supplémentaire pour drainage, parfois aux deux.

Des nécroses cutanées localisées (pertes de substance par privation de vascularisation), redoutables, prolongeront de plusieurs semaines la durée de la cicatrisation et laisseront parfois des séquelles inesthétiques épouvantables. Ici, les tabagiques seront les mieux servis (qu'ils soient avertis).

L'infection peut parfois aller jusqu'à la dissection complète d'une couverture cutanée (mise à nu des plans profonds), dont on imagine le résultat sans peine (mais avec des reproches).

Et si la plupart du temps la liposuccion est une promenade de santé, l'évolution sans problème en connaît quand même de mineurs.

D'abord, les petites cicatrices dues aux incisions peuvent révéler des surprises. Ensuite, le port d'une gaine de contention, pendant un mois jour et nuit, sous-entend qu'il ne faut pas la quitter et pose un problème d'hygiène à prendre en compte, sans parler de l'inconfort ! Ce qui explique les abandons intempestifs et les aigreurs par la suite face à l'échec, dont le responsable est vite trouvé. Enfin, la présence de bleus (évoluant pendant trois semaines) et de gonflements (œdèmes résistants pendant deux mois) est parfois démoralisante et peut même se révéler douloureuse.

Par la suite, toute variation de poids importante viendra compromettre l'acquis, puisque les adipocytes de ces régions gardent leur avidité pour les sucres et leur difficulté d'élimination pour les graisses. D'où l'adoption de règles diététiques strictes.

Les résultats jugés insuffisants ou asymétriques ne sont pas l'exception. Ils peuvent résulter de corrections excessives sans équilibre, de dépressions secondaires, d'irrégularités de surface, de bosses et de vagues donnant un aspect de « tôle ondulée » assez caractéristique. Les reprises trouveront un tissu remanié, fibreux, beaucoup moins facile à « travailler », ce qui rend parfois les séquelles définitives ou bien mal engagées. Surtout qu'une recherche éperdue dans la solution aggrave souvent le problème.

Quand nous parlions de motivation !

Pour résumer le tout, disons que la logique du style : *« Si je grossis, je me fais aspirer et si je regrossis, je me fais réaspirer »*, qui tend à adapter le geste esthétique aux variations de l'embonpoint, fera baisser les bras à beaucoup d'opérateurs responsables.

L'utilisation d'enzymes

L'arrivée d'une méthode « métabolique » est venue bouleverser la donne. Il s'agit d'un protocole *enzymatique*. Le procédé est relativement invasif. Nous l'appellerons lipodissolution.

De quelles substances s'agit-il ?

Deux enzymes, la phosphatidylcholine *(PPC)* et le déoxycholate *(DOC)*, se trouvent dans la bile. Elles sont destinées à « digérer » les graisses alimentaires. Classiquement, il est dit que le DOC rompt la paroi des cellules et que la PPC agit sur les micelles de lipides libérés (gouttelettes de graisse). La PPC est incapable de détruire la paroi cellulaire, car elle en est justement un constituant normal (elle en préserve l'élastoviscosité).

La **lécithine** (en référence au mot grec *lekithos*, du jaune d'œuf dont elle a été extraite initialement) désigne de façon restrictive la phosphatidylcholine qui se retrouve au sein des cellules. Il serait plus juste de parler « des lécithines », car il ne s'agit pas d'une seule molécule mais d'un groupe à formule variable. Elles adoptent diverses couleurs selon leur composition : du jaune pour la lécithine végétale, au brun pour la lécithine de poisson. Le terme est aussi utilisé par extension pour désigner l'ensemble des phospholipides extraits du vivant (par exemple le soja), dans la mesure où ils en sont majoritairement constitués. Puisque nous sommes maintenant informés sur beaucoup de choses, étudions sa nature de plus près. Nous remarquons une tête hydrophile (chargée positivement) et une queue hydrophobe (de charge négative). Et nous voilà en terre connue : celle des émulsifiants, devant un tensioactif zwitterionique – le déoxycholate étant également un surfactant. (Pour mieux se repérer, rien de plus facile que de revenir au chapitre « Intrusion dans l'intimité des tensioactifs » de « Comprendre les cosmétiques ».) Les lécithines sont aujourd'hui majoritairement extraites du soja. On les retrouve sous la dénomination « E322 » dans l'industrie alimentaire, par exemple comme émulsifiant dans certaines recettes de chocolat pour améliorer l'homogénéité des ingrédients.

La lipodissolution enzymatique, comment ça marche ?

La doctoresse Patricia Rittes de São Paulo eut l'idée en 1995 d'utiliser la *PPC* contre la cellulite (en fait, son premier essai fut sur la graisse excédentaire de la paupière inférieure – poches sous les yeux – qu'elle fit disparaître avec succès).

Attention, car cette graisse est en communication avec celle qui entoure le globe oculaire qu'elle protège en réalisant une suspension « hydraulique », notamment, et dont l'inflammation peut conduire à des conséquences sur les vaisseaux dont le risque me semble sans commune mesure avec le but esthétique recherché : une amaurose transitoire (perte de la vue momentanée), voire définitive (cécité), pouvant résulter de gestes agressifs sur la graisse rétrobulbaire justement (celle qui est derrière le globe oculaire) ou de son simple saignement.

Il est difficile de comprendre comment la *PPC* peut à elle seule réaliser une adipolyse, surtout que le docteur Adam M. Rotunda de Los Angeles a prétendu en janvier 2007, au cours d'un congrès à Paris, qu'elle diminue d'un facteur 4 l'efficacité de la lipolyse dévolue au *DOC* (qu'il préconise pour sa part en utilisation isolée). Adam Rotunda avait déjà communiqué antérieurement sur le traitement des lipomes réalisé de la même manière.

Mais alors, qu'y a-t-il exactement dans les produits utilisés au cours des protocoles de lipodissolution enzymatique ? En fait, il s'agit d'un cocktail des deux enzymes. Le *déoxycholate* détruit la paroi cellulaire et la *phosphatidylcholine* désagrège la vacuole lipidique.

Les congrès et journaux scientifiques regorgent de communications sur le sujet, le consensus est pour bientôt. Espérons qu'il n'aboutisse pas à une solution moyenne, mais adopte celle qui donne les meilleures garanties pour un bon résultat.

Il ne faut pas se perdre dans les appellations, puisque sont utilisés plusieurs termes pour recouvrir la même chose : lipoadipectomie (dont la désinence chirurgicale « -tomie », voulant dire « couper », est gênante) ; lipolyse (dont l'utilisation habituelle dans le métabolisme des lipides peut prêter à confusion) ; et lipodissolution (qui emporte notre suffrage).

Quelles sont les bonnes indications ?

Ce qui est appelé « cellulite » ne l'est pas au sens strict du terme, et certains puristes diront que la cellulite n'existe pas ! D'où les yeux en points d'interrogation de celles qui en présentent les parfaits critères. Car la dénomination sous-entend une inflammation du tissu cellulaire sous-cutané. Or, cette inflammation existe en pathologie humaine, mais il ne s'agit absolument pas de la même chose. Le langage « détourne » le terme pour désigner une association de facteurs conduisant à l'aspect capitonné des surcharges graisseuses mal disposées. Déjà, nous avons vu que l'hypoderme féminin adopte une architecture toute particulière qui le prédispose à s'organiser de la sorte, mais également une ambiance hormonale qui le conforte dans cette situation. Ajoutez un zeste de surcharge pondérale et le tableau est au complet.

Pour essayer d'organiser logiquement cette description, on sépare artificiellement trois modèles de cellulite. En fait, ils s'associent de façon variable pour n'en faire qu'un seul chez l'individu.
La cellulite graisseuse ou lipocellulite (qui fait référence à l'excès de graisse), la cellulite œdémateuse ou hydrocellulite (qui fait référence à la stase de l'eau entre les tissus, c'est-à-dire aux difficultés de drainage lymphatique) et la cellulite fibreuse ou fibrocellulite (qui fait référence à l'excès de fibrose et à la mauvaise circulation veineuse). C'est la dernière qui provoque une douleur au pincement et peut légitimer le terme globalisant. Mais finalement, quand on parle de cellulite tout le monde se comprend.

La *phosphatidylcholine* s'utilise sur des zones d'amas cellulitiques localisés, quand les volumes à diminuer sont limités (bajoues, double menton, autour des genoux, sous les aisselles...). Donc, là où la liposuccion est souvent peu recommandée. Mais la méthode gagne du terrain et les « plis » du dos comme la « bouée » abdominale (surtout chez l'homme qui semble plus réceptif au traitement que la femme) montrent une efficacité encourageante.

Y a-t-il des accidents à redouter ?

Les premières études menées au Brésil ont révélé un risque de nécrose (difficile de ne pas frémir en repensant à l'œil), qui serait dû à un mauvais protocole (il fallait bien un temps d'adaptation). Une concentration et un rythme d'injections doivent être rigoureusement respectés pour en éloigner la crainte.

Quant aux hématomes, ils sont à ranger dans les incidents de parcours.

La solution injectée contient de la lécithine de soja qui est généralement utilisée comme thérapie intraveineuse pour des embolies graisseuses et pour réduire le taux des lipides dans le sang. Elle est aussi administrée sous forme de comprimés lors de la dégénérescence graisseuse du foie. Dans ces utilisations, aucun effet secondaire n'est connu.

Quelles sont les contre-indications ?

D'abord une mise en garde : la lipodissolution n'est en aucun cas un substitut au régime. Elle ne s'adresse qu'aux dépôts graisseux localisés.

Pour ce qui est du contexte à éviter, nous y retrouverons celui de la liposuccion, avec moindre importance toutefois puisque la méthode est moins invasive. Mais ce sont les modes d'élimination naturelle qui seront surveillés. D'où la recherche des maladies du foie, du rein et les troubles de la coagulation. L'hyperlipidémie (teneur élevée du sérum en lipides) n'est qu'une contre-indication relative, car il n'est pas retrouvé d'augmentation significative des graisses dans le sang au cours du traitement ! Où sont-elles passées ? On cherche à comprendre.

Une peau trop relâchée et qui se rétracte mal peut en décourager certains, mais on peut demander à la peau beaucoup plus de rétraction qu'il n'y paraît.

Seront beaucoup plus ennuyeuses les suites opératoires.

En dehors d'une accélération du transit intestinal après la séance et parfois d'une survenue avancée des règles (du fait de la présence de récepteurs hormonaux sur les adipocytes disparus qui occasionne un certain déséquilibre), ce sont les réactions souvent très douloureuses qui empoisonnent la vie.

Rapidement et durant quatre à cinq jours, la zone traitée est inflammatoire (mais ça peut durer plus longtemps, quoique certaines localisations puissent se prévaloir de quelques heures). Cette réaction normale, conséquente de l'adipolyse, souvent accompagnée d'infiltration œdémateuse, est nécessaire à la rétraction cutanée et fait partie du processus.

C'est mal vécu sur le visage et certains verront leur tour de taille passer d'abord par une augmentation, avant de perdre ce qui était souhaitable. Il faudra six mois pour être définitivement fixé. Et là… tout se passe entre le médecin et sa patiente (difficile) ou son patient (pas toujours évident).

Que peut-on dire des résultats ?

Bien qu'il soit trop tôt pour parler des effets à long terme (mais des résultats se maintiennent sur des cas datant déjà de dix ans), le succès de la méthode est incontestable. Une fonte graisseuse, souvent spectaculaire, a été constatée dans 98 % des cas publiés en Europe !

L'Amérique du Sud est à la pointe des statistiques. (En quelques années, la doctoresse Patricia Rittes a traité à elle seule plus de 26000 cas, dont près de 3000 au niveau des paupières inférieures !) Les États-Unis et les pays de l'Est abondent dans le même sens, en essayant de rattraper leur retard.

En France, la *phosphatidylcholine* n'ayant pas encore d'autorisation légale dans l'indication de la cellulite, son utilisation se place sous la responsabilité propre du médecin. Ce qui lui donne un parfum d'illégalité pour les narines sensibles.

Chacun espère une régularisation de la situation, mais il semble urgent d'attendre… encore quelque temps.

Des ondes venues d'ailleurs

Il ne s'agit plus d'ondes électromagnétiques, mais de celles qui sont émises par une vibration mécanique, dont l'absence d'invasion rend le procédé bien sympathique. Il s'agit des ultrasons.

Leur manière de se comporter obéit aux lois de l'optique (comme pour la lumière). Ils sont émis (après mutation d'énergie électrique) par une lentille concave de céramique qui permet de les focaliser et d'obtenir une pénétration cutanée de profondeur requise (la *mécanothritie*, dans le cadre des initiateurs de la méthode, est calquée sur celle de la *litothritie* : bombardement destructif des calculs rénaux par la même technologie). Malgré leur haute valeur énergétique, aucune douleur n'est ressentie au cours de l'opération.

La résonance ondulatoire touche la membrane de la cellule graisseuse *(adipocyte)* de manière sélective, entraînant une rupture sans explosion ni effet thermique. En fait, les ultrasons pénètrent la peau à l'image des ondes électromagnétiques : plus leur fréquence sera élevée et moins leur cible sera profonde. Selon les cas, ils agiront en surface, au niveau des étages moyens ou en profondeur. Aucune autre structure ne peut être lésée en dehors de celles qui sont ciblées, les vagues ultrasoniques les ignorent ou rebondissent. C'est là que réside une part de l'originalité du système. Ce sont les variations rythmées de pression locale induites par la fréquence des ondes émises qui provoquent un effet purement mécanique, comme le font les sons sur le tympan de l'oreille. S'ensuit une évacuation du contenu lipidique *(adipocytolyse)*, sans rapport avec une *lipolyse* qui en est la dégradation métabolique. La « vidange » par les voies naturelles assure la fin du processus d'élimination.

Contrairement aux amaigrissements des régimes hypocaloriques, ce n'est pas une simple élimination du contenu *vacuolaire* des *adipocytes* qui est concernée, mais une rupture du contenant impliquant la mort cellulaire. Le résultat est équivalent à celui d'une *liposuccion* ou d'une *lipodissolution*, mais sans la moindre effraction, ni hématome ni inflammation. Qui plus est, en absence conséquente de cellules « éponges » du tissu hypodermique, la rechute est compromise. Il faudrait relancer le processus de stimulation des *« pré-adipocytes »* qui ont gardé le pouvoir de division, ce qui change radicalement l'ordre des choses.

Les suites sont d'une simplicité rare : le sujet repart comme il est venu ! Ce n'est que dans les jours qui suivent, qu'une diminution des volumes et périmètres sera constatée. Tout est affaire de confiance... et de patience.

Les deux sexes y sont sensibles, dans la mesure où le rapport entre le poids et la taille ne dépasse pas un seuil déterminé. Il est clair que ce principe ne couvre pas le domaine de l'obésité, où la *lipectomie* et la *liposuccion* restent (avec la prise en charge diététique et endocrinienne) le recours, s'il est justifié.

De la même manière, les petites zones difficiles d'accès resteront le privilège des liposuccions limitées et de la méthode enzymatique, si d'aventure elle s'invitait dans la panoplie des actes autorisés.

Après l'invasion des canules, puis la fonte sous piqûre, sommes-nous en présence de la rencontre du troisième type ? La magie des formes est-elle à portée de main ?

Malgré une mise en alerte légitime de l'esprit, troublé par une onde suffisamment espiègle pour déjouer l'impossible, détecter une membrane cellulaire spécifique alors qu'elles sont toutes à la « salsepareille », les « nouveaux maîtres » semblent assurés de leur supériorité technique et fiers de leur avance théorique.

Pour l'instant, leur plan économique semble aussi démotivant que les premiers résultats obtenus… mais nous n'en sommes qu'au tout début et l'élégance des développements actuels est assez séduisante.

D'ailleurs, la cosmétique s'est déjà annexé le procédé sous forme de sonophorèse (*phonophorèse* des Anglo-Saxons) et de sonocosmétique. Le but étant de stimuler le métabolisme cellulaire par action de la pression sur les membranes et de faire pénétrer des actifs par effet mécanique (déformant) sur les molécules.

La carboxythérapie *(injection sous-cutanée de gaz carbonique)*

Le but n'est pas de transformer une opulence en Bibendum, mais de diminuer les amas graisseux et l'aspect en « peau d'orange » de la cellulite. L'action provoquerait la destruction mécanique d'adipocytes et, par un effet « réflexe » sur la vascularisation, une augmentation d'oxygénation tissulaire paradoxale (puisqu'il s'agit de gaz carbonique), comme du drainage lymphatique. Conjointement, serait avancée une potentialisation au déstockage de la graisse. Mais ses vertus ne s'arrêteraient pas là.

Que faut-il en penser ?

Les premières injections de gaz carbonique sous la peau datent des années trente. D'abord utilisée en cure thermale pour traiter l'artérite, les problèmes veineux et les ulcères de jambe, la méthode fut annexée plus tard comme procédé en médecine esthétique. Donc, s'il y a du nouveau, il s'agit d'une approche différente du concept ou d'un créneau à occuper au sein de la cosmétique instrumentale.

C'est une équipe italienne (dirigée par le professeur Brandi de l'université de Sienne) qui a adapté dans les années quatre-vingt-dix le principe aux adiposités localisées. Puis l'Espagne, l'Amérique latine, l'Asie et les Anglo-Saxons ont emboîté le pas, avec des instruments de mieux en mieux adaptés. La France ne s'y est intéressée (en dehors des cures thermales) qu'assez récemment (début du siècle présent). Doit-on parler de retard ou d'exigence de procédure ? L'avenir nous le dira.

Quels sont les effets revendiqués ?

Une augmentation du débit sanguin est constatée au niveau des flux capillaires. Ce qui aurait pour effet d'améliorer les apports en oxygène et la fonction de synthèse des fibroblastes (donc leur production de collagènes et d'élastines). Texture, souplesse, élasticité et rénitence du derme en seraient améliorées. D'où le bénéfice sur le comportement et l'aspect de la peau. Parallèlement, les cellules de la couche graisseuse seraient diminuées dans leur capacité à la rétention de lipides et modulées dans leur fonction de réserve.

En dehors des régions électives en « cellulite », les indications ciblent le relâchement cutané. Notamment le dos des mains, le dessous des bras, l'intérieur des cuisses, le ventre, le bas du visage, le cou et le décolleté, où l'on recherche une amélioration de texture et de l'épaisseur du derme. Nous émettons quelques réserves pour les paupières inférieures, car elles sont en intimité « susceptible » avec l'intérieur de l'orbite contenant le globe oculaire qui ne tolère pas la moindre « farce ». Certains y ajoutent les vergetures, pour augmenter encore la liste des méthodes sans lendemain ou déboucher sur des associations à l'efficacité parfois surprenante (qui reste difficile à expliquer).

Y a-t-il une prise de risque d'embolie gazeuse ?

Il est légitime de s'en poser la question, puisque nous voyons souvent, sinon toujours, la séquence par ailleurs inutile de la bulle d'air évacuée de la seringue avant une piqûre. L'infirmière lève l'aiguille, pousse le piston, chasse un peu de liquide… le rituel est accompli. Le geste est aussi sacré que de faire bouillir de l'eau au moment de l'accouchement. Ça permet de donner un air faussement réaliste aux scènes de cinéma.

En pratique, le risque de réaliser une effraction vasculaire en injectant dans la peau du dioxyde de carbone est peu probable. Car, en fait, il s'agit plus d'une diffusion que d'une injection. Quoique la région du cou soit particulièrement sensible à ce genre d'accident. La dénudation d'une jugulaire au cours de gardes hospitalières m'en a donné la frayeur qui suffit à s'en méfier pour le reste de sa vie. Donc, attention quand même de ne pas jouer au « cow-boy », du style *« Je tire plus vite que mon ombre »*, dans une région où les gros troncs veineux (le cou, la région sus-claviculaire du décolleté, l'aine…) sont avides au moment de la dépression cardiaque. Toujours ce fameux principe de précaution qu'il serait mal venu de négliger en la circonstance. Mais gardons à l'esprit que lors des cœlioscopies, le ventre est gonflé sans danger avec plusieurs litres de gaz identique. Quant aux séances nécessaires à la cure habituelle, elles sont très variables selon les protocoles (trois à quatre espacées de deux à trois semaines, autrefois hebdomadaires par séries de huit, dix ou douze et entretenues de façon trimestrielle).

Si la réintroduction dans l'arsenal de nos techniques d'une méthode éprouvée au siècle dernier, puis oubliée de nos pratiques habituelles, offrait des résultats consolidés qui s'avéraient reproductibles, la carboxythérapie (ou *carbothérapie*) mériterait sa place à part entière.

les voies de la recherche...

... et l'avenir proche

Le moment est venu de conclure, mais à la fin de ce discours j'ai du mal à vous quitter. Voici quelques idées sur les voies de la recherche qui laisseront la curiosité en suspension. Une façon comme une autre de rester toujours là, en occupant une portion d'espace située dans le futur.

les compléments alimentaires au service de la beauté

le présent dans la peau

Il s'agit de l'instant présent où les éléments se donnent, mais également du cadeau, de l'offre faite à la peau.

Comment en faire bon usage, comment se les procurer ?

D'abord par une alimentation équilibrée. Il est faux de dire que la manière moderne de s'alimenter est un déclin culinaire ou une déchéance programmée. Tout existe pour prouver le contraire. Ce qui manque le plus souvent, c'est le temps ou les connaissances pour le faire. C'est là que les concepteurs ont « pensé » pour nous des complexes adaptés aux circonstances (préparations et protections solaires, facteurs antiradicalaires, molécules de base inductrices de processus réparateurs ou régénérants, vitamines, oligoéléments, briques protéiques, glucidiques ou lipidiques du vivant).

La cuisine rapide (et même traditionnelle) ne peut pas toujours prendre en charge l'ensemble des ingrédients qui nous sont nécessaires. Certains sont élaborés de façon naturelle, d'autres ne peuvent pas l'être. C'est le sens du mot « vitamine » qui veut dire « amine nécessaire à la vie ». L'appellation a subi une évolution fausse mais défendable, puisque toute substance qui lui ressemble par rareté ou difficulté d'élaboration s'est appelée de la même manière. La raison essentielle en est le mode d'action similaire : potentialisation d'une réaction de synthèse « génétiquement » déterminée.

Les compléments alimentaires viennent combler un déficit latent de nos besoins. Le fait de les utiliser en cosmétologie est tout à fait logique. C'est l'impossibilité de les proposer par voie externe qui nous oblige à passer par la voie digestive. Ainsi, le produit sera distribué par la circulation et trouvera de lui-même sa cible. Ce sera de façon naturelle qu'il s'intégrera dans les métabolismes. Il ne faudra donc pas faire absorber n'importe quoi. Adapter sa science à la peau ne pose aucun problème à la diététique moderne.

Les compléments alimentaires, comment ça marche ?

Prenons le cas d'un régénérateur tissulaire, dont le prototype est l'*Oxyprolane*.

Très tôt, dès l'âge adulte, accompagnant l'épiderme qui entame des modifications évolutives au cours du temps, le derme va s'appauvrir en fibres d'armature (collagène et élastine) ou les densifier de façon dénaturée. Conjointement, une diminution de la quantité d'*acide hyaluronique*, constituant essentiel de la substance fondamentale dont il conditionne la rénitence (élasticité et résistance à la pression), retentira sur l'hydratation cutanée orientée vers une perte d'eau progressive.

En plus de la dégradation, l'appauvrissement traduit une moindre capacité des fibroblastes à la synthèse. Il y aura une diminution objective de l'épaisseur du derme, en dehors de ses moindres propriétés plastiques.

Le vieillissement est donc directement perceptible au niveau de la peau, mais touche également la vie cellulaire, avec notamment l'intervention des radicaux libres.

On sait que les personnes dénutries cicatrisent moins bien. Les processus de réparation exigent un apport spécifique de protéines et de sucres, en dehors d'éléments utiles à leur métabolisme (comme certains oligoéléments et autres vitamines).

Dans les cas où ces apports sont insuffisants, les phénomènes de renouvellement protéiques (donc des constituants de la peau qui en sont richement dotés) seront d'autant retardés ou diminués, même s'il ne manque qu'un maillon de la chaîne. Ainsi, en l'absence d'un seul acide aminé, la synthèse des protéines concernées ne se fera pas et la réparation sera retardée ou mal engagée.

Par exemple, la molécule d'acide hyaluronique est composée d'acide glucuronique (lui-même formé à partir du glucose) et d'une molécule synthétisée à partir du fructose (un sucre) et de la glutamine (une protéine). Chacun de ces éléments est nécessaire.

La synthèse protéique souffre également des « subcarences » (régime restrictif ou hypo-glucidique). L'organisme risque de ne pas avoir suffisamment de nutriments ou d'énergie pour assurer une synthèse optimale. La lipolyse n'étant pas toujours au rendez-vous, par difficultés rencontrées en fonction de la localisation des surcharges graisseuses (nous en avons déjà donné les raisons), la fonte musculaire et le relâchement de la peau seront les signes les plus évidents de cette carence rapidement déficitaire.

Autre constat, et non des moindres, les substances directement impliquées dans la fabrication des constituants de la peau peuvent initier par leur présence en quantité suffisante la relance de la synthèse. Voilà enfin une bonne nouvelle !

À titre d'exemple, il a été démontré qu'un apport supplémentaire en glucosamine entraîne une amélioration de l'état cutané, avec augmentation de l'épaisseur du derme et du diamètre des fibres de collagène.
Celui des vitamines, de l'arginine et autres protéines ou oligoéléments accélère la cicatrisation chez des patients en état de dénutrition présentant des plaies ouvertes (par stimulation de la formation de tissu de granulation qui comble les pertes).

Sur la base de ces données, se conçoivent des compléments alimentaires de nouvelle génération agissant sur la structure de la peau, essentiellement au niveau du derme : il s'agit de régénérateurs tissulaires. Ils apportent à l'organisme, sous forme élaborée et concentrée, les acides aminés précurseurs à l'origine de la synthèse protéique, ainsi que des *micropeptides* ciblés et des *caroténoïdes* pour relancer la synthèse du collagène, de l'acide hyaluronique et de l'élastine. Il est facile de se rendre compte de l'effet obtenu, puisque la peau peut être observée sans le moindre artifice.

En revanche, une recherche spécifique a été réalisée sur peau humaine en culture, avec mesure de l'incorporation d'un acide aminé radiomarqué dans les protéines synthétisées (proline, rendue radioactive pour être facilement repérée).
Il s'agit d'un index fiable de la fabrication nouvelle du collagène par les fibroblastes (néo-synthèse).

En dehors d'une augmentation pondérable du collagène (dont la présence est dominante au niveau du derme), le constat de l'amélioration fait état d'une peau plus dense et ferme, d'une diminution des ridules et d'un éclat du teint amélioré. Tout cela semble directement lié à l'optimisation des synthèses ciblées.

L'amélioration de cicatrices anciennes a également été constatée, ce qui est suffisamment rare pour être signalé.

les phéromones

le sexe dans la peau

Les phéromones sont des substances émises par la plupart des animaux et certains végétaux, de façon volatile ou par contact direct, comme messagers sur des individus d'une même espèce. Extrêmement actives, elles agissent en quantités infinitésimales et peuvent être perçues à très grande distance.

Chez les mammifères et les reptiles, les phéromones sont détectées par l'organe voméronasal, tandis que les insectes utilisent généralement leurs antennes.

Ce sont des substances spécifiques comparables aux hormones. Mais, alors que ces dernières sont produites par des glandes endocrines et circulent uniquement à l'intérieur de l'organisme, les phéromones sont généralement produites par des glandes exocrines ou sécrétées par des liquides organiques. L'urine en contient, ce qui explique le marquage du territoire bien connu dans l'espèce canine par exemple. Elles jouent un rôle primordial lors des périodes d'accouplement et permettent également des comportements sociaux chez certains insectes. Ces phéromones sont indispensables au bon fonctionnement du groupe.

On a longtemps pensé que l'organe voméronasal, très actif chez les animaux, ne fonctionnait pas chez l'Homme. Plusieurs études ont prouvé le contraire, mais il est fort probable que la perception inodore des phéromones ne soit pas indispensable. Il semblerait que les odeurs liées à la sueur conjointe à leur émission aient également leur importance.

Lorsque les premiers groupes cellulaires se sont organisés, à l'origine du vivant, deux systèmes majeurs sont apparus presque en même temps : la défense (immunitaire) et la communication (par influx). On y dénote déjà les prémices du pouvoir absolu. Tout au long de l'évolution, les individus ont opté pour une immunité sans cesse plus performante. Il se trouve que, pour en arriver là, il faut croiser les patrimoines génétiques. La sexualité s'y prête à merveille, puisqu'elle en est la division par deux, qui recouvre l'unité première lors de l'accouplement. À chaque fois, une carte génétique se renouvelle. Il se trouve que les phéromones et les odeurs corporelles sont perçues attirantes dans l'inconscient des individus quand elles lui sont étrangères. Ainsi, dès le début, l'inceste est un refus et « la non-consanguinité » programmée pour être la règle. De chaque union issue de la séduction surgira un être mieux équipé pour ses défenses immunitaires.

Comment s'explique ce phénomène mystérieux ?

Par le jeu du microbisme local !

Ce sont les microbes qui transforment les émissions inodores (ou inactives) en molécules odorantes (ou actives). Comme la composition subtile de la flore cutanée et génitale est différente selon l'immunité de chacun, personne ne peut revendiquer exactement la même. Aussi, l'instinct conservateur saura reconnaître la différence et porter son choix sur l'émetteur sensible. L'exclusivité des odeurs intimes est telle, qu'un document littéraire récent fait état du dressage de chiens au sein de la Stasi (police politique d'Allemagne de l'Est à l'époque du Rideau de fer), qui reniflaient des dessous dérobés chez les habitants, pour voir si leur odeur était retrouvée dans les endroits où il ne fallait pas aller. Il paraît même qu'il reste des nostalgiques de cette époque. Comme quoi, des goûts et des odeurs...

En fait de choix, on comprendra que les choses sont nettement plus complexes. Mais pour explorer davantage les mystères de l'évolution des espèces, prenons l'exemple curieux des différences naturelles entre la fécondité des deux sexes. Les spermatozoïdes ont opté pour le plus grand nombre et la fécondité permanente. Les ovules ont opté pour un seul élément par tentative et une fécondité cyclique. Ainsi deux méthodes radicalement opposées aboutissent au même résultat : assurer une progéniture de bonne qualité. L'une par le nombre (on la dit compétitive) et l'autre par le choix (on la dit sélective). Rien d'anormal à constater que le mâle saute sur tout ce qui bouge et qu'il devienne si violent pour garder ses prérogatives. Quant à la femelle, elle doit choisir méticuleusement celui qui va l'aider au mieux à continuer l'espèce. Il faudra séduire. Quoi de plus naturel finalement qu'un troupeau de biches autour d'un mâle dominant... mais ont-elles vraiment le choix ?

Les scientifiques, passionnés pour cette dualité sexuelle, se sont demandé si la chose était vérifiable dans le règne animal en général. Il n'est pas possible de s'en assurer de façon exhaustive, mais leurs études ont abouti à la conclusion que c'était souvent le cas chaque fois qu'ils en ont mené la recherche. Prenons celui des mouches, par exemple. Qui pourrait imaginer une seule seconde que le bal des débutantes au dessus d'une bouse puisse laisser le choix du partenaire ? Mais voici la preuve du contraire. En congelant immédiatement un couple de diptères en copulation, puis en réalisant des coupes microscopiques de leur union, quelle ne fut pas la surprise de constater que la mouche était également sélective.

Comment y parvient-elle ? Une petite organelle en forme de ventouse (proche de celle qui nous sert à déboucher les siphons) permet d'accepter le « sperme » du mâle ou de l'éjecter après copulation. Fine, la mouche !

La femelle du hérisson reste plus terre à terre. Elle se fait toute douce en couchant ses piquants au moment de l'accouplement, quand elle décide le bon choix du partenaire. Alors que les sécrétions de ses glandes temporales permettraient de l'éviter. Ce qui nous ramène dans l'univers de la peau. Elle interviendra forcément au moment de la sélection, non seulement par l'émission de substances messagères, mais également par la parade ou la parure. Pour faire simple, disons que l'attrait pour la cosmétique serait probablement guidé par le désir inconscient d'un choix favorable en augmentant le pouvoir de séduction.

Quant au monde des fragrances, il s'est largement ouvert sur la recherche pour trouver des parfums séducteurs. Nul doute qu'on y parvienne, puisque les biochimistes savent déjà les synthétiser. Mais vont-ils attirer les bons ou séduire les bonnes partenaires ?

En revanche, faut-il abuser des toilettes intimes ? Lors d'un repos du guerrier, rappelons la consigne que Napoléon adressa à Joséphine dont il vantait le plus joli « fessier » du monde (il employait un terme moins délicat, paraît-il) : *« Ne te lave pas, j'arrive. »* Yéyette (comme il aimait l'appeler) partageait son objet suffisamment généreux avec un jeune lieutenant des hussards, qui au débotte devait avoir un certain charme. Au point de l'emporter dans ses bagages au cours de la campagne d'Italie, pendant que son général de mari se taillait une belle réputation. C'est au retour de celle d'Égypte qu'il envoya son message. Certains parleront de la fuite comme d'un désastre (si on excepte l'œuvre scientifique monumentale), laissant sur place le corps expéditionnaire pour aller se consoler auprès de celui de Joséphine, assoiffé d'honneur. De combien de jours le mot, écrit trois semaines avant son arrivée, l'avait-il précédé ? Nul ne le saura jamais. Mais la requête, si elle fut respectée à la lettre, dut prendre le temps de produire quelques effets. Il enfouirait son visage dans les dessous froissés qu'il lui retirerait à la hâte, comme il avait l'habitude de le faire sans prendre le temps de quitter l'uniforme, pour y capter la moindre des émanations qui lui mettaient les sens en alerte.

En dehors de son eau de toilette, qui brouillait la lecture sensuelle des odeurs, l'empereur se moquait gentiment des fards et poudres dont l'impératrice ne se séparait jamais. Il les appelait ses « farines » et leur préférait le naturel de sa petite forêt noire qu'il ne fut pas le seul à visiter. Pourtant, Joséphine avait la main heureuse dans le choix des produits de beauté, dont elle usait des pouvoirs magiques pour réparer dès le matin les dégâts des ébats de ses nuits agitées. Elle confiait aux cosmétiques la tâche de rafraîchir son teint brouillé, de lutter contre la fatigue des traits et de défroisser son visage défait à la lumière du jour. Car il n'y avait que dans l'ombre qu'elle laissait le temps lui ravir une part de sa jeunesse.

La salive échangée au cours du baiser est chargée de phéromones, mais le contact direct de la peau nue l'est également. Ce sont nos glandes apocrines qui en contiennent le plus. On les retrouve dans l'aine, aux aisselles et autour du mamelon. La sueur de l'homme serait riche en *androsténol*, qui lui est spécifique, et les sécrétions vaginales de la femme en *copuline*. Ce seraient les deux principales « hormones sexuelles externes » identifiées dans notre espèce.

Tout semble réuni pour que la magie opère. Finalement, dire : « *Je ne peux pas te sentir* » ou « *Je t'ai dans la peau* », c'est se référer inconsciemment à une forme du sensible.

On comprend mieux l'enfermement à double tour de la mémoire des fragrances dans le cerveau archaïque, dit reptilien. Là où tout s'est décidé depuis l'origine. Elle s'y trouve enfouie, à jamais inévocable. En revanche, la moindre odeur réveille nos instincts et nous reviennent en mémoire les événements qu'elle a parfumés. Voilà une belle parade, car si nous pouvions imaginer d'autres phéromones par la seule volonté de l'esprit, la relation serait trichée. Finalement, humaniser la sexualité est d'une certaine manière une insulte à l'évolution.

La peau serait donc un puissant **radiateur « hormonal »**. Le culte de la nudité aux effluves du désir en devient le meilleur des aphrodisiaques. Si notre évolution s'est si merveilleusement orchestrée, si nos défenses immunitaires ont surmonté les épreuves, si l'Homme a traversé les âges sans être décimé, c'est en partie redevable au plaisir du sexe, à la magie de la séduction. Que la pire des contaminations en soit issue est peut-être le signe que le chemin n'est pas abouti, que son contrôle nous prive des vents du large, que son refoulement nous drosse sur le rivage. Le message de la nature est parfois ambigu, s'y mêlent les peurs, les espoirs, les craintes et les mirages.

les cellules souches

la jeunesse dans la peau

« Les cellules souches sont pour beaucoup un fantasme – elles permettraient de renouveler les tissus lésés indéfiniment – mais aussi une angoisse – elles sont le premier pas vers le clonage. “Meilleur des mondes” ou “Monde meilleur” ? »

Yann Barrandon, directeur du laboratoire de dynamique des cellules souches, Lausanne.

Au départ de l'embryon, les cellules sont totipotentes (peuvent tout), c'est-à-dire qu'elles sont capables de devenir n'importe quelle cellule du corps humain. Ce sont des cellules souches (*cellules tiges*, *« stem cells »* en anglo-saxon). La chose est très facile à comprendre, puisque la cellule originelle est un œuf constitué de l'accouplement des gamètes unicellulaires sexués du père et de la mère. Très vite, va s'organiser une hiérarchie discriminante et des directions seront prises de façon divergente. D'abord en feuillets, puis en tissus, en organes, appareils et systèmes où les cellules seront hautement spécialisées.

Certains organes contiennent une quantité importante de cellules adultes qui ont gardé un fort potentiel de différenciation. La couche basale épidermique, qui constitue la barrière entre le derme et l'épiderme, constitue la réserve la plus importante de ce type cellulaire, tout simplement parce que la peau représente l'organe le plus volumineux du corps humain. Elles sont dites unipotentes (potentiel unique) et ne peuvent générer que des cellules épidermiques qui en sont les filles directes. Toutes les cellules basales ne sont pas des cellules souches, elles seraient confinées au sein d'un bombement *(bulge)* autour du bulbe pileux qui se retrouve sur l'ensemble du revêtement cutané, à l'exception des paumes, des plantes et des muqueuses (où elles doivent se situer ailleurs). L'une des caractéristiques principales, qui pourrait constituer à elle seule une part de définition, est que l'une des cellules filles au cours de la division sera identique à la cellule mère et cela indéfiniment (certaines cultures se poursuivent en laboratoire depuis plus de vingt-cinq ans).

Au niveau cutané, ce type de cellule est informé du besoin de réplication, de réparation et de remplacement nécessaire par des alertes, sous la forme de facteurs de croissance notamment. La chose se comprend mieux lorsqu'on remarque l'étonnante facilité avec laquelle la peau répare une blessure, un coup de soleil, et sa prédisposition naturelle à la cicatrisation d'une plaie.

De la peau artificielle (en fait, de l'épiderme capable de réparer des zones brûlées qui en sont dépourvues) a pu être reconstituée en laboratoire en utilisant une culture cellulaire. Contrairement à ce qui se dit parfois, il s'agit d'une prolifération de kératinocytes et non de cellules souches. Leur mise en culture sélective est beaucoup plus performante et rapide, mais leur isolement s'avère difficile car elles manquent de marqueurs spécifiques facilement reconnus. Pour finir sur ce thème, au cours du temps le niveau de stimulation baisse et les agressions répétées affaiblissent le potentiel rénovateur de ce capital cellulaire. C'est une forme de vieillissement.

CELLULES SOUCHES

En fait, pour être plus précis, les choses sont un peu plus compliquées. Les cellules souches induisent des cellules d'amplification transitoire (leur forme adulte en quelque sorte). Elles se multiplient pendant une période courte, puis se différencient. Au niveau de la couche basale épidermique une cellule donne 16 kératinocytes qui restent en colonne et migrent vers la surface. L'épiderme est ainsi une juxtaposition de colonnes issues chacune d'une même cellule souche adulte.

La peau est composée de vingt-cinq types cellulaires qui ont pour origine six types différents de cellules souches spécialisées qui s'expriment en fonction de la structure où elles sont localisées. Une cellule proprement épidermique ne régénérera pas d'annexe cutanée et inversement.

Certaines molécules ont le pouvoir de réveiller les cellules dormantes ou de les stimuler en agissant sur l'expression de leur potentiel à former un tissu rénové. En ce sens, l'action se limite à l'épiderme et restaure une perte de son pouvoir naturel à se renouveler. La cible étant située au niveau et au-dessus de la jonction dermo-épidermique, on peut raisonnablement parler d'effet cosmétique.

Les vertus d'une telle molécule seraient de trois ordres :

– un ciblage électif (par reconnaissance de marqueurs cellulaires spécifiques) ;

– la faculté de révéler les alertes nécessaires au renouvellement des cellules et de leurs produits de synthèse (facteurs de croissance par exemple) ;

– le pouvoir de stimuler harmonieusement une expression naturellement affaiblie (relance d'un processus de régénération).

Il y a donc cellules souches et cellules souches.

Celles dont le pouvoir de différenciation est immense (cellules embryonnaires par exemple, dites *totipotentes*).

Celles dont les capacités de différenciation sont multiples *(multipotentes)*. Il n'est pas interdit de penser que leur réactivation soit possible à partir des unités se trouvant au niveau des bulbes pilaires. C'est une nouvelle qui a fait l'effet d'une bombe et certains ont parlé d'or biologique du futur ! Nous pourrions donc un jour ou l'autre avoir la possibilité de cultiver des cellules autologues d'organes (de rein, de foie, de poumon, de muscle... et pourquoi pas des neurones) à partir de cellules isolées des *« bulges »*. La peau pourrait détenir notre capital autoréparant, un secret bien gardé depuis l'origine des temps. Mais alors que faut-il penser des épilations au laser du corps entier qui « stérilisent » certains bulbes pilaires ?

Celles dont le pouvoir est limité à l'organe dont elles sont issues *(unipotentes)*. C'est le cas des cellules souches de l'épiderme (sous réserves du paragraphe précédent). Elles se divisent régulièrement en une cellule fille aboutie, qui suivra sa différenciation jusqu'à la couche cornée, et une cellule mère, source des premières, qui conserve son pouvoir de réplication. D'une certaine façon, la division cellulaire entraîne l'immortalité des cellules basales. Leur division est un perpétuel renouvellement. C'est là qu'interviendrait un produit aux vertus ciblées sur leur activation : au niveau du rajeunissement.

retour vers le futur

l'avenir dans la peau

Le temps s'accompagne de changements. C'est même la seule façon d'en apprécier sa course, car sur le plan conceptuel il n'a pas véritablement de sens. Seule l'entropie (une certaine quête du désordre) en affirme la direction, mais remonter sa glissade reste une mystérieuse réalité mathématique. Nous voici au moment où nous allons y parvenir en ce qui concerne le vieillissement. Ainsi, l'Homme aura dépassé une part de sa logique en incurvant la flèche de son destin biologique.

Les inhibiteurs de la glycation

Qu'en est-il de la glycation ?

Il s'agit d'une réaction chimique non enzymatique (donc spontanée, qui n'a besoin d'aucun artifice pour opérer), au cours de laquelle le glucose se fixe à des protéines ou à des acides nucléiques (constituants des gènes) et ce, d'autant plus que sa concentration sera forte (d'où son accentuation au cours des maladies qui l'augmentent). On sait que les glycoprotéines sont pourtant des constituants privilégiés de la substance fondamentale du derme (*acide hyaluronique* et *protéoglycanes*), ce qui explique la recherche de leur enrichissement en cosmétique. Il est donc assez difficile de dire une chose et son contraire. Pourtant, ce modèle d'« encombrement » n'est pas bénéfique. On pourrait grossièrement le comparer aux dépôts de cholestérol sur la paroi des vaisseaux, dont on sait qu'il y en a du bon et aussi du mauvais. Le nouveau complexe sucre-protéine va déclencher une réaction en chaîne aboutissant à la formation de produits intermédiaires organisés en composés irréversibles (*advanced glycation end products* ou *AGEs*). Cette abréviation anglaise est révélatrice en français, car il s'agit bien d'une dégradation accélérée des protéines liée à l'âge. Voilà ce qui motive les raisons de la contrarier. Au niveau de la peau, l'action conjointe des radicaux libres et du stress oxydatif en général aggrave ce mécanisme.

Les inhibiteurs de la glycation viennent au secours des fibres de collagènes et d'élastines qui s'engluent de « sucre », s'enraidissent et deviennent « cassantes ». La carnosine, déjà réputée comme antioxydant, s'opposerait à cette « cristallisation » et des enzymes « en devenir » nous promettent un effet rétroactif (une antiglycation en quelque sorte). Les fibres seraient alors restaurées dans leur souplesse. Nous remonterions le cours du temps !

Les aquaporines

En 2003, Peter Agre reçoit le prix Nobel de chimie pour ses travaux. Ceux-ci comportent la découverte en 1992 des aquaporines. Il s'agit d'une classe de protéines présentes dans les membranes qui structurent des pores perméables à l'eau. On peut les imaginer assez fidèlement comme un sablier qui permettrait de laisser filtrer des molécules une à une par un canal adapté, et même de les inviter à le faire de façon sélective. En fait, la molécule d'eau serait happée, retournée, puis scindée pour passer de l'autre côté où elle est reconstituée.

Ce procédé est notamment impliqué dans la production des pleurs. La magie au niveau de la peau, c'est qu'il redonne le sourire. Car l'eau, jalousement gardée dans le derme et l'hypoderme, grâce à cette porosité membranaire dynamique, s'offre à la soif insatiable (à cause de l'évaporation) de l'épiderme. Décrits en situation épidermique pour la première fois en 1998, ces canaux hydriques s'avèrent également efficaces pour faciliter le passage de glycérol, humectant naturel du film hydrolipidique. La mise en évidence de leur déficit dans les peaux sèches et dans les peaux âgées montre le rôle clé qu'ils jouent dans la physiologie cutanée.

Un cosmétique qui se comporterait comme un activateur de ces protéines serait un hydratant universel, qui rendrait l'eau de boisson amicale pour les kératinocytes pourtant réputés étanches. Les problèmes de sécheresse cutanée rencontrés au cours du vieillissement auraient alors une solution inespérée. L'hydratation viendrait de l'intérieur où l'eau stockée est inépuisable, puisqu'il suffit pour la restaurer de boire.

« La crème et le verre d'eau », en voilà une belle fable qui manquait à La Fontaine. Le centre de recherche LVMH est très avancé dans ce domaine et dispose d'ingrédients actifs capables de stimuler les aquaporines.

Les sirtuines

Cette classe d'enzymes actives sur des protéines en contact intime avec l'ADN qui articule notre patrimoine génétique *(désacétylases d'histones)* affecte le métabolisme cellulaire en régulant l'expression de certains gènes. Le nom vient de ***S**ilent mating type **i**nformation **r**egulation **tw**o*, qualifiant l'influence d'une information par accouplement silencieux du gène responsable de la régulation cellulaire d'une levure qui en a permis l'étude (« -ine » étant la terminaison conventionnelle pour les protéines).

La levure Saccharomyces cerevisiae est l'un des principaux modèles de recherche fondamentale, particulièrement performant en génétique des organismes vivants, possédant un noyau cellulaire isolé du cytoplasme par une membrane et qui contient de l'ADN (définition des cellules eucaryotes dont les règnes animal et végétal sont également dotés, ce qui explique la subtilité de certaines substances actives dans les deux domaines). C'est, en langage courant, la levure de bière qui sert de ferment au boulanger et à la vinification. Elle a été utilisée pour mettre en évidence la contribution de l'« ambiance » des noyaux cellulaires à la régulation des fonctions du génome. Il s'est avéré que l'environnement peut activer ou réprimer l'expression des gènes situés en périphérie du noyau, ou du moins l'influencer fortement. Sous une simplicité apparente, cette révélation annonce un bouleversement dans la pensée bioéthique.
Tout à coup, les principes mêmes de l'évolution des espèces et les modalités de la manipulation génétique s'éclairent d'un jour nouveau. Un lever de soleil brille sur les esprits en éveil.

Découvertes au cours de travaux sur le vieillissement, les sirtuines prolongent la durée des cellules et se multiplient en cas de danger (vérifié au cours de leur souffrance ou de carences en nutriments par la recherche – universités de la Ruhr-Bochum et de Dortmund). « Ventre affamé n'a point d'oreilles »... et si justement, puisqu'elles sont à l'écoute de la moindre alerte, en permettant notamment d'utiliser d'autres voies énergétiques pour éviter de disparaître.

Clemens Steegborn (junior-professor au département de biochimie de l'université de la Ruhr-Bochum Medical School) a déclaré à leur sujet : « *Nous n'allons certainement pas découvrir un élixir de vie, mais nous espérons obtenir de nouveaux principes actifs permettant de traiter les maladies liées au vieillissement, afin de vieillir en bonne santé.* » Quand on connaît la réserve des scientifiques, cette phrase nous annonce de belles surprises.

Très convoitées, ces « protéines de longévité » peuvent être stimulées, notamment par le resvératrol, dont la présence pourrait expliquer une part de l'efficacité cosmétique reconnue des produits de la vigne.

Il semblerait que nous vivions les prémices de nouvelles harmonies, la dernière remontant à la découverte de la relativité qui modifia radicalement la perception de la réalité. Mais les choses nous sont tellement contées d'avance que l'étonnement s'en trouve frileux. L'esprit paraissait plus alerte quand il s'agissait de comprendre que l'espacement entre l'éclair et le tonnerre annonçait la distance de l'orage. Juste sous la raideur du vernis de nos connaissances, réside un monde souple à peine soupçonné. Nos belles certitudes sont progressivement anéanties. Le visage de la nature qui nous avait séduits hier se déforme aujourd'hui, et sera devenu demain méconnaissable.

La peau synthétique

Je n'ai pas grand-chose à transmettre à ce sujet, sinon mon émerveillement.

Des hommes écorchés vifs pourront-ils être totalement reconstitués par l'intervention d'un tuteur dermique artificiel qui s'habillerait de cellules ? Y songer, c'est vivre dans le rêve ; le voir, c'est tutoyer le génie ; le faire, atteindre les limites de l'imaginaire : et ça existe déjà ! L'équipe du centre des brûlés de Bordeaux a présenté des résultats, au cours d'un séminaire du Collège Français de Chirurgie Dermatologique, qu'on ne peut croire qu'après les avoir vus. C'est miraculeux, une incursion vers les pouvoirs réparateurs d'un siècle qui commence à nous ouvrir les bras.

Déjà les cultures cellulaires sont utilisées en médecine et même en cosmétique (nous l'avons vu pour le collagène d'origine humaine). Dès que les marqueurs sélectifs des cellules souches seront parfaitement isolés, dès qu'ils permettront de « bâtir » des épidermes entiers en quelques jours (et peut-être en quelques heures), nous pourrons entrevoir les possibilités de la suite.

Avec l'élaboration d'une peau artificielle, nous entrons dans l'ère de « l'homme bionique ». L'expansion de cet univers est à l'image du nôtre : la lumière des connaissances est incapable d'en fréquenter la bordure.

Y a-t-il dans l'esprit l'espoir d'un tout fossilisé ? Sommes-nous capables de l'impossible ? Déjà, le fait d'être les seuls êtres vivants à avoir colonisé l'espace, dont la relation avec le temps n'est plus un secret, semblerait en tutoyer la preuve. En tout cas, en ce qui nous concerne, la voie est largement ouverte.

destination beauté :

un passeport est nécessaire

Voyager dans le temps et voyager dans l'espace sont intimement liés. Mais une notion en fait toute la différence : s'il est possible d'utiliser à rebours les dimensions de l'espace, il est impossible d'inverser le sens de la flèche du temps. Comment se présenter à l'embarquement vers une destination où ses effets seront moindres ? Un passeport est nécessaire.

D'abord la photo. Il ne faut pas qu'elle soit trop ancienne. Combien s'obstinent à vouloir ressembler à celle de leur jeunesse. C'est la seule qu'ils n'égarent pas.

– *« Voyez mon visage, il n'a jamais été comme ça… jamais ! »*

– *« Je veux retrouver mon regard… J'ai beaucoup pleuré, et voilà le résultat ! »*

L'une de mes patientes s'est acharnée sur les méthodes de rajeunissement, le jour où elle n'a plus été sifflée à la terrasse des cafés de Saint-Tropez. Mais il aurait fallu suivre les siffleurs sur la route de la félicité, question de temps. Ils préféraient la montagne, l'air y est plus tonifiant quand la vigueur s'éloigne.

La date de naissance est indispensable. Difficile de la changer… bien que j'en connaisse qui l'aient fait ! Mais c'est dangereux au passage des frontières.

La couleur du teint, des yeux et des cheveux a son importance. Particulièrement efficace pour ne pas se prendre pour quelqu'un d'autre. Il n'y a pas d'égalité entre les peaux, elles sont même classées par catégories *(morphotypes)* en dermatologie.

Le pays ? Indispensable ! Il dénote une latitude par rapport à une origine ethnique. Ainsi, les Aborigènes d'Australie sont parfaitement acclimatés à leur ensoleillement et les Anglo-Saxons qui la peuplent souffrent du plus grand nombre de mélanomes et de photovieillissement.

Avec ces quelques données essentielles, on peut déjà avoir une idée sur la façon de faire. L'empreinte génétique est une option trop sulfureuse. Pourtant, elle nous offrirait des données précieuses pour prévenir et lutter contre la survenue des dommages collatéraux.

Que prendre pour le voyage ? Le mieux serait déjà d'éviter les erreurs. Trop, c'est trop ! Rien, c'est pas assez. Pour bien réussir ses vacances, dit-on, le plus important est de diminuer le nombre des bagages et d'augmenter celui des devises. Pour les cosmétiques, il faut y ajouter le facteur temps.

Escompter des résultats dans l'instant, c'est se tourner vers la destination des cosmesthétiques. La recherche des plaisirs à long terme mérite un passage par les cosméceutiques. Rien n'empêche de voyager sur les deux continents, comme rien ne s'oppose à faire du sport et à porter de belles toilettes. Au contraire, le meilleur naîtra de l'harmonie des mondes.

Il est temps de relire certains paragraphes du livre qui contiennent les clefs du secret. Il faut en mériter l'accès, car boire l'élixir de jeunesse sans y prêter attention c'est risquer de se perdre. Rien ne serait plus absurde que de donner des recettes.

Retenons que l'abus de crèmes couvrantes provoque une dépendance, un déséquilibre, et qu'il ne faut pas que les sensations priment sur la réalité. Sentir que la peau « tire » ne veut pas dire qu'elle en souffre. C'est bien souvent le contraire et les peelings sont là pour le démontrer.

– *« Je veux quelque chose de plus confortable. »* Donc de succulent, qui va saturer, alourdir et finalement vieillir une peau en surcharge.

Gardons ces crèmes grasses pour les parties du corps qui en redemandent (les jambes, les avant-bras, les mains, le décolleté – méfions-nous du dos et surtout du visage).

Les substances actives sur la régénération seront à privilégier si le but est de compenser une dégradation en marche. Les « bloqueurs » de radicaux libres viseront une recherche protectrice et réparatrice. Associés aux anti-inflammatoires, ils auront la faveur des peaux fatiguées ou soumises à un stress obligatoire (soleil, tabac…). Les crèmes éclaircissantes combleront un choix personnel, en dehors de celui dévolu aux corrections pigmentaires dues au vieillissement. Souvent, l'hydratation adaptée sera la clef des problèmes, comme le seront les principales vitamines liées au bon fonctionnement cutané. Il n'est pas toujours judicieux d'accumuler les actifs, car *« trop embrasse, mal étreint »*. Le mieux sera de choisir parmi les associations proposées par ceux qui travaillent pour vous, et que l'on qualifie de « designers » de cosmétiques.

À cheval sur le temps, la peau chevauche la chronobiologie. Il s'agit du cycle nycthéméral (qui n'a rien à voir avec le nom d'un groupe de rap à la mode), que l'on dit aussi circadien. Ces mots cachent une part de notre ignorance, en qualifiant de façon savante une chose bien simple : l'enchaînement de la veille et du sommeil qui suit le cycle du soleil. Sachons utiliser cette nouvelle approche, sans pour autant mépriser l'acquis, les « optimiseurs » du matin ne seront pas les mêmes que ceux destinés à la nuit.

Il me souvient de m'être entendu répondre à la question :

– *« Que dois-je faire pour améliorer ma peau ? »*

– *« Surtout rien d'autre… elle est si belle que je ne veux même pas savoir comment vous l'avez obtenue… des fois que ce soit en utilisant des méthodes que je réprouve ? »*

En fait, je brûlais d'impatience d'en connaître la raison, qui me fut livrée en toute discrétion.

Votre avis nous intéresse. Le retour des utilisateurs est un facteur important pour équilibrer une conduite à tenir. Le conseil sera bien meilleur s'il s'affine. La force de certains professionnels, c'est de proposer un ensemble ciblé de moyens disponibles.

Si leur politique est de s'occuper des recherches à votre place, quoi de plus logique que de leur faire confiance ?

332

S'aventurer est déjà une imprudence.

Rien n'a été dit sur des méthodes aussi ondulantes qu'un serpent de mer, aussi trompeuses qu'un mirage en plein soleil. Ce n'est pas un oubli ni un mépris, mais une lassitude face à leurs prétendues vertus qui ont fait tant de déçus.

Je citerai les fils, lisses ou crantés, résorbables ou non, qui sont censés venir combler une ride ou retendre le visage. Pour les premiers, je préfère les laisser où ils sont, tapis dans le rêve de démiurges convaincus de leur talent. Pour les autres, je dirai simplement qu'ils surgissent et se dissimulent de façon régulière au cours du temps, avec chaque fois l'impression d'une idée nouvelle. Sachez simplement que, dans les années trente, ils étaient maillés sous l'ovale du visage et regroupés dans un chignon autour d'un tourniquet en bois, en sortant du cuir chevelu par un trou minuscule. Quand les belles se trouvaient l'air affaissé, elles tournaient la manivelle et c'était reparti... pour un tour en quelque sorte. Après ça, que voulez-vous dire du reste ?

Prendre soin de la beauté, c'est rester vigilant sur vos choix, ce livre vous y aidera. Ceux, celles qui vous aiment n'auront pas à vous regarder bien longtemps pour vous trouver beau, pour vous trouver belle, et vous n'en ferez jamais assez pour ceux qui ne vous aiment pas. Écoutez la sagesse du renard confiant son secret au Petit Prince en lui disant adieu : *« On ne voit bien qu'avec le cœur. L'essentiel est invisible pour les yeux. »*

MADE IN PARADIS

En hommage à Louis Décamps.

Le choix est délibéré de ne pas chercher à illustrer le propos de manière narrative, *a fortiori* factuelle.

Par ailleurs, il était difficile d'accorder des images à un texte qui couvre autant de domaines dans une seule unité rédactionnelle.

Le pari est donc de choisir une illustration photographique qui raconte sa propre histoire autour du sujet, pour s'y focaliser par endroits. Nous retrouvons cette rencontre analogique pour le masque du Janus qui incarne parfaitement son mythe.

Pour le reste, le fait de projeter des images dans l'espace, interceptées par un visage d'ange qui leur donne vie, est une manière de rejoindre la balance statique et dynamique qui rythme le cours du récit.

Le monde graphique de Louis Décamps rejoint la cadence du livre en introduisant un nouveau langage.

Max Santoul

Après s'être passionné pour la capture d'ouvrages d'architecture, Louis Décamps débute à l'âge de 25 ans une carrière de photographe artistique en recevant le prix Picto de la jeune photographie de mode.

De retour à Paris, après avoir voyagé pour des magazines et réalisé de multiples campagnes publicitaires, il est remarqué par des galeries d'art qui exposent son travail.

Il est aujourd'hui collectionné en France et à l'étranger.

table des matières

Préface p. 4
L'intention de l'auteur p. 6
La connaissance est un bien qui se multiplie quand on le partage p. 8

la peau & les cosmétiques
de la parure aux soins p. 10

découvrir la peau
la peau, comment ça se construit ? p. 14
la structure
un édifice à trois niveaux p. 16
les acteurs
une harmonie dans la différence p. 30

comprendre la peau
la peau, comment ça marche ? p. 56
les fonctions
une adaptation permanente p. 58
les processus du vieillissement
une brève histoire d'espace et de temps p. 83

découvrir les cosmétiques
les cosmétiques, comment ça se construit ? p. 104
les vecteurs statiques
un problème de tension p. 111
les vecteurs mobiles
un problème de circulation p. 115

comprendre les cosmétiques
les cosmétiques, comment ça marche ? p. 122
la vectorisation des actifs
une histoire de compatibilité p. 124
la dynamique des actifs
une histoire de cible p. 133

le mythe de Janus :
la cosmétique, un miroir à deux faces p. 206
les cosmesthétiques
(aspect statique des cosmétiques) p. 210
les cosméceutiques
(aspect dynamique des cosmétiques) p. 213

la cosmétique en évolution
de l'actualité au devenir p. 216

les méthodes non invasives
l'action sur la fonction p. 220
les soins en cabine
la cosmétique de geste p. 223
les peelings
de la surface à la profondeur p. 229
la toxine botulique
la grande révélation p. 236

les méthodes peu invasives
les outils au service de la beauté p. 242
les comblements
une manière d'effacer les rides p. 244
les ondes stimulées
la lumière au service de la splendeur p. 250

les méthodes invasives
quand le chirurgien s'en mêle p. 276
la dermabrasion
une amie qui nous vient de loin p. 278
les liftings
la grâce sans la pesanteur p. 280
la liposculpture
la graisse dans tous ses états p. 289

les voies de la recherche…
… et l'avenir proche p. 306
les compléments alimentaires au service de la beauté
le présent dans la peau p. 308
les phéromones
le sexe dans la peau p. 313
les cellules souches
la jeunesse dans la peau p. 317
retour vers le futur
l'avenir dans la peau p. 321

destination beauté :
un passeport est nécessaire p. 326

S'aventurer est déjà une imprudence p. 333

index

acétylcholine (et cholinergique) : 54, 158, 238
acide lactique : 136, 144, 171
acide rétinoïque : voir vitamine A acide
acides de fruits (AHA) : 136, 144, 145, 156, 171, 182, 202, 235
acides gras & acides gras libres : 21, 26, 121, 134, 163, 165, 167, 173, 176, 187, 190
acides hyaluroniques : 25, 28, 30, 35, 85, 93, 96, 97, 121, 132, 133, 137, 231, 244, 245, 246, 309, 310, 321
acné (juvénile et rosacée) : 29, 53, 66, 67, 93, 157, 174, 229
adipocyte (et préadipocyte) : 26, 43, 44, 48, 49, 92, 273, 289, 290, 295, 300, 302, 303
albinos (et albinisme) : 69, 73, 74, 101
allantoïne : 136, 168, 169, 171
allergies & allergènes : 79, 121, 133, 155, 194, 198, 202, 203, 204, 244
antioxydants & antiradicalaires : voir radicaux libres
aquaporines : 322
argile : 111, 119, 137, 191, 192, 248
autobronzants : 76
botulique (ou botulinique) : voir toxine botulique
bronzage (immédiat et retardé) : 58, 69, 75, 76, 78, 79, 97, 138, 148, 151, 154, 263
carboxythérapie : 303, 305
carcinomes (basocellulaires & spinocellulaires) : 77, 79
cellule de Langerhans : 16, 18, 252
cellule de Merkel : 16, 18, 50, 54
cellulite : 28, 92, 132, 190, 269, 293, 298, 299, 301, 303, 304
chéloïde (et cicatrice hypertrophique) : 74
collagènes : 22, 25, 26, 28, 37, 38, 85, 93, 97, 121, 137, 138, 144, 154, 162, 168, 178, 180, 226, 231, 244, 245, 246, 265, 266, 267, 273, 291, 304, 309, 310, 311, 322, 324
comédons (et comédogène) : 49, 66, 67, 165, 198
compléments alimentaires : 37, 38, 79, 87, 97, 137, 138, 139, 141, 154, 155, 188, 308, 309, 310
cornéocytes : 21, 22
cosmesthétique : 98, 209, 210, 212, 214, 328
cosméceutique : 209, 210, 213, 214, 215, 328
couche basale (stratum basale, stratum germinatum, couche germinative) : 16, 17, 18, 22, 54, 317, 318
couche cornée (stratum corneum) : 1, 50, 60, 83, 96, 131, 147, 208
couche granuleuse (stratum granulosum) : 16, 21
couperose & érythrose : 53, 255, 256, 268, 286
dermabrasion, laser-abrasion, micro-abrasion : 252, 253, 267, 277, 278, 279
derme (voir aussi épiderme et hypoderme) : 15, 17, 22, 23, 24, 25, 28, 30, 35, 37, 39, 50, 51, 52, 54, 59, 76, 83, 87, 89, 92, 93, 97, 96, 132, 137, 144, 154, 161, 162, 178, 189, 205, 230, 233, 317, 321, 322
diodes : voir LED
eau & cycle de l'eau : 22, 25, 26, 30, 32, 33, 34, 35, 37, 38, 42, 58, 59, 60, 63, 87, 91, 93, 106, 107, 108, 109, 111, 112, 113, 114, 115, 121, 124, 125, 126, 128, 129, 132, 133, 134, 136, 137, 139, 144, 147, 169, 177, 187, 192, 205, 246, 252, 299, 322
eczéma : 77, 202, 232

émulsion : 106, **107**, 108, 109, 111, 112, 113, 118, 121, 125, 126, 128, 134, 169, 205

endorphines (ou endomorphines) : 52, 77, 82, **90**, 190, 224

épiderme (voir aussi derme et hypoderme) : 15, **16**, 17, 18, 19, 21, 22, 23, 25, 34, 39, 40, 42, 50, 51, 59, 70, 76, 79, 83, 87, 89, 93, 96, 103, 112, 121, 130, 134, 137, 154, 161, 162, 165, 178, 187, 208, 209, 225, 230, 231, 253, 262, 264, 265, 266, 309, 317, 318, 320, 322, 324

fibroblaste : **24**, 35, 87, 89, 93, 96, 158, 159, 162, 245, 264, 266, 267, 269, 304, 309, 310

film hydrolipidique : **22**, 25, 60, 136, 165, 208

follicules pilo-sébacés (follicules sébacés, follicules terminaux, follicules velus) : 23, 26, **29**, 49, 51, 60, 62, 266

glandes sébacées : 22, 23, 25, **49**, 66, 67, 163

glandes sudorales : 23, 25, 26, 59, **60**, **62**, 66, 199

glycation et antiglycation : **321**, 322

glycoprotéines : 25, 38, 85, **97**, 162, 321

glycosaminoglycanes : **87**, 133

héliodermie : voir photovieillissement

huiles végétales : huile d'amande douce, huile d'argan, huile d'argousier, huile de bourrache, huile de jojoba, huile de riz, huile de rose musquée du Chili, huile d'olive, huile d'onagre : 162, 163, 165, 166, 167, 172, 173, 174, 176, 177, 187, 204

hydroquinone : 74, 156, 178, **179**, 180, 185

hypoderme (voir aussi épiderme et derme) : 15, 23, 24, 26, 28, 46, 51, 53, 59, 92, 96, 194, 205, 264, 269, 299, 322

immediate pigment darkening : **75**, 79

immunodépression (et immunomodulation) : 77, **80**, 139, 157, 189

indice de masse corporelle : **45**

indice de protection UVB (protection solaire) : **148**, 149, 150, **151**

indice UVB (irradiation solaire) : **149**, **150**, 151

jonction dermo-épidermique : **17**, 39, 54, 318

Kératine et kératinocyte : 16, **17**, 18, 19, 21, 22, 24, 25, 28, **34**, 38, 59, 68, 70, 73, 75, 76, 77, 83, 89, 90, 91, 92, 96, 100, 130, 131, 136, 162, 269, 279, 318, 322

kératinosome : **21**

laser *(light amplification by stimulated emission of radiation)* : 18, 233, 250, 252, **253**, 254, **255**, 256, **257**, 258, **260**, 261, 262, 264, 265, 266, 267, 268, 269, 274, 275, 278, 279, 293, 320

LED : 98, 265, **269**

liftings : 98, 277, **280**, 281, **283**, **284**, **285**

liposculpture (lipolyse, lipodissolution, lipofilling) : 44, 49, 277, 283, **289**, 290, 291, **292**, 294, **295**, 298, 299, 300, 302, 310

liposomes (et capsules) : 112, **115**, **116**, 118, 121, 126, 205

longoza : 159

lymphe (et lymphatiques) : 16, 25, **51**, 52, 134, 226, 228, 230, 237, 294, 299, 303

mélanines (eumélanines et phaeomélanines) : 17, **39**, 40, **68**, 69, 70, **73**, 75, 76, 79, 86, 89, 91, 100, 101, 147, 156, 157, 162, 179, 260, 261, 262, 264, 275

mélanocyte (mélanogénèse, mélanosome) : 16, 17, **19**, 39, 40, **68**, 70, 72, 73, 74, 75, 77, 90, 91, 100, 101, 156, 157, 162, 233, 256, 261, 266, 269

mélanome : 19, 42, 77, **80**, 103, 152, 157, 328

micelle (et micellaire) : **108**, 115, **125**, 126, 130, 295

mitochondrie : **85**, 86

msh (melanocyte stimulating hormones) : **75**, 76, 90, 91

mutation (et mutagène) : 45, **46**, 68, 73, 75, **80**, 152, 273

nævus et nævique (grains de beauté) : **39**, 40, 42, 43, 62

nmf *(natural moisturing factors)* : 21, **136**

œstrogènes et œstrogénique : 67, **93**, 158, 190, 194, 196

oxydants & antioxydants : 83, 85, **86**, **138**, **139**, 141, 142, 143, 145, 155, 156, 160, 167, 171, 177, **181**, 184, 185, 187, 189, 190, 196, 204, 322

parabens : **194**, 195, 196

peelings : 4, 38, 76, 89, 144, 154, 219, 222, 228, **229**, 230, 231, 232, 233, 235, 267, 269, 329

peptides, micropeptides, polypeptides : 35, 90, 91, 129, 310

peroxydes (et superoxydes) : **86**, 143, 189

phénol : 74, **142**, 179, 232, 233

phéromones : 62, 63, 65, 91, **313**, 316

photocosmétique : 98

photoprotection (et photoprotecteur) : 58, 60, **68**, 89, **145**

photo-oxydation : 75

photovieillissement (et héliodermie) : **77**, 97, 99, 138, 143, 154, 278, 328

piebaldisme : 101

polymères : 111, 113, 130, **131**, 132, 171, 192, 205, 246

polyphénols : **142**, 143, 163, 174, 181, 182, 184, 185, 190

protéasome : 99

protéoglycanes : 25, **35**, 231, 321

psoriasis : 65, 77, 90

radicaux libres (radicalaire & anti-radicalaire) : 86, **138**, 139, 141, 142, 143, 144, 155, 156, 160, 167, 171, 177, **181**, 184, 185, 187, 189, 190, 196, 204, 322

radiofréquence : 260, 264, 267, **271**, 272, 273, 293

reach (*Registration, Evaluation, Authorisation and restriction of CHemicals*) : 209

récepteurs neurosensoriels et mécanorécepteurs : 18, 48, **49**

sébum : 23, 29, 49, 51, 60, **66**, 67, 163, 165, 225

sérotinine : 52, **65**, 191

sirtuines : **322**, 323

sonocosmétique : 98, 303

stress cellulaire (oxydant) : **85**, 86, 89, **139**, 142, 143, 189, 232, 235, 321, 329

sudation et perspiration : **58**, **59**, **60**, 62, 63, 65, 132, 197

thermomodulation : 98, **271**, 272

thermorégulation : 51, 54, **58**, 98, 132

toxine botulique (ou botulinique) : 55, 98, 222, **236**, 237, 238, 239, 240, 284

ultraviolets : 68, 69, 75, 77, **78**, **80**, 86, 90, 92, 138, 142, 143, 147, **148**, 149, 150, 152, 164, 165, 250, 268, 271, 272, 273

vergetures : 174, **266**, 267, 304

vitiligo : 65, **101**, 179

vitamine A acide ou trétinoïne : **138**, 154, 178, 180

vitamines A B C D E : 9, 70, 77, 82, 86, 90, 118, 121, 138, 139, 141, 142, 152, 154, 156, 161, 165, 167, 174, 176, 177, 178, 181, 187, 202, 205, 267, **308**, 329

Dédicaces et remerciements.

En dehors d'une pratique professionnelle étalée sur de nombreuses années dans le domaine esthétique et au service de la chirurgie dermatologique pour la réparation des pertes de substance cutanée consécutives aux traitements des tumeurs de la peau, je voulais rendre hommage aux enseignants qui ont contribué à ma formation.

Il s'agit de ceux de la faculté de Montpellier pour l'essentiel du cursus de médecine et de l'hôpital Saint-Louis de Paris en ce qui concerne la dermatologie.

Une mention particulière pour Jean-Hilaire Saurat, dont le souvenir nostalgique de l'enseignement laisse le goût suave d'un savoir maîtrisé que la griffe du temps n'aura pas altéré. Je n'oublie pas non plus qu'il fut au jury de ma nomination.

Plus que tous autres, mes pensées iront vers Jacques Robinet, l'ami de toujours, qui me mit très tôt le pied à l'étrier chirurgical, et Jacques Préaux pour la Chirurgie Plastique, trop vite disparu, dont les connaissances des plus abouties n'avaient d'égal que son humilité. Nous avons créé ensemble le Collège Français de Chirurgie Dermatologique, dans le but de conserver les clefs de ses secrets. Ce sont des êtres admirables.

Pour ce qui est de la rédaction affûtée, rendons particulièrement hommage au travail mis à disposition par le CNRS, d'un niveau scientifique séduisant, pour autant qu'il est permis d'en juger, ainsi qu'aux données recueillies auprès de centres spécialisés cités en cours de rédaction.

J'associe au plaisir de vous présenter cet ouvrage des remerciements à Jean-Pierre Vidal-Michel pour sa relecture du chapitre sur la lumière au service de la beauté. Il fait preuve d'une autorité incontestée dans le domaine des lasers et son avis m'a été précieux, comme son travail minutieux sur le lipofilling qui a orienté le chapitre sur « la graisse dans tous ses états ».

Je tenais à dédier l'ouvrage à ceux que j'aime et que j'ai aimés, même si certains font déjà semblant de nous avoir quittés. Si des uns nous en acceptons l'augure, puisque la vie s'en est fait une règle, pour d'autres il sera difficile d'en supporter l'absence. La mémoire est la force du souvenir, en pensant très fort à eux ils seront toujours là.

Crédits photographiques

Louis Décamps
www.louisdecamps.com
Représenté par WIB
www.wibagency.com

Assistant photo : Pierre Dal Corso
maquilleuse : Christina Lutz/B-agency
coiffeur : Vinz/B-agency
Mannequins :
Aline/IMG
Sian/Élite
Nick Bush/Bananas
Joachim/Bananas
Patrick/Casting
Aurélien Pater/Bananas
Samantha Toussaint
Vanessa Ntamack
Jordan Santoul/TSR Strategy

Post-production : Janvier

Remerciements à Dior Haute Joallerie, Cartier Haute Joallerie
Merci à Julia Roger.

Conception graphique : Corinne Liger
Photogravure : Turquoise
Imprimé en France par Mame
Dépôt légal : septembre 2009
N° d'édition : 1542
ISBN : 978-2-7491-1542-9